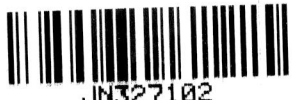

海洋少年団の組織と活動

戦前の社会教育実践史

圓 入 智 仁

九州大学出版会

発刊によせて

我が国は，四面を海に囲まれており，輸出入に伴う大量の物資の輸送，魚や海産物の生産，海底資源の利用などその海から沢山の恩恵を受けています。

日本海洋少年団連盟は，このかけがえのない海を拠点として，全国の少年少女に対して，海事思想の普及と健全な心身を育成するための活動を続けてきております。

近年は，引きこもりや家庭内暴力などの問題とともに，少年少女が対象となる犯罪や被害が多発しています。これらの問題を抱える可能性のある現在の少年少女に対して，人間性や社会性を養う体験の場を提供することは，我々大人たちに与えられた課題であり，責務でもあります。

本書は，圓入智仁さんが海洋少年団に関する永年の研究の成果をまとめられたものであり，海洋少年団活動について歴史的な視点から深い考察がなされています。どのような組織が，どのような目的を持って，何を行い，その結果どうなったかという歴史に学ぶべき課題は，停滞感の伴う今日，私たちがまさに直面している関心事であります。

本書が海洋少年団関係者ばかりでなく，子どもを対象とした社会教育関係者の活動に，大きく寄与することを期待いたします。

社団法人日本海洋少年団連盟

事務局長　堀川信夫

発刊によせて

このたび発刊の本書は，圓入智仁さんの長年の研究対象である，戦前から戦時下における海洋少年団についてまとめたものであり，副題のとおり，我が国の社会教育実践の歴史について考察したものでもあります。

戦前の海洋少年団は，その活動において，ボーイスカウトの教育的手法を取り入れてきたこともあり，1922 年に創立した少年団日本連盟（ボーイスカウト）にも全国各地の海洋少年団が加盟をしていた歴史があります。両団体は，その後の第二次世界大戦に向かう大きな時代の背景などにより，残念ながら，別々の道を辿ることとなりました。しかし，本書では，戦前から戦時下において健やかな子どもを育成するという使命をもった青少年団体が，当時どのような活動を行ってきたのか，ボーイスカウトに重ねて読むことができます。

2012 年に日本のボーイスカウトは 90 周年を迎えます。その節目における本書の発行は，この 90 周年を単に私たちボーイスカウトだけで祝うのではなく，ともに歩んできた仲間たちと互いに尊重し，協力しながら，明日を担う子どもたちの育成に邁進すべきであるという方向性を示唆してくれているように思えます。

圓入さんは，少年時代からボーイスカウト活動に参加し，国内，世界の大会（ジャンボリー）を始め，海外派遣に参加をしながら，後輩たちの育成のために指導者としても活躍をされてきました。本書は，私たち社会教育に関与する者にとって，大変有意義なものであるとともに，仲間としても大変嬉しく，誇りに思う次第です。

海洋少年団関係者，ボーイスカウト関係者のみならず，広く多くの青少年教育や社会教育関係に携わる方々が，本書を活用されることを期待いたします。

公益財団法人ボーイスカウト日本連盟
事務局長　吉田俊仁

目　次

序章
本書の対象・課題・方法

現在，日本ではボーイスカウトや海洋少年団が，子どもを対象とした社会教育団体として，野外や海洋での活動を展開している。そこには，自らの希望で参加している子どもや，親の希望で参加し始めた子どもがいる。子どもたちを指導しているのは，ボランティアの大人である。子どもの頃から活動に参加し，年齢を重ねた指導者や，自らの子どもが活動に参加したことをきっかけに関わるようになった指導者などである。その指導者になるには一定の研修を受ける必要がある。

例えば，ボーイスカウトの活動を通して，子どもたちは野外料理法，テント設営，植物観察，手旗，ロープワーク，病気やケガの応急処置などの技術を身につける。また，異年齢少人数集団を基本とする活動を通して，年長者による集団指導や，年少者への知識や技術の伝達を経験する。

こうした活動に加えて，全国規模の大会も開催される。互いの知識や技術を競い合い，あるいは普段の活動では体験することが難しい，ロッククライミングやパラグライダー，釣り，天気図の作成や星座の観察，工芸品の作成などに取り組む。日本各地や世界中から集まった子どもたちと交歓することも期待されている。このような全国規模の大会になると，自衛隊や海上保安庁が，ボーイスカウトや海洋少年団に協力することがある。陸上自衛隊がキャンプ地の整地や水道の配管，トイレの設置，そして大会本部など大きなテントの設営を行うのである。

ボーイスカウトは，陸上自衛隊の演習場で全国規模のキャンプ大会を開催することもある。筆者が以前，参加した大会では，会場に陸上自衛隊が１台の戦車を展示していた。陸上自衛隊員が戦車の説明をしており，訪問した子どもには，自衛隊の食料である缶詰の白米，混ぜご飯，赤飯を配っていた。

このような，戦車など自衛隊の設備を子どもたちに見学させる行為に加えて，制服の着用や野外でのキャンプやハイキングなどが，しばしばボーイスカウトを批判する世論の根拠となる。ボーイスカウトの活動が自衛隊員の養成につながる，ボーイスカウトの活動は軍隊教育そのものである，ボーイスカウトは「防衛スカウト」であるという言論である。

世界に目を転じると，韓国，台湾，シンガポールなど東アジアから東南アジアにかけての多くの国では，ボーイスカウトを学校教育における教科やクラブ活動として位置づけている。その中でも，タイは小学校から前期中等教育における必修教科としており，例えば月曜日の授業は1時間目タイ語，2時間目算数，3時間目理科，4時間目社会，5時間目ボーイスカウトなどとなっている。女子はガールスカウトやガールガイド（元は同じであるが，前者は米国，後者は英国の影響が強い）または青少年赤十字から選択させる学校が多いようである。普段，子どもたちは学校の制服を着て登校するが，週に1時間が設定されているボーイスカウトなどの授業がある曜日には，その制服を着て登校する。他の教科と同様に，教科書も発行されている。学校のボーイスカウトの教員も制服を着用して，その時間にはロープ結びを一斉教授するなどの授業を行っている。

このようなタイにおける前期中等教育までのボーイスカウトは，後期中等教育に始まる軍事訓練の準備訓練と見なされており，選択科目としての軍事訓練を履修すると，将来の徴兵は免除される。そのため，ボーイスカウトの活動に，軍事訓練の参加に必要な規律と体力を身につけることが期待されているのである。筆者は1993年から1年間，タイの中等教育の学校に留学し，前期中等教育2年生を対象としたボーイスカウトの授業や，空軍の基地で行われたキャンプに参加した。キャンプでは迷彩服の軍人が子どもたちを指導していた。ランニング，腕立て伏せ，深夜の招集，数分間での食事，そして軍用機や管制塔の見学など，軍隊の訓練を思わせるキャンプであった。

タイのボーイスカウト本部は教育省の1部局であり，その職員は公務員である。このように，同じ「ボーイスカウト」と表現される子どもの組織であっても，現在，日本では社会教育団体として存在し，タイでは教育省内の部局が管轄する学校教育の教科となっている。タイでは1910年代初頭に英国からボーイスカウトを輸入した国王が，当初から学校教育において実施しており，それが現在に至っている[1]。日本では第２次世界大戦前には社会教育団体として全国に展開していた少年団（ボーイスカウトなど）が，戦時下において学校教育に移行し，教師が指導者を務め，軍部が指導する組織となった。そして戦後，再び社会教育団体として復活する。

本書は，現代のボーイスカウトや海洋少年団，そしてタイのボーイスカウトのあり方を念頭に，第２次世界大戦前から戦時下における日本の少年団の中でも，1920年代半ば以降に日本各地で結成され，1945年に全国組織が解散した海洋少年団に着目し，その組織と活動の実態を解明することを目的とする。海洋少年団と海軍や学校教育との関係にも着目しつつ，その歴史を明らかにしようとするのである。その際，戦前の海洋少年団がどのような過程を経て成立したのか，海洋少年団はどのような活動を展開し，そこで子どもたちは何を経験し，指導者はいかなる役割を果たしていたのか，海洋少年団の指導者になるために誰がどのような訓練を受けていたのか，海軍や文部省は社会教育団体としての海洋少年団に，どのような態度を示していたのかという点に留意する。

序章では，本書の対象となる第２次世界大戦前から戦時下における海洋少年団について説明し，関連する先行研究の検討を行う。さらに，少年団の歴史的研究の枠組みとして考えられてきた宮原誠一による「社会教育の発達形態」の議論を振り返り，宮原による英国のボーイスカウトや日本の少年団に対する研究視角を批判的に考察する。その後，本書の課題とそれに取り組むための方法を設定し，本書で扱う史料を解説する。

第１節　研究の対象

はじめに，本書の対象である「少年団」や「海洋少年団」について述べておきたい[2]。

「少年団」とは，戦前の日本に存在した，指導者としての大人と団員としての子どもによって構成される組織を指す。ここには，英国のボーイスカウトの活動，組織，理念を継承した少年団や，それとは一線を画して独自の活動方針を打ち出した少年団を含んでいる。活動の場を海上に特化した少年団体は，特に「海洋少年団」を名乗っていた。

ボーイスカウトは英国において，1907年に始まった。この年，退役軍人である創始者ベーデン-パウエルが，子どもを対象とした実験キャンプを行ったのである。1909年，ベーデン-パウエルは主に海上で活動するシースカウトを結成した。英国におけるボーイスカウトやシースカウトが新聞や書籍，英国からの日本人帰国者や英国人などを通して日本に伝わり，1923（大正12）年の関東大震災前後から，都市や漁村を問わず，日本各地に海洋少年団が結成され始めた。その中でも中心的な役割を果たす東京海洋少年団は，1924（大正13）年12月に結成された。

1922（大正11）年には，陸の少年団や海洋少年団を統括する「少年団日本連盟」が結成された。1925（大正14）年3月，従来の陸上中心の少年団とは違う活動内容を打ち出す海洋少年団への対応として，連盟内に「海洋健児部」が設置された。海洋健児部長には，退役軍人で東京海洋少年団の副団長（後に団長）の原道太が就任した。海洋健児部は陸の少年団とは別の活動プログラムを提示し，海洋少年団のみの指導者養成や合同訓練を実施するなど，陸での活動を中心に行う少年団とは別に，海洋少年団として独自の活動を展開した。1934（昭和9）年には南洋遠航派遣団を組織し，練習船によって112日間にわたる東南アジア一周航海を成功させた。

1938（昭和13）年に大日本少年団連盟海洋部（少年団日本連盟海洋健児部改称）は独立して，「大日本海洋少年団」を結成した。海洋少年団はその後，1941（昭和16）年に発足した大日本青少年団に加わらなかったが，その傘下に入った陸の少年団に倣い，校長が団長を務める，学校単位の海洋少年団として全国に組織された。そして第2次世界大戦末期の1945（昭和20）年，海洋少年団はその歴史に幕を下ろしたのである。

本書で「ボーイスカウト（シースカウト）」と表記するときは英国を，「少年団（海洋少年団）」と表記するときは日本を念頭においている。陸上での活動を中心とした少年団を，特に「陸の少年団」と表記して海洋少年団と対比させることもある。「学校少年団」とは，学校を単位として組織された少年団体を指す。それが海洋少年団であれば，「学校海洋少年団」と表記する。

全国組織としての「少年団日本連盟」とその改称後の名称である「大日本少年団連盟」，少年団の練習船である「忍路丸《おしょろまる》」と改称後の「義勇和爾丸《ぎゆうわにまる》」（略称「和爾丸」）を同意語として，時代に合わせて使用する。少年団日本連盟内において海洋少年団を統括していたのは 1925（大正 14）年に設置された「海洋健児部」であるが，少年団関係者が「海洋部」と省略して使用していること，さらに 1936（昭和 11）年には正式に「海洋部」に改称することから，これらの用語も時代に合わせて使用する。「東京海洋少年団」は「大日本東京海洋少年団」が正式名称であるが，煩雑さを避けるため「大日本」を省略する。他の海洋少年団もこれに準じることにする。

ここで，本書が戦前の少年団の中でも，特に海洋少年団に注目する理由を 3 点，示しておきたい。

第 1 に，海洋少年団に絞って検討することで，少年団の活動プログラムの内容とその目的を，具体的に検討できるからである。先行研究ではボーイスカウトの影響を受けた少年団と独自の活動を展開していた少年団，陸と海の少年団といった，多様な少年団を網羅的に研究対象としていた。それぞれの少年団における活動内容が同一ではなかったため，少年団における具体的な活動内容や指導者の関わりなどに関する検討が困難であった。

第 2 に，軍部の中でも，海軍に絞って少年団との関係を検討することが可能となるからである。先行研究では，少年団と軍部の関係を，陸の少年団と陸軍の関係に置き換えて論じられてきた。しかし「少年団」と「陸の少年団」は同意語ではなく，少年団と軍部の議論をするには，陸軍と海軍の両方を念頭におかなければならない。本書では海洋少年団に限定することによって，海軍との関係を意識して議論を展開できるようになる。

第 3 に，第 2 次世界大戦前における海洋少年団が，戦時下のそれと混同され，十分な検証のないままに理解されているからである。「戦前」と「戦中」の違い，特に第 2 次世界大戦前と戦中における海軍の関与の仕方を検討する。陸の少年団について田中治彦は，ボーイスカウトの方法論を取り入れた少年団の活動が，当時から「少年のための軍事予備訓練として単純な教練よりもはるかに有効」だとみなされていたと指摘するに留まり，少年団と軍部あるいは軍事教練との関係についてはほとんど指摘していない[3]。本書では海洋少年団に着目して海軍との関係について検討し，その実際的な関係を示すことができる。

第2節　先行研究の到達点

1. 少年団に関する先行研究

日本の少年団に関する研究は，主に上平泰博，田中治彦，中島純らによって進められてきた。その成果は，上平・田中・中島による『少年団の歴史』と，田中による『少年団運動の成立と展開』にまとめられた。両者は英国におけるボーイスカウトの発足，ボーイスカウトの日本への伝播と少年団日本連盟の結成，軍部や教育行政による介入，1945（昭和 20）年の少年団の解散，そして戦後の復興について論じる，少年団の通史である[4]。

上の２つの研究における課題は共通している。すなわち，ボーイスカウト（少年団）の方法論の解明，日本の青少年教育における少年団の位置づけ，少年団員の出身階層の検討，学校教育との関係に関する検討，少年団と軍隊との関係に関する検討，以上の５点である。これらの課題を検討することにより，第２次世界大戦前から戦中において，少年団の内部に発生した組織的あるいは人的，方法論的問題をどのように克服しようとしたのか，あるいは軍部や文部省といった外部からの介入に対し，少年団としてどのように対応したのかという少年団の内側の視点から議論を展開している。

文部省という外部組織が少年団に持っていた関心に関しては，中山弘之の研究がある。1920 年代前半期の文部省における少年団論に着目した中山は，文部省の中でも社会教育行政を担当していた普通学務局第四課が，少年団に積極的な関心を示していたことを明らかにしている[5]。

戦時下の総力戦体制における少年団の役割を分析した論考として，上平による別の研究がある[6]。ここで上平は「少年団のもつ政治的および軍事的性格」を探り，「戦時下少年団の錬成形態が，国民学校と一体化される中で，どのように展開されたのか」を分析している。第２次世界大戦前には「校外教育」（松永健哉）として位置づけられていた，ボーイスカウトの影響を受けた少年団を含む少年団体が，学校教育と一体化し，総力戦体制に組み込まれていく過程，さらには学校少年団における「錬成」の内実を明らかにしている。

さらに上平は少年団員を対象としたアンケート結果（1942年公表）を引用し，少年団員の少年団に対するイメージが「訓練と体錬に集約されており，精神的訓練のイメージは相対的に後方に退いている」こと，「国のため」や「兵隊になるため」といった大義名分が浸透していること，異年齢集団による具体的な生活体験が少年団員を惹き付ける要因になっていることを指摘する。そしてこのことは，少年の「子どもらしさ」に着目し，少年の「自発性」や「積極性」を引き出した少年団の指導者による策略だとするのである。少年団員が少年団の活動を肯定的に捉えると同時に，指導者が意図的に「子どもらしさ」を利用して，ある一定の方向付けを意識するという，2つの要素によって成立するこの論理は重要であり，本書の参考となる。

今泉章利による，少年団日本連盟の練習船に着目した論考もある[7)]。少年団日本連盟に加盟していた海洋少年団が主に使用していた練習船について，構造面を中心に解説したものである。海洋少年団の活動に着目した本書とは着目する視点が異なるが，その活動に参加した子どもの様子を随所に描いている。

2. 宮原誠一による少年団研究の視点の検討

本項では，少年団に関する研究視角を提示した，宮原誠一による「社会教育の発達形態」の議論を検討したい。宮原によると日本の少年団は「学校教育の補足として」発達したのであり，そこに宮原は3つの要因を見出している[8)]。

> 第一には、第一次世界大戦をつうじて、参戦各国のあいだに青少年の心身の実際的訓練についての反省が行われ、この面における学校教育の無力が指摘されたことである。ここからこれを補うための青少年の訓練方法が要望された。

第二には、第一次世界大戦の終末期から戦後にかけての労働者階級の台頭による革命的情勢および戦後の一般的な退廃的風潮による社会的不安に直面して、どこの国でも支配階級が、青少年の精神指導、生活指導の必要性を痛感したことである。

第三には、一九世紀末このかたのいわゆる新教育の思潮が、第一次世界大戦後の民主主義的風潮とともに世界的にたかまったことである。教育の重点を教師から児童へ、教科から児童の経験や活動へと移動させることをもとめる新教育の風潮は、人々の関心を児童の生活そのものにむけさせ、そこで当然第一、第二の要因とからみあって、児童の学校外の生活にも教育的配慮をするという気運がたかまった。

宮原は続けて，「第一，第二の要因には軍国主義的，国家主義的，権威主義的傾向が濃厚であり，第三の要因には個人主義的と自由主義的傾向がいちじるしい」ことを指摘して，「第一次世界大戦直後，世界各国に普及したイギリスのボーイスカウト運動などには，第一の傾向の主導のもとに両傾向混在のすがたが典型的にしめされている」とする。ボーイスカウトが普及した世界各国の１つに，日本が含まれていると考えて良いだろう。

さらに宮原は，日本における「学校教育の補足としての社会教育運動」について，次のように述べている[9]。

わが国においても、この種の社会教育運動は、欧米各国と時をおなじくしておこったが、わが国の国情に応じて、それははなはだしく特殊な性質のものとなった。一言でいえば、わが国の場合は、欧米先進諸国と異り《ママ》、まえにのべた第一、第二の傾向、すなわち軍国主義的、国家主義的、権威主義的傾向のみが、圧倒的に支配的であり、第三の傾向、すなわち個人主義的、自由主義的傾向は、ほとんど全く発展し得なかった。いな、むしろ海外から押し寄せる個人主義、自由主義の風潮を追いはらうために、社会教育運動がよびだされたといってもさしつかえない。かくしてわが国において、校長を団長とし、教員を隊長とし、村長を顧問とする官製の少年団は全国的に作られた（以下，略）。

ボーイスカウトが日本に定着する過程において，ボーイスカウト運動が内包する「軍国主義的，国家主義的，権威主義的傾向」が「個人主義的，自由主義的傾向」を凌駕し，結果として前者に特化した官製の学校少年団が各地に結成されたとするのである。

このような宮原の議論について，いくつかの疑問が生じる。戦前日本の少年団は，果たして「軍国主義的，国家主義的，権威主義的傾向のみが，圧倒的に支配的」だったのだろうか。あるいは，「海外から押し寄せる個人主義，自由主義の風潮」は，どの程度，日本に定着していたのであろうか。

この疑問について，「軍国主義的，国家主義的，権威主義的傾向」や「個人主義的，自由主義的傾向」の意味と，欧米各国のボーイスカウトや日本の少年団を説明する際のこれらの言葉の使い方について，検討しなければならない。宮原はその文章の中で言葉の説明を行っていないため，英国のボーイスカウトに関する研究成果や，宮原による文章の初出年である 1949（昭和24）年前後の文献から，これらの言葉についての検討を行いたい。

1920 年代以降，ボーイスカウト関係者や，ボーイスカウトを肯定的に捉える立場からの文献がいくつか出版された。例えば，ウェイドの *Twenty-one Years of Scouting*（London, 1929），レイノルズの *The Scout Movement*（London, 1949）である[10]。1970 年代後半になって，歴史学者や伝記作家によるボーイスカウトやベーデン-パウエルの歴史を扱った研究や書籍の発刊が相次いでいる[11]。これらの文献には，‘militarism’，‘nationalism’，‘imperialism’ といった用語を用いて議論しているものがある。

ローゼンタールによると，ベーデン-パウエルは常々，ボーイスカウトの活動が ‘militarism’ ではないと主張していたが，‘Be Prepared’ というモットー，訓練内容，ベーデン-パウエル自身が実戦経験のある軍人であることなどから，軍隊の予備訓練的な活動をしていると見られることがあった。それに対して，ベーデン-パウエルも，組織としてのボーイスカウトも，軍国主義的な見方を打ち消そうとしていたことを指摘している[12]。

ブレイクは，ボーイスカウトによってドイツによる英国侵略の可能性への対応と，青年の身体的虚弱さの克服のために ‘nationalism’ が喚起され，それが英国で急速に広まった理由として，ボーイスカウトにおける国家への奉仕，騎士道，野外活動，階級の融和，自立性と自由の重視について論じている[13)]。

マクドナルドによると，ベーデン-パウエルがボーイスカウトの少年たちに「大英帝国の歴史は開拓と拡大である」と発言したことなどから，ボーイスカウトの背景には植民地拡大を志向する 'imperialism' の発想があるとの論を展開している[14)]。

このように，植民地の拡大を目指す帝国主義，その具体的な手段として国の軍備を強化する意味での軍国主義と，そのために個人の利益より国家を優先する国家主義を，子どもたちに植え付けるという，ボーイスカウトの役割について論じている[15)]。では，日本の少年団に関する研究ではどのような議論があるのだろうか。

中島純は，1914（大正 3）年に小柴博が結成した「東京少年団」について，軍隊式訓練を採用していること，そして組織形態と訓練法に軍事色が強いことを指摘した上で，「彼（小柴博のこと—引用者）は師範学校出身で，軍事教練の経験を持つ。そのことを考慮に入れたうえで，彼の発想の道筋を理解してやるべきではないか。軍事訓練を模倣していることのみをもってただちに軍国主義と決めつけることはできない。」と指摘している。小柴は「児童に国民道徳を身をもって習得させるのに軍隊にならって秩序と規律を重んじる団体生活を体験させることは有効である」との論理から少年団の活動に軍隊式の組織と訓練を採用していたのであり，少年団が「軍事予備教育ではない」と明確に述べている[16)]。少年団における活動が軍事的色彩を帯びているからといって，それをそのまま軍国主義と見なすわけにはいかないというのである。

上平泰博は，少年団日本連盟における「国際平和主義と国防国家主義の均衡論」が破綻する経過について検討している[17)]。英国のボーイスカウトの影響を受けた少年団は世界平和を希求していたものの，日本では少年団が戦時下の体制に組み込まれていったと指摘するのである。

以上のようにボーイスカウトや少年団に関する先行研究では，英国においても日本においても，ボーイスカウトや少年団の活動について軍国主義，国家主義，あるいは帝国主義といった観点から検討している。

さて，ある組織や活動が「軍国主義」であるかどうかを判断するには，何を根拠にすることができるだろうか[18]。国家が軍備拡張を第一に考えて予算を配分し，国民をそのために動員するのであれば，軍国主義と表現できよう。少年団がこのような国家の考え方に同調し，少年団として国家のために軍人として命を捧げるように教育しているのであれば，その少年団は軍国主義であると言えよう。ただし，小柴の言を借りた中島は，軍隊の組織と訓練方法を採用することだけでは不十分だと主張している。少年団の活動を軍国主義であると言うためには，その活動内容や組織の考え方を吟味する必要があり，簡単に判断できないのである。

そこで本書では，少年団と軍部の関係を考察するために，少年団における活動における軍人の関与とその意図，活動プログラムにおける軍事的な訓練，子どもに対して軍隊を美化しあこがれさせる見方や考え方の注入，戦時下における軍部への後方支援，そして少年団出身者の軍人への登用についての検討を行う。

次に，宮原のいう「国家主義的傾向」について考えよう。「国家主義」とは 'nationalism' の訳語だと推測される。「ナショナリズムとは，第一義的には，政治的な単位と民族的な単位とが一致しなければならないと主張する一つの政治的原理である。」とゲルナーは述べている[19]。また，「国民とはイメージとして心に描かれた想像の政治共同体である」とアンダーソンが述べている[20]。

ブレイクは今後のボーイスカウト研究の方向性として，ボーイスカウトとナショナリズムの関係，また英国以外の国や地域にボーイスカウトが定着していった過程に着目することが必要だと述べている[21]。これに触発されて，筆者もタイのボーイスカウトの成立と展開について，ナショナリズムの観点から論じたことがある[22]。タイではボーイスカウトが導入された1910年代初頭，時の国王ラーマ6世ワチラーウット王が，自らに忠誠を尽くす人材の育成のためにボーイスカウトを創設した。それはアンダーソンのいう「国民（ネーション）と王朝帝国の意図的合同」という「公定ナショナリズム」であると考えることができる[23]。

宮原の議論における「国家主義」は，ゲルナーのいう「民族」とするよりは，アンダーソンの主張する「想像の共同体」としての「国民」あるいは「国家」と理解できよう。本書では，後者の立場から，戦前の少年団運動がいかに政治的あるいは経済的に，そして社会のありとあらゆる場面において国家に忠誠を尽くすための教育をしていたのか，そこに国家の意思はどれだけ反映されていたのかを検討したい。

宮原のいう「国家主義的傾向」とは，「新教育指針」（1946 年，文部省）に出てくる「極端な国家主義」を意識しているとも考えられる[24]。この「極端な国家主義」が「超国家主義」（ウルトラナショナリズム，ファシズム）であるとするならば，国内的には独裁を行い，国外に対しては侵略を第一とする姿勢であると理解できる。しかし，日本における「極端な国家主義」がいつの期間を指すのか，具体的に指定することは難しい。

本書の対象となる少年団は，第 2 次世界大戦前から戦時下における，おおよそ 10 代の子どもを組織した集団であった。海洋少年団を含めた少年団には，教育方針や年齢に応じて身につけるべき知識や技術の目安があり，少年団の指導者や子どもの集団における年長者という，構成員である子どもが無批判に従うべき権威的な存在がいくつかあった。これらの理由により，海洋少年団を対象としてその権威主義的傾向，あるいは個人主義的傾向について検討することは適切ではないと考える。

少年団における権威性を前提として，指導者が子どもの自由な意思を尊重することはあったのだろうか。そして，もしあったとするならば，それをどのように受け止め，活動に取り入れていたのだろうか。あるいは，指導者を養成する際，子どもの自由な意志について，どのような考え方が伝えられていたのだろうか。個人の自由を尊重しつつも社会が成り立っているという英国の個人主義的な発想もあるが[25]，本書では個人の自由意志がどれだけ少年団の活動に反映されていたのかという観点から捉えたい。

本書では，「軍国主義的，国家主義的，権威主義的傾向」や「個人主義的，自由主義的傾向」に依拠した枠組みで海洋少年団を検討するのではなく，海軍との関係や，海洋少年団員としての子どもたちの自由な希望を取り入れた活動の様子，あるいはそこに対する国家による関与など，海洋少年団の組織や活動に関する事実を明らかにして，そこにどのような意図が込められているのかを明らかにする。船による訓練でも，平時と非常時（戦争時）とでは，そこに込められる意図が変わる。子どもたちの自由な希望を取り入れ，楽しませると同時に，軍備拡張や国家への忠誠心の涵養を達成することは可能である。為政者にとっては権威的に軍国主義や国家主義を子どもたちに植え付けるよりも，子どもの自発性に期待し，軍国主義や国家主義に誘導した方が，得策なのである。

第3節　研究の課題と方法

本書では，以下の通り5つの課題を設定する。これらの課題に取り組むため，次節で示す少年団や海軍に関する史料に基づき，海洋少年団の組織や活動に関する事実の解明と，その活動に参加した海洋少年団員や指導者の言説，そして海軍や文部省など外部機関の態度に着目する。

第1の課題として，第2次世界大戦前の日本に海洋少年団が設立された背景と，設立の過程を明らかにする。英国に起源を持つシースカウトの理念が，日本にはどのような形で受け継がれ，あるいはどのように修正されたのだろうか。関連する書籍の翻訳や，海岸でのキャンプの実施など，シースカウトの受け入れの基盤と海洋少年団成立の背景を明らかにする。具体的な事例として東京海洋少年団に着目し，海洋少年団の設立に関与した関係者の考えや人間関係に関心をもって，その設立過程を検討する。

先に指摘した田中らによる先行研究では，修養団や青年団，キリスト教青年会を母体とした，あるいはこれらを含めた社会教育団体で活躍していた人物が中心となって結成された少年団などを対象として，草創期の少年団の設立過程を述べている。ところがそこには，退役を含めた軍人がほとんど登場しない。英国でボーイスカウトを設立したのが，直前に退役したとはいえ，軍人であったこととは対照的である。一方で東京海洋少年団では，退役海軍軍人が設立の準備段階から中心的な役割を果たしており，結成後は団長や副団長に就任した。そこで，退役海軍軍人が海洋少年団を設立した背景にはどのような意図があったのか，検討したい。

以上の第１の課題は，主に第１章で取り組むことになる。

第２の課題として，海洋少年団の活動理念や方針，具体的な活動内容と，海洋少年団員が身につけるべき海や船に関する知識や技能，そして海洋少年団員に期待された将来の職業について明らかにする。

少年団日本連盟海洋健児部は，全国の海洋少年団に対して，どのような活動項目を提示し，各地ではそれに基づいたどのような活動を行っていたのだろうか。海洋少年団の指導者はどのような活動を計画し，そこに子どもたちはどのような思いで参加し，どのような経験をしていたのだろうか。海洋少年団の活動に子どもの意志や希望は反映されていたのだろうか。それとも，指導者である大人が一方的に活動内容を決定していたのであろうか。このように少年団の活動を検討する際，活動の当事者である子どもや指導者の存在を重視して検討したい。

以上の第２の課題は，主に第２章第１節～第３節と，第３章で取り組みたい。

第３の課題として，海洋少年団における指導者養成課程への参加者や，指導者として求められた素質や知識，子どもに対する態度といった訓練の内容を明らかにする。少年団には各地の団で直接子どもを指導する指導者と，少年団の全国組織の立場から各地の指導者を通じて間接的に子どもの指導に関与する指導者の，２種類の指導者がいた。ここでは特に前者に着目して，参加者である子どもと全国組織をつなぐ役割を担った，少年団の指導者の属性や指導者としての養成内容を明らかにする。その際，海洋少年団の指導者として，団員への接し方としてどのような態度が奨励されていたのかという点にも注目したい。

先行研究では，主に少年団の全国組織で中心的な役割を果たしていた人物に着目していた。しかしこれらの人物に着目しても，組織としての理念こそ検討できるが，実際の活動を把握することは難しい。各地の少年団の活動には，子どもに加えて指導者が存在していたのであり，指導者の養成に着目して組織の活動を検討することは，これまでの少年団に関する研究，あるいは青年団なども含めた社会教育団体を扱う研究では見られない問題意識である。

以上の第３の課題は，主に第２章第４節と第５節で取り組みたい。

第４の課題として，海洋少年団と外部の組織や機関との関わりを明らかにする。海洋少年団と関係の深い外部機関としては，海軍と文部省を主に想定している。先行研究のように少年団内部に焦点を当てて，外部からの圧力に対する少年団の対応に注目するだけではなく，少年団外部の関係機関が，少年団に対してどのような関心を持っていたのか，あるいはどのような介入をしていたのかを明らかにし，少年団と外部の関係機関の，相互交流関係に着目する。それにより，外部組織や機関に対する能動的な少年団の姿を明らかにすることができると考える。

まず，軍部に関してである。先行研究では，軍部が少年団日本連盟に対して，しばしば介入しようとし，少年団の中にもそれに便乗しようとする動きと，逆に反発する動きがあったことを示している。このような軍部による介入は，果たして第２次世界大戦前から戦時下まで一貫したものだったのであろうか。先行研究は軍部に翻弄される少年団という視点で検討しているが，単に軍部の圧力に屈するだけではない，少年団による軍部への働きかけを検討する必要がある。

少年団日本連盟は発足当初から，文部省内にその本部を置いていた。そのため文部省は海洋少年団を含めた少年団の情報を容易に入手していたと考えられる。ただし，文部省が海洋少年団に着目し始めるのは，1941（昭和16）年前後からである。

少年団日本連盟は少年団員に対して「宣誓」を求めており，その中で「神明を尊び，皇室を敬ひます」と誓わせていた。このこと自体は英国のボーイスカウトでも「神と国王とに私の義務を果たします」と，国王への忠誠を誓わせており，ボーイスカウトにとってさほど突飛な考え方ではない。本書では皇室の構成員の中でも天皇に焦点を絞って，皇太子時代を含めた，昭和天皇や昭和天皇と接した海洋少年団の記録を分析することで，戦前における天皇と少年団の関係を明らかにする。

以上の第４の課題は，主に第３章と第４章で検討する。

第５の課題として，第２次世界大戦下の海洋少年団の組織と活動を明らかにする。特に，戦時下の体制に海洋少年団が組み込まれる過程を検討する。

ここで着目するのは，1938（昭和 13）年に少年団の全国組織から分離独立する形で結成した大日本海洋少年団であり，1941（昭和 16）年の文部省主導によって結成した大日本青少年団である。1938 年以降は海軍が，1941 年以降は文部省が，海洋少年団に対して積極的な介入を始める。これにより，全ての海洋少年団は学校を単位として組織される学校海洋少年団へと改組し，戦時下の体制に組み込まれていくのである。

1938（昭和 13）年以降，海軍や現役の海軍軍人は海洋少年団に，積極的に関与する。海軍自らが省内の各部署，さらには文部省や内務省との間で海洋少年団に関する連絡や依頼を行う。なぜ，このような海軍の海洋少年団に対する態度に変化が起こったのだろうか。海軍による海洋少年団に対する消極的な態度と，積極的な態度を明らかにし，その変化の背景を検討する。

1940（昭和 15）年，文部省に全国の男女青少年団を統合する動きが生じると，文部省は大日本海洋少年団にも統合に参加するよう働きかけをする。結果的に大日本海洋少年団は 1941（昭和 16）年の大日本青少年団への統合に参加せず，独立を維持する。これ以降，基本的に海洋少年団は学校を単位として組織され，陸の少年団から選抜された子どもだけが海洋少年団への入団を許されるようになる。青少年団の統合に参加しなかった海洋少年団を，文部省はどのように扱おうとしていたのか，海洋少年団に対する文部省の態度に着目する。

以上の第 5 の課題は，主に第 5 章で取り組むことになる。

本書における 5 つの課題の他にも，戦前の海洋少年団の研究に関連して，取り組まなければならない課題がある。近代日本の帝国主義や植民地主義における，海洋思想と海洋思想教育に関する考察である。近代日本は海の向こうの中国大陸や東南アジアへ進出することで発展を遂げてきたのであり，近代における海洋思想と海洋思想教育の変遷と植民地主義，帝国主義との関連をたどる研究の必要性を，強く認識している。子どもたちが海に出ること自体が海外進出を想定しているのであり，帝国主義，植民地主義の思想そのものである。

本書では海洋少年団の組織と活動を具体的に扱うが，海洋思想と海洋思想教育に関する研究では，海洋少年団を含めた海洋教育における思想的な側面を扱うことになる。黒船来航によって開国した日本において，子どもたちが海にあこがれ，海外に行きたいという希望を持つことの意味，そして子どもたちに海洋に関する教育を行い，海外の研究をさせ，海外に進出させる教育的営みに込められた意味を考察するのである。

本書では，海洋少年団における活動と子どもや指導者の発言に着目して，具体的な検討を行う。その後，本書を踏まえて，アジアの英国を目指す島国日本の近代帝国主義における海洋思想と海洋思想教育について，考察することを予定している。

第4節　使用する史料

本書で主として使用する史料は，1924（大正13）年から1941（昭和16）年まで発行された少年団日本連盟の機関誌『少年団研究』と，海軍省が1876（明治9）年から1937（昭和12）年までの公文書を編纂した海軍省公文備考（防衛省防衛研究所蔵）である。

前者は少年団の指導者を読者に想定しており，少年団日本連盟の動きや連盟で中心的な役割を担っていた者の考え，各地の少年団の団員や指導者による投稿を掲載している。日本各地の海洋少年団を含む少年団の指導者は，この『少年団研究』を通して，情報を共有していたと考えられる。

東京の少年団の連合組織である東京連合少年団は機関誌『ジャンボリー』を1922（大正11）年から1934（昭和9）年まで発行していた。これは少年団に参加している子どもを読者に想定しており，キャンプでのエピソードや物語を多く掲載している。この他にも少年団日本連盟は少年団の名簿や指導する際の参考書などを発行していた。各地の少年団の中には情報共有のための小冊子を定期的に発行していた団もあるようだが，ほとんど散逸してしまっている。

1938（昭和13）に全国の海洋少年団が独立して発足した大日本海洋少年団は，『団報』と『海国民小読本』を機関誌として発行していた。前者は少年団日本連盟の『少年団研究』に相当する指導者向けの雑誌であり，後者は東京連合少年団の『ジャンボリー』に相当し，主に子どもたちをその購読者として想定していたと思われる。だが，『団報』と『海国民小読本』については散逸し，僅かに『団報』を2冊だけ入手できている。

これ以外に，独立後の海洋少年団の具体的な活動について教えてくれるのが，「海と空社」から1939（昭和14）年6月号を創刊号として発刊され，1944（昭和19）年1月に廃刊となった月刊誌『海洋少年』である。この雑誌は「海軍省海軍軍事普及部」の「指導」のもと，「我が国における唯一の海軍海事専門の小国民雑誌として創刊」したという[26)]。『海洋少年』には竹下勇や日暮豊年ら大日本海洋少年団の関係者のほか，海軍将校が記事を執筆し，海軍の戦艦や飛行機の写真を多く掲載するなど，子どもたちへの海軍の宣伝という意味合いが強く，戦時色を前面に打ち出した雑誌であった。海洋少年団の一般に向けた宣伝にも利用されており，創刊号から「海洋少年団ニュース」（後に「海洋少年団だより」）の欄が設けられて各地の海洋少年団の活動の様子などを掲載している。さらに「海洋少年団軍艦座談会」，「海洋少年団出身者をかこむ座談会」といった海洋少年団の特集記事も見られる[27)]。

海軍省公文備考には，当時の海軍に関する記録を教育，艦船，兵器などおよそ20の項目に分類している。この史料の中から海洋少年団に関するものを抽出して，海軍による海洋少年団への関心を検討する。

国立国会図書館憲政資料室の斎藤実関係文書，竹下勇関係文書も参考にした。彼らは海軍軍人であり，それぞれ少年団日本連盟の第2代，第3代総長を務めた。竹下は大日本海洋少年団の総長でもあった。斎藤や竹下に宛てた書簡の中に，少年団関係者からのものが散見される。

文部省の史料としては，大正期に文部省が集めた『時局に関する教育資料』と，1939（昭和14）年とその翌年に出された『男女青少年団体概況』に，海洋少年団に関する記述がある。

これらの他にも，国立公文書館，外務省外交資料館，東京都立公文書館などで史料を収集した。

本書では，研究対象時期の海洋少年団の活動に参加していた人たちからの聞き取り調査も行った。その中で，東京海洋少年団の設立当初から参加しておられた方や，昭和初期の海洋少年団の活動に参加しておられた方に会ってお話を伺った。本書で頻繁に登場する東京海洋少年団や少年団日本連盟海洋健児部で主導的な役割を果たしていた，原道太の親族の方にもお話を伺うことができた。

なお，本文中の写真はいずれも，原道太による『義勇和爾丸の一生と海洋少年団の発達』（大日本少年団連盟，1939 年）から引用した。

注

1）圓入智仁「タイにおけるボーイスカウト運動の成立と展開―ラーマ 6 世王期（1910-1925 年）―」『アジア・アフリカ言語文化研究』No. 66，東京外国語大学アジア・アフリカ言語文化研究所，2003 年，53-73 頁。

2）ここでは，中山弘之の定義を援用した。中山弘之「1920 年代前半期文部省における少年団論に関する一考察」『日本社会教育学会紀要』No. 35，1999 年，94-95 頁，脚注 1。

3）田中治彦『少年団運動の成立と展開』九州大学出版会，1999 年，326-331 頁。

4）上平泰博・田中治彦・中島純『少年団の歴史』萌文社，1996 年。田中『少年団運動の成立と展開』（前出）。

5）中山（前出），87-96 頁。

6）上平泰博「青少年団」寺崎昌男・戦時下教育研究会編『総力戦体制と教育』東京大学出版会，1987 年，195-225 頁。

7）今泉章利「海洋少年団練習船『義勇和爾丸』に就いて」『船の科学』第 44 巻第 7 号～第 11 号，1991 年 7 月～11 月。

8）宮原は社会教育の成立について，「近代的学校制度に相対するものとしての社会教育の運動は，世界各国をつうじて，だいたい一九世紀にはじまり，第一次世界大戦後急速に発達のいきおいをしめし，以後発展の一路をたどって現在におよんでいる」と述べる。そして社会教育の運動について，「学校教育の補足として」，「学校教育の拡張として」，「学校教育以外の教育的要求として」，理解されなければならないとする。宮原誠一「社会教育本質論」『教育と社会』1949 年 10 月号，12 月号，全日本社会教育連合会（『宮原誠一教育論集』第 2 巻所収，国土社，1977 年）。

9）宮原をして，戦前の社会教育，戦前の少年団に対してこのような見方をさせた背景には，松永健哉の存在とその著書『校外教育十講』（1937 年）があったと思われる。学校の外における，子どもたちを対象とした活動を考察した研究書である。これを著したとき，松永は「官製の少年団」の全国組織である帝国少年団協会の「研究部」に嘱託として勤務していた。つまり，少年団（＝ボーイスカウト）を「追いはら」って，「官製の少年団」を推奨し，全国的に普及させる立場にあった。松永健哉『校外教育十講』第一書房，1937 年。

10）Wade, E. K., *Twenty-one Years of Scouting*, C. Arthur Peason Ltd., London, 1929. Reynolds, E. E., *The Scout Movement*, Oxford University Press, London, 1950.〔E. E. レイノルズ，財団法人ボーイスカウト日本連盟訳『スカウト運動』1974 年。〕

11）田中『少年団運動の成立と展開』（前出），34 頁，脚注 1。
12）Rosenthal, Michael, *The Character Factory*, Pantheon Books, New York, 1984, pp. 191–229.
13）Pryke, Sam, The popularity of nationalism in the early British Boy Scout movement, *Social History*，Vol. 23, No. 3, October 1998, pp. 309–324.
14）MacDonald, Robert H., *Sons of the Empire*, University of Toronto Press, Toronto, 1993, pp. 168–174.
15）もちろん，こういった影響や役割がなかったと否定するものもあるが，それはおおむねボーイスカウト関係者による文献であるという。田中『少年団運動の成立と展開』（前出），34 頁，脚注 1。
16）中島純「第 6 章　ボーイスカウト訓練法の受容と伝播」上平ら『少年団の歴史』（前出），135–143 頁。
17）上平泰博「第 8 章　少年団の国粋思想と国防支援出動」上平ら『少年団の歴史』（前出），190–206 頁。
18）ボーイスカウトに対して軍隊を想起させ，批判を加えることは，戦後もしばしば見られる。例えば以下の文献である。林雅行『かりだされる子どもたち』柘植書房，1984 年。
19）アーネスト・ゲルナー，加藤節監訳『民族とナショナリズム』岩波書店，2000 年。
20）Anderson, Benedict, *Imagined Communities*（Revised Edition）, Verso, London, 1991.〔ベネディクト・アンダーソン著，白石さや・白石隆訳『増補 想像の共同体』NTT 出版，1997 年。〕
21）Pryke, *op. cit.*
22）圓入（前出），53–73 頁。
23）Anderson, *op. cit.*, pp. 86, 101.〔ベネディクト・アンダーソン（前出），148，165–166 頁〕。
24）この文章の初出は 1949（昭和 24）年である。その 3 年前，第 2 次世界大戦終戦の翌年にあたる 1946（昭和 21）年 5 月 15 日，文部省は「新教育指針」を発表しており，この中に「軍国」，「国家」，「権威」，「個人」，「自由」といった言葉が見られる。

「新教育指針」において，「軍国主義」とは「国家が戦争を予想して軍備に最も多くの力をそそぎ，それを中心として国内の体制をととのへ，他国に対しても戦争といふ手段によつて自国の主張を貫かんとすること」であり，「極端な国家主義」とは「自分の国を愛することが行きすぎて，国家のためといふ名目のもとに，国民一人々々の幸福をぎせいにし，また他の国々の立場をも無視する態度」である。

「権威主義」を説明する文章はないが，「権威」の説明として，「上のものが権威をもつて服従を強制し，下の者がひはんの力を欠いてわけもわからずしたがふならば，それは封建的悪徳となる」と説明している。

また「個人主義」については，「これからの教育は，各人の個性を完成することを第一の目的とすることを第一の目標としなければならない。それは正しい意味での個人主義である」と述べている。「自由主義」に関しては「教育においても，教師が教へるところに生徒が無ひはん的にしたがふのではなく，生徒が自ら考へ自ら判断し，自由な意志をもつて自ら真実と信ずる道を進むやうにしつけることが大切である」との記述がある。

かつては「軍国主義，極端な国家主義，神社神道などに関係ある思想」が教えられていたが，戦後の日本の民主主義の根本には「議会政治・国際平和・個人の尊さ，集会の自由・言論の自由・信教の自由のやうな人間の根本的な権利」が必要であると主張する。

軍国主義，国家主義，そして権威主義を否定的にとらえ，個人主義，自由主義を肯定的にとらえる思想は，宮原にも通底していると考えられる。

25）英国に留学した夏目漱石は 1914（大正 3）年，学習院で行った講演『私の個人主義』において，個人主義を自分の個性の尊重と同時に他人の個性の尊重，権力の行使に伴う義務の発生といった観点で論じている。

26）「『海洋少年』廃刊の辞」『海洋少年』第 56 号，1944 年 1 月，8 頁。

27）例えば，「海洋少年団　軍艦　座談会」（『海洋少年』第 1 巻第 1 号，1939 年 6 月，16-19 頁），日暮豊年「海洋少年団の話（その一）」（同書，48-49 頁），日暮豊年「海洋少年団の話（その二）」（『海洋少年』第 1 巻第 2 号，1939 年 7 月，46-47 頁），「海洋少年団　出身者を囲む座談会」（『海洋少年』第 21 号，1941 年 2 月，49-54 頁），「海洋少年団　出身者を囲む座談会（続）」（『海洋少年』第 22 号，1941 年 3 月，22-24 頁）。

第 1 章

海洋少年団の結成

本章では，日本で海洋少年団が発足した背景や経緯を明らかにする。そのため，1900 年代初頭の英国におけるシースカウトの発足について述べ，その後，1910 年代の日本における海岸での教育キャンプの実施と，英国からのボーイスカウトの日本への伝達，大正末期以降に日本で海洋少年団が結成した過程について検討する。

第 1 節では，20 世紀初頭の英国でボーイスカウト運動が成立した背景と，そこから海上での活動に特化したシースカウトが派生した過程を検討する。英国のシースカウトが発足した目的，そして，陸軍の軍人であり，ボーイスカウトやシースカウトの創始者であるベーデン-パウエルが，シースカウトにおいて想定していた活動内容についても明らかにしたい。加えて，1910 年代から 1920 年代の英国におけるボーイスカウトに関する研究の論点を整理する。

第 2 節では，英国のシースカウトが日本に伝播した過程と背景を検討する。まず，1910 年前後に海岸で行われたキャンプについてその活動内容を明らかにする。さらに，英国で発行されたボーイスカウトに関連する書籍の翻訳について，シースカウトの扱われ方に着目したい。

第 3 節では，日本における海上での活動に特化した少年団が設立された背景や活動の様子を具体的に検討する。まず，子ども向けの雑誌を発行していた出版社が組織した，読者からなる組織の成立と活動を明らかにし，続いて英国のシースカウトの影響を受けて日本各地に 1923 年から翌年にかけて結成された初期の海洋少年団について，兵庫県の神戸，北海道の岩内，広島県の呉の事例を取りあげ，これらの組織の具体的な活動内容を明らかにする。

第 4 節では，1924（大正 13）年に，退役海軍軍人が中心となって設立した東京海洋少年団に着目し，その結成の背景，関係者の人的つながり，結成過程，組織の目的について具体的に明らかにする。

第5節では，陸の少年団が中心となって設立されていた少年団の全国組織である少年団日本連盟において，海洋少年団がどのように受け入れられ，全国組織の中に位置づけられたのかを明らかにする。陸の少年団が大多数を占める中で海洋少年団がどのように独自の組織や活動を展開するようになったのだろうか。その後，1937（昭和12）年頃までの間に，全国でどれくらいの海洋少年団が結成されたのか，そしてそこには何人の子どもたちが参加していたのかを明らかにする。

第1節　英国におけるシースカウトの成立

本節では，ボーイスカウト運動の創始者ベーデン-パウエルが海での活動に特化するシースカウトの着想を得る経緯と，英国におけるシースカウトの発足について検討する。その後，主に1910年代から1920年代の英国におけるボーイスカウトに関する研究の論点を整理したい。

英国におけるボーイスカウトに関する論考は序章第2節でいくつか示しているが，これまで，特にシースカウトに焦点を絞った研究は発表されていない。そのため，本節ではボーイスカウトや創始者ベーデン-パウエルに関する論考を参考にして，シースカウトについて述べている部分を抽出してまとめることにしたい。

1. シースカウトの構想

ベーデン-パウエル（Robert Stephenson Smyth Baden-Powell, 1857-1941）は，オックスフォード大学の教授であった父と，その3番目の妻の子として1857年，ロンドンに生まれた。ベーデン-パウエルが3歳の時，父が他界したため，彼は母親から教育を受けることになった。彼女は他界した夫の友人を家に招いて交友を続けていた。彼らの多くは大学の研究者であり，時には母親が子どもたちの教育相談を持ちかけていたという。また，ベーデン-パウエルは母方の祖父，ウィリアム・ヘンリー・スミス提督から，海の物語やその他いろいろな冒険物語を聞いていた[1)]。1870年，13歳でベーデン-パウエルはパブリックスクールの1つ，チャーターハウス校に入学した。在学中はあらゆるスポーツや文化活動に活発に参加していたが，学業成績は芳しくなかった。その頃の思い出を，世界的に展開しているボーイスカウトの教科書とも言うべき『スカウティング・フォア・ボーイズ』（1932年版）の序文で，次のように振り返っている[2)]。

> 少年のころいちばん楽しかったのは、4人の兄弟といっしょに海洋スカウトになって、イングランドの沿岸をあちらこちら旅した時だ。そのころはまだ海洋スカウトはできていなかったから、私達は正式の海洋スカウトだったわけではない。しかし、私達は自分の帆船をもっていて、四季を通じてどんな天候の時でもその舟で生活もし、航海もし、苦しい時も楽しい時もあったが、おしなべていえばすばらしい愉快な時を過ごした。

ベーデン-パウエルには，子どもの頃から海へのあこがれがあったことが窺える。チャーターハウス校を卒業後，ベーデン-パウエルは1876年に英国陸軍に仕官した。学生生活，軍隊生活を通して後のスカウト活動の基礎となる野外料理，キャンプなどを経験した。その中でも彼が得意としたのは偵察と斥候であり，1885年には『偵察術と斥候術』を出版している。

1899年10月，南アフリカのマフェキングでは，ベーデン-パウエルが指揮する英国陸軍1,213名と，それを包囲するボーア人（オランダ系の植民者）攻撃軍6,000名の攻防が始まった。第2次ボーア戦争（1899-1902年）である。1900年5月に英国軍の援軍が到着し，7月にマフェキング包囲網が解かれ，町は解放された[3)]。この時，ベーデン-パウエルは現地で青少年を集め，「マフェキング見習い兵団」（Mafeking Cadet Corps）を組織した。彼らは伝令や郵便の配達，見張りなどで活躍した。ベーデン-パウエルは青少年にも一定の訓練と責任を与えることにより，時には大人以上の働きをさせることができることを体験したのである。マフェキングでの籠城戦を戦ったベーデン-パウエルは英国で新聞などを通して大きく伝えられ，一躍有名となった[4)]。

第2次ボーア戦争が勃発した1899年，ベーデン–パウエルは自らの軍隊生活における逸話を元に，『斥候の手引き』（*Aids to Scouting*）を出版した。その中で彼はいかに情報を記録し伝達するか，いかに単独で野外で生き延びるかを述べていた。彼は本書を大人，特に軍人に向けて書いたつもりであったが[5]，この本を青少年団体や学校の教師が子どもの教育に利用しており，発売後数ヶ月で10万部が売れたという。南アフリカから帰国したベーデン–パウエルが，英国国内の青少年の身体とモラルの荒廃という危機感を持っていたこともあり，本来成人向けの『斥候の手引き』を少年向けに書き直す必要を感じた[6]。

1907年，ベーデン–パウエルは50歳で陸軍中将に昇進すると共に，予備役になった。彼は長年の軍隊生活を離れ，ボーイスカウトに専念し始めた。『斥候の手引き』の少年向けの本を出版するに当たり，出版を実務面財政面から支援した実業家アーサー・ピアソンから，斥候術（スカウティング）が少年教育として有効かどうかを確かめる実験的なキャンプを実施するように提案を受けた。そこでベーデン–パウエルは，ボーイスカウトの実験キャンプを，1907年7月29日から8月9日にかけて，英国南部のブラウンシー島で行ったのである。労働者階級と中産階級の両方の少年を対象とし，両者の混成の班を編制した。両者間の格差の解消を目指し，前者に中産階級の価値観を身につけさせようとしたこと，グループワークの始まりであること，キャンプファイヤーの原型を示したことなどの特徴をもつキャンプであった。

この実験キャンプでは，キャンプファイヤー，野外での生活方法，観察法，推理法，山中での行動法，人命救助などと並んで，海に関係するプログラムとして，‘A Whale Hunt’（「鯨獲りゲーム」）を行った[7]。このゲームは，当時ベーデン–パウエルと交友関係にあった，アーネスト・トンプソン・シートン（Ernest Thompson Seton, 1860–1946）からアイデアを得ていた[8]。2つの班がそれぞれ別の港からボートに乗り，班長の指示に従って1頭の張りぼての鯨を競って捕獲し，自らの港に帰るゲームである[9]。

ボーイスカウトの実験キャンプを踏まえて，1908年に*Scouting for Boys*（『スカウティング・フォア・ボーイズ』）を出版した。ベーデン–パウエルはこの本を通して既存のYMCA等の青少年団体にボーイスカウトの教育論を提供することを構想していたが，本書に刺激を受けた子どもたちは英国各地でボーイスカウト隊を独自に組織し，その数は増加の一途をたどっていった。そのため1909年5月，ベーデン-パウエルはロンドンにボーイスカウト本部事務局を開設した。同年12月，ベーデン-パウエルはボーイスカウトの運営を組織的に行うために運営委員会と諮問委員会を設置した。これにより，スカウト運動は方法論を提示しただけでなく，独自の組織を持つことになった[10)]。

『スカウティング・フォア・ボーイズ』は1908年に英国で初版が出た後，1909年，1910年，1911年，1912年，1913年に2度，1916年，1918年，1922年，1924年，1926年など，頻繁に改訂していた[11)]。その都度，ベーデン-パウエルは当時の世界情勢や英国国内情勢に合わせて内容を少しずつ差し替えていた。

『斥候の手引き』では海上での活動について述べていないものの[12)]，『スカウティング・フォア・ボーイズ』初版（1908年）の全6巻中，第3巻には，“CAMP FIRE YARN. No. 14. LIFE IN THE OPEN”（「キャンプファイヤー物語14　野外生活」）の中に，探検や山登りの話と並んで，ベーデン-パウエルが子どもの時に体験した舟での旅行を書いた‘Boat Cruising’（「小舟旅行」）と，海に関わる者として必要な技能について書いている‘Watermanship’（「船の操作技術・水泳技術」）の記事がある[13)]。第1巻の表紙には岩陰から沖合の国籍不明船を見張っている少年の姿が，第4巻の表紙にはボートを漕いでいる少年の姿がそれぞれ描かれている[14)]。

2. シースカウトの発足

1908年からボーイスカウト英国連盟は定期的なキャンプを開催し始めた。翌1909年，ベーデン-パウエルは前年と同様の陸上のキャンプ場に加えて，宿泊や活動のために練習船マーキュリーを用意した。これが英国における海上におけるボーイスカウト，つまりシースカウトの始まりであった。その後，1910年に英国連盟がシースカウトの活動を正式に認め，1912年には規約に明文化した。英国連盟が海で活動するシースカウトを，陸のボーイスカウトと並ぶ活動として位置づけ，英国各地に展開することになったのである[15)]。

ウェイドによると，ボーイスカウトの機関誌は次のようにシースカウトを説明したという[16)]。

> “The idea of Sea Scouts,” said the official Scout Gazette in 1910, “is to sound the call of the sea in the ears of boys of our cities and seaports, and to give them an elementary training which may be useful, whether in starting them on a seaman's career or in making them handy men for any branch of life.《ママ》
>
> “To put what the boys recognise as a tangible aim to the training it is desirable to give them public duties to perform (as we do in the case of Fire Brigade Troops, Ambulance Troops, and so on).《ママ》
>
> “ In this case they can be formed into Coastwatching Troops for watching coasts, reporting vessels, life-saving, etc., as below. This trains them for the sea, but without boring them with drill and leaving shipboard life and routine still to come as a novelty, a point which is rather lost sight of in a training-ship education.《ママ》

シースカウトの目的は，海にあこがれる都市と港の子どもたちを対象として，船員をはじめどのような職業にも有用な人材に育てることにあると述べている。訓練の具体的な目標として，消防隊や救急隊のように，公の役割を子どもに与えることが望ましいとする。その例として沿岸視察隊として組織し，船舶の報告や人命救助を行うのである。こうした訓練において，練習船での訓練や決まり事の遵守によって子どもたちを飽きさせないようにすることを指摘している。

続けて，シースカウトでは13人から15人の班が8班集まって，隊を組織すること，制服はボーイスカウトのものに，海軍の制帽を模したものを着用すること，主な訓練内容としては，船舶の運用，操舵，海図や目印による初歩的な航海法，コンパス，星座や潮，蒸気圧や油圧ウインチ，縄結び，綱投げ，音に関する一般的な知識，水泳，人命救助，消防，はしご登り，衣服の制作と修繕を挙げている。沿岸視察隊には，悪天候により遭難した船舶の監視，あるいは戦時には敵の発見を期待していた。このような訓練を行っているからといって，すぐに海軍と結びつけることは早計であり，子どもたちが将来，海軍や国境警備隊を希望するかどうかは子どもたちの自由に任されているとも述べている。

英国連盟がシースカウトを認知した後に出版された『スカウティング・フォァ・ボーイズ』第7版（1913年）では，シースカウトに関する話が“CAMP FIRE YARN. No. 6. SEA SCOUTS”（「キャンプファイヤー物語6 シースカウト」）として独立した。初版におけるシースカウト関係の記事と比較すると，‘Boat Cruising’ が削除された代わりに，英国海洋史・海軍史についての記事や，海に関わる者の心構えを書いたものが挿入されており，初版にもある ‘Watermanship’ が続いている。最後に ‘Sea Games’ として，ブラウンシー島の実験キャンプで行った ‘A Whale Hunt’ について述べている。このゲームは第7版で初めて紹介され，現在に至っている。シースカウトについての独立した話を「キャンプファイヤー物語」として掲載していることは，著者のベーデン-パウエルが以前に増してシースカウトに着目していることの現れであると考えられる。

1910年にはベーデン-パウエルの兄で海軍軍人のヘンリーが *Sea Scouting and Seamanship for Boy Scouts*（『少年のための海上斥候術と操縦技術』）を執筆した[17]。これは後に，日本でも翻訳された。

1914年，第1次世界大戦が勃発した。この4年間の戦争中，英国のボーイスカウトは町のパトロールや兵士の家族や病人・負傷者の家族の援助，救急所や避難所を設けるなどの活動を行った。シースカウトも港湾内の監視，浮標設備のない水路での船の案内，味方の艦船に発火信号を送るなど，沿岸警備の危険な任務にも就いていた[18]。

以上のような英国におけるシースカウトの状況について述べた，ベーデン-パウエルによる文章が大正末期の日本で翻訳された。日本各地で海洋少年団が結成され始める大正末期の1925（大正14）年，少年団日本連盟が機関誌『少年団研究』に掲載したのである。ここではシースカウトを「能率万能主義」で「一定の規矩に陥り易」く，「毎日しかも終日訓練する」学校教育と比較しつつ，「訓練された教官」ではない大人が，「僅かに一週に数時間づゝ少年と一緒に」なって活動するものと位置づけた上で，次のように紹介している[19)]。

少年は「海」や海のロマンスに浸るのを望むものだ、それは単に文学的作品を通じてゞはなく、仮想的《ママ》の協議や活動によつて、ロビンソンクルーソーに生き、海賊の浸掠、密商の早業、封鎖線出入、仮想の鯨猟などを実行することなのだ。探検したり海図をひいたり巡洋したりまたは深海で漁猟したりする。そこに私共の訓練の重要な階梯があるわけである。

シースカウト訓練法は陸のスカウトと同一の主義であつて、即ち、固苦しい形式的な教練を通じてゞはなく、少年に本当に適した活動と競技を通じて行ふ。その主なる目的はあらゆるスカウティングの場合に於けると同様に、品性を陶冶し、健康の増進をはかつて、訓練の真に現代的方針の上に恒に善良な市民としての資格を築くにあるのだ。

(中略)

かうした訓練の結果は、この方法で訓練しただけの甲斐を現はした。それは戦時中、最高の試験にあひ最も満足に反応したのだ、多数のシースカウトは戦時中各種の補助巡洋艦の炊事当番、信号手、応急手当係、艦橋補助員などとして使はれ、又陸上では海岸監視の義務を、海岸防備隊から分担を受け、これらの任務を果たしたゝめに、シースカウトは当局から最高の賞賛を授与されたのである。

ベーデン-パウエルは，シースカウトが少年の抱く海へのロマンスを活動の原点に据えている点で，画一的な教育を行う学校教育とは違っていることという。シースカウトは目的として「善良な市民」の育成を掲げており，その1つのあり方として，第1次世界大戦下における海軍の補助的任務も含まれることを述べている。軍隊や海岸防備隊への協力は，ボーイスカウト活動の主たる目的ではなく，戦時下において「善良な市民」として果たすべき役割だというのである。

第2次世界大戦下，英国のシースカウトには第1次世界大戦の時ほど責任ある役目が与えられなかったが，海軍は特定の訓練を受けたシースカウト出身者を海軍に入隊しやすくしていたとの指摘もある[20]。

3. 英国におけるボーイスカウトに関する論考

ここで，第2次世界大戦前の英国のボーイスカウトに関する論考を整理したい。まず，1910年代から1920年代に発表されたボーイスカウトを扱う議論を概観する。当時のボーイスカウトに関する議論を把握するためである。その後，第2次世界大戦後の論考における論点を指摘する。

ベーデン-パウエルがロンドンにボーイスカウト本部事務局を開設したのは，1909年5月であった。翌1910年の2月12日付 *The Lancet* 誌は，“The Boy Scouts” と題する記事を掲載している。英国による海外への植民地進出のために必要な青少年の体力強化において，冒険を活動に取り入れるボーイスカウトが有効であり，国家の利益に繋がると紹介する[21]。第2次ボーア戦争の英雄であるベーデン-パウエルにとって，英国が海外に植民地を求めて進出すること，そのために青少年の体力面を強化することは，当時の時代背景から導き出される論理であると考えられる。

1914年5月16日付 *The Lancet* 誌は，ボーイスカウト英国連盟事務局の関係者が投稿した文章を掲載している[22]。ボーイスカウトが身体的，精神的，道徳的に子どもたちを訓練していること，特に野外活動における観察力，思考力，判断力，迅速な行動力を養っていることを指摘する。さらにボーイスカウトにおける利他的な精神を強調し，ベーデン-パウエルが250,000ポンドを貧困層の救援に使う予定であると述べている。

これらの文章とほぼ時を同じくする1911年と1914年，プライスが当時のボーイスカウトに向けられていた ‘militarism’ との評価に反論している。1911年，ボーイスカウトを紹介する文章の中でプライスは，野外活動が子どもたちを引きつけているのであり，軍事的意図，政治的意図，宗教的意図はないことを主張する。ロシア，日本，オランダ，チリ，セルビア，中国，フィンランド，モロッコなどにも展開していることを述べ，ボーイスカウトが国際主義を標榜していることを指摘する[23]。さらに1914年，プライスはボーイスカウトが救急，航空，養蜂，かご細工，鍛冶，漕艇，ラッパふき，大工，事務，料理，自転車，酪農，電気，エンジニア，農業，消防，園芸，雑役，乗馬，通訳，洗濯，皮革加工，石工，鉱山，射撃，宣教，音楽，自然，探検，パイロット，写真，開拓，笛，配管，養禽，印刷，探鉱，漁業，通信，追跡，調査，電信，裁縫，織物，木こりなどの経験も提供していることから，ボーイスカウトが将来の職業選択に役立つことを主張している。雇い主もボーイスカウトの職業経験の価値に着目し始めているという。プライスは続けて，ボーイスカウト出身者がオーストラリアやニュージーランドへ移住していることも述べている[24)]。

第1次世界大戦下，英国のボーイスカウトは銃後活動を行っていた。だがその後の議論でも，ボーイスカウトは軍事的意図を持たないと関係者は述べていた[25)]。例えば1923年，ボーイスカウトの関係者が，ボーイスカウトは市民としての訓練を行っていると述べていた[26)]。訓練が軍事的ではないという点で 'non-military' だが，市民として国を守る義務は発生するという点で 'anti-military' ではないという論理であり，ボーイスカウトは市民を育成する一環として，有事の際に行動できる訓練を行っているというのである。加えて，英国の人口過剰問題を解決するために，ボーイスカウト出身者が海外に進出し，英国全体として発展していくことを述べている。

第2次世界大戦後は，1900年代から1930年代の英国におけるボーイスカウトについて，英国の他の青少年団体との関係について論じた研究や，比較した研究，そして同時代のドイツとの比較研究の論考がある[27)]。

近年になって，英国の植民地となっていたアフリカにおけるボーイスカウトに関する論考，そして英国のボーイスカウトが第2次世界大戦前に海外移民を勧めていたという論考が提出されている[28)]。ここには，ボーイスカウトの活動におけるアイデアは，ベーデン-パウエルのアフリカ滞在中に，現地の住民の生活から着想を得ていたこと，英国がアフリカへ植民地支配を展開した際の，英国人のボーイスカウトと現地人のボーイスカウトの関係についての議論などがある。ボーイスカウトがその出身者をオーストラリアやニュージーランドなどへ海外移住を勧めていたことは，戦前日本の中国大陸や東南アジアへの進出を考える上で，重要な比較対象となろう。

第２節　日本における海洋少年団の構想

明治末期の1905（明治38）年，日本は日露戦争後のポーツマス条約に調印し，1910（明治43）年には韓国を併合する。そして1914（大正3）年，第1次世界大戦が勃発して日本は赤道以北のドイツ領南洋諸島などを占領する。

日本で初めてと思われる海岸でのキャンプが行われたのは，この頃である。学習院院長の乃木希典によるキャンプと，修養団をベースに子どもの集まりを組織した小柴博によるキャンプである。時を同じくして，『スカウティング・フォア・ボーイズ』が続々と日本語に訳された。海岸でのキャンプと『スカウティング・フォア・ボーイズ』の翻訳は，日本における海洋少年団の土台として考えることができる。

1. 組織的な海岸キャンプの実施

1910年前後，日本で組織され始めた少年団によるキャンプが海岸で行われていた。小柴博が実施した海岸でのキャンプは，船を使用した活動ではなかったものの，水泳や海の生き物の研究をしていたようである。

(1) 乃木希典による学習院「夏期遊泳」

1911（明治44）年，乃木希典は訪英の機会を得た。ジョージ5世の戴冠式に明治天皇の名代として派遣される東伏見宮依仁親王から，東郷平八郎と共に随員を命じられたのである。彼はロンドンでボーイスカウトの集会を視察し，ベーデン-パウエルに会っている。この際，乃木はテント張り競争や号令の伝達などを行うボーイスカウトの活動を見学し，それらを少年の軍事訓練として捉えていたようである。帰国後，乃木は在郷軍人会の機関誌『戦友』にボーイスカウトの組織，目的，活動内容を簡単に紹介した[29]。さらに学習院でも「ボーイスカウトに関する講話」を行い，「ボーイ・スカウトの仕事は中々興味のあるものだが，規律が厳粛で下手な軍隊の運動を見て居るよりも気が利いて居た」と評価している[30]。

1906（明治 39）年に学習院院長に就任していた乃木は，1907（明治 40）年，神奈川県片瀬海岸で夏期遊泳を実施し，その中で生徒たちに海岸で 3 週間のテント生活をさせた。この海岸でのキャンプがどのようなプログラムを展開していたのか明らかになっておらず，その後も毎年実施されたのかは不明である。山裾や平地ではなく海岸をキャンプ地に選んだことから推測すると，おそらく次に見る小柴博によるキャンプと似たような活動をしていたのではないだろうか。なお，後に少年団日本連盟に参加する三島通陽は，乃木のキャンプに参加していた[31]。

⑵　小柴博による東京少年団「臨海水泳団」

小柴博が海岸でキャンプを行った東京少年団は，1907（明治 40）年に発足した修養団の「精神教育幼年会」に起源がある。幼年会の目的は児童の遊戯，娯楽を通じて精神の修養を行うことにあった。1913（大正 2）年には幼年会会員である東京市内 24 校の小学校男子児童 32 名を連れて，千葉県勝山海岸で「臨海水泳団」という合宿訓練を行っている[32]。

この年以降，小柴博は毎年のように夏になると子どもたちを率いて海岸でキャンプをしていた。1915（大正 4）年を例にすると，千葉県勝山海岸で 7 月 28 日から 8 月 17 日までの 21 日間にわたるキャンプを行った。対象を「（東京―引用者）少年団員及尋常四，五，六年，高等小学校，中学一二年の男児に限る」とし，交通費や食費，宿泊費，備品費などを含めた参加費が 1 人あたり 15 円であった[33]。

21 日間の滞在中に予定されていた活動内容は，以下の通りであった[34]。

（イ）水泳
（ロ）軍事的初歩の教練及演習
（ハ）各学科の復習
（ニ）鋸山、富山、伊予ヶ岳、那古観音等に行軍
（ホ）水産講習所、金谷製塩場、鋸山石材運搬の有様等の見学
（ヘ）水棲動物の研究実験
（ト）探検及踏査

（チ）体育的諸動作
（リ）其他

他にも海岸での写生，水泳や遠泳，魚釣り，魚類解剖研究等を行っていた。小柴はこの海岸キャンプの目的が，「夏期に於ける水泳が体育に適し保健上護身上最も有効にして且つ団隊生活に伴ふ幾多の修養と教訓を与ふる事」にあると述べている[35]。

小柴は1924（大正13）年発足の東京海洋少年団にも創設者の一人として関わっている。1925（大正14）年には，「南洋方面までも出蒐けて実状を調査し，帰朝後は神戸を振り出しに呉，長崎を巡回講演して海事思想の宣伝と少年団の運動を宣伝」しており，「海」と「少年団」を結びつけ，海での活動を海洋少年団運動へと発展させる考え方を持っていた[36]。小柴は軍艦尻矢に便乗して1月10日頃から2月9日まで南洋に行ったのだが，そのことを許可する海軍の書類には，執筆者が明らかではない，以下のような文章が添付してあった[37]。

本人ハ少年運動ノ創設者ニシテ社会教育界ニテハ押シモ押レモシナイ地位ヲ保チ居レリ、今回生マレタル東京海洋少年団ノ発起者ノ一人デモアリ旁々本願ニ対シテハ特別ノ便宜ヲ与ヘラレンコトヲ希望ス

1925（大正14）年6月19日，小柴は42歳で永眠してしまい，彼による海洋少年団についての著作は残されていない。

英国でスカウト運動を始めたベーデン-パウエルが，ブラウンシー島での実験キャンプで水泳やボートを使ったゲームなど海上での活動を導入し，それが後に陸に対する海のスカウト活動として特化することになった。日本では小柴博を通して，海での活動を取り入れたキャンプと，本格的な海洋少年団運動である東京海洋少年団が繋がるのである。

これら以外にも子どもたちの興味関心を野外に向け，同時に集団の中での自らの役割を学ぶことを目的としたキャンプが行われていた。その中には水泳や魚の観察等を取り入れるために海岸でキャンプをした例が確認でき

る[38]。

2.『スカウティング・フォア・ボーイズ』の日本語訳

英国のスカウト運動の発展は飛躍的であり，当時英国に滞在していた各国の駐在員の目に留まることになった。日本人としては 1908（明治 41）年に早くも，秋月左都夫駐ベルギー全権公使がこの運動を日本政府に報告した。翌 1909（明治 42）年には第 1 次西園寺内閣の文部大臣であった牧野伸顕の依頼を受け，広島高等師範学校校長の北條時敬が英国でスカウト運動を視察した[39]。彼らの視察は，『スカウティング・フォア・ボーイズ』の出版（1908 年），ベーデン-パウエルによるシースカウトの事実上の成立（1909 年）と前後している。ここでは，彼ら以降の時代に，『スカウティング・フォア・ボーイズ』を日本語に翻訳した書籍，あるいはこの書籍を参考にボーイスカウトを日本に紹介した書籍に着目して，英国から日本へのシースカウトの伝播を考察する。

少年団日本連盟が『スカウティング・フォア・ボーイズ』の訳本『少年団教範』を出版したのが，1925（大正 14）年 8 月であった。さらにベーデン-パウエルの兄ヘンリーが著していた *Sea Scouting and Seamanship for Boy Scouts* は 1930（昭和 5）年，少年団日本連盟の機関誌『少年団研究』に「海洋少年団教範」として翻訳が連載された[40]。これは，海上で活動するために必要な技術の解説が中心であった。

(1) 陸軍参謀本部の関心

『スカウティング・フォア・ボーイズ』初版の出版から 2 年後の 1910（明治 43）年 3 月，陸軍参謀本部翻訳官だった榎本恒太郎が，それを『少年兵団』として翻訳した[41]。章立て構成から，『スカウティング・フォア・ボーイズ』の初版本，もしくは英国でシースカウトが認知される以前の版の訳であると思われる。‘Boat Cruising’ を「短艇航海」，‘Watermanship’ を「水夫的伎《マ》能《マ》」と訳している。内容のエッセンスだけを抽出し，英国の具体的地名が出てくるベーデン-パウエルの体験談は訳出していない。原本にはない文章も榎本が独自に付け加えている。例えばそれは「水夫的伎能」の項目で，釣りの技術について述べる以下の文章である[42]。

> 斥候は又漁《マ》魚《マ》の方法を知る必要がある。日本は四面海洋に囲まれている海国でありながら、立派な航海家の少いのは、他国に対して恥づべきであるから、今後は一般少年に海事思想を鼓吹しなければならぬ。

この榎本の文章に該当するのは，ベーデン-パウエルによる，次の英文であった。

> As a scout you must know how to fish, else you would find himself very helpless, and perhaps starving, on a river which is full of food for you if you were only able to catch it.

スカウトは釣りの技術を知るべきであるという，ベーデン-パウエルの言いたいことは伝えているが，それ以降の文章は榎本自身の考えである。

(2)　少年団指導者が提唱する「少年軍団水上隊」

深尾韶は1880（明治13）年，静岡県に生まれ，教員を務めた後，社会主義運動に献身し，少年団に関わっていた人物である。1909（明治42）年春，深尾は病気療養中に英字新聞の『スカウティング・フォア・ボーイズ』の記事を見つけ，英国から同書を取り寄せた。しかし深尾自身の転勤などのため，『スカウティング・フォア・ボーイズ』から影響を受けた『少年軍団教範』を出版したのは，1915（大正4）年1月であった[43]。この直前の1914（大正3）年8月，深尾は静岡で静岡少年軍団を立ち上げている。

深尾の『少年軍団教範』は，『スカウティング・フォア・ボーイズ』を参考にしているが，内容は彼独自のものである。深尾は『少年軍団教範』の「第十章　少年軍団の拡充」において「四，水上隊の設定」の項目を設けている。「水上隊」が深尾によるシースカウトの訳語である。深尾は「水に近いところの少年軍団が，水上隊として発達すべきは自然の運命である。少年軍団の海軍たる水上隊，これも亦面白い企であると思ふ」と述べ，船を操る際の特別な注意事項を列挙したあとで，以下のように述べている[44]。

水上隊の名称は『少年軍団△△大隊△△水上中隊』の如く呼ぶ。若し大隊からして水上隊であるならば、『少年軍団△△連隊△△水上大隊△△中隊』の如く呼ばれる。

水上隊は前にも言つた如く、ホンの少年軍団の一分科であるので、其目的の如きも、普通の少年軍団と異ならぬ。併し海には海の教育法あり、予は之が為に追つて『少年軍団水上教育法』の書を公刊したいと願つて居る。

深尾が提唱していた「少年軍団」の組織が「大隊」,「中隊」の呼称を用いていたため，それに「水上」をつけたのだろう。深尾は更に,「水上隊」設立のために「『少年軍団水上教育法』の書を公刊したい」と述べている。「四，水上隊の設定」の直前の「三，処女と少年軍団」において，深尾は「青年少年のみを教育訓練しても，処女少女を忘れては国民の半ばが荒地に抛棄せられる」から女子に対するスカウト訓練の必要性も説いている。そこで「男子の少年軍団に数年の経験を積んだ後，予は此の『女子少年軍団』にも指を染めて見たいと思つて居る」と言う[45]。

しかし「水上隊」や「女子少年軍団」の構想を，深尾が実現することはなかった。間接的には，前者については後に東京海洋少年団や少年団日本連盟海洋健児部が発足する際，後者については後に日本女子補導団が発足する際に，深尾の関与があったのかもしれない。

(3) 英国留学帰国者による翻訳

英国の留学から帰国した今西嘉蔵は,『スカウティング・フォア・ボーイズ』を翻訳して,『英国少年義勇団の組織とその教育』として1915（大正4）年7月に出版した。その中で今西は次のように述べている[46]。

編者（今西—引用者）は一年半前英国留学より帰朝せしもの、其滞英中深き興味と熱心なる注意とを以て該運動の実際を観たり。這回該運動の創始者バーデン・パウエル中将が該少年義勇団の教科書として自ら物したる書に依り、述者が実見したる所を参考として本団の実際を述べ、江湖の清覧を乞はむとする今西は留学中に英国のボーイスカウトを観察しており，自らが見聞きしたことを参考に翻訳している。本文を見ると，‘Sea Scouting’ の訳と思われる「海事練習」が独立した章になっており，さらにその中で ‘A Whale Hunt’ を「捕鯨競争」として訳出している。そのため，初版ではなく，英国でシースカウトが認知された後の版の訳であると思われる。量としてはかなり削られているものの，訳出に今西の私見は入っておらず，英国の海洋や海軍史を含めてほぼ満遍なく翻訳している[47]。

(4)　文部省による情報収集

1914（大正3）年に第1次世界大戦が勃発し，日本も参戦した。この状況で文部省は欧米各国の教育関係資料を集めていた。少年団にも着目しており，英国，米国，フランス，ドイツ，ロシアの少年団についての報告書をまとめたものが，1916（大正5）年に発行した『時局に関する教育資料特別輯第一　列強の少年義勇団』である。

本書の目的は，次の通りであった[48]。

> 今次ノ大戦乱ハ各般ノ方面ニ於テ列強国民ノ素養如何ヲ遺憾無ク吾人ノ眼前ニ提示セリ。而シテ教育上特ニ直接ノ興味深キハ其ノ青年少年等ノ国民的素養ニ関スル点ニ在リ。故ニ本輯ニ於テハ専ラ列強ノ少年義勇団運動ノ梗概ヲ紹介シ尚本戦役ニ於ケル其ノ活動ヲモ叙シテ以テ我国青年少年等ノ指導者ノ参考ノ一端ニ資セムトス。

各国の青少年教育の実情を探っていた文部省は，その一環として英国のボーイスカウトに着目して『スカウティング・フォア・ボーイズ』を翻訳し，加えて国内の青少年団体の指導者へ参考書として提示しようとした。シースカウトに関する文章については，‘Sea Scouts’ を「海の義勇団児」と訳し，独立した章立てを設けている。今西よりも忠実な翻訳だが，英国の海洋や海軍史は訳出していない。

(5)　米国帰国者による翻訳

保坂亀三郎は米国カリフォルニア州に住んでいた頃，日本人だけのボーイスカウトを組織して，その理事となったという人物である。彼はその傍ら，ボーイスカウトについて研究し，帰国後『スカウティング・フォア・ボーイズ』等いくつかの英国や米国で出版されたボーイスカウト関係の書籍を参考にして，『英米の少年斥候』を 1922（大正 11）年 4 月に執筆した。彼は 'Sea Scouting'（'Sea Scouts'）を「海上斥候」と訳して次のように述べている[49]。

> 海の斥候は山の野営生活の如く範囲の広き活動と種類の多き訓練を施す事が困難であり且つ野営に適当なる場所を見いだすに容易ならざる為め、世界的に流行しない。又特殊の設備に要する費用が多額に上る為め、大抵の地方の委員は、之れが採用を躊躇する。

保坂は「海上斥候」について，その組織の運営の難しさを指摘する。彼はこの文章の次に，米国で初めてとなる「海の少年斥候」の設立と，活動の様子を述べている。彼は当時，日本に結成されつつあった少年団体が軍事的に傾倒していると言い，それらと区別するために自分が紹介するのは「個性の陶冶」を目指す「少年斥候」であるとして，これこそが本来のボーイスカウトであるとする[50]。

さらにこれまでの 4 冊とは違い，本書には漢字にふりがなをつけている。このことに関して保坂は，次のように述べている[51]。

> 文章は尋常小学校卒業程度の児童にも一読了解する様に努めて平易に面白く書いて見た。之れは少年斥候なるものは大人が強いて造るもので無く、児童自身から進んで作りたいと思ふ様に成らなければいかぬからで、夫れには先づ我国の児童に少年斥候と云ふものは如何ものであるかを理解せしむる必要があるを以てである。

保坂の指摘する通り，ボーイスカウト発祥の地英国や，保坂がボーイスカウトを実践していた米国では，その活動の主体は少年にあった。大人は少年の求めに応じて，指導者となっていたのである。一方で日本では，大人が少年を組織するために少年団を利用していると保坂は考えたのであろう。ここに，保坂の違和感があり，問題提起があると言えよう。

ボーイスカウト英国連盟がシースカウトを認知する前の『スカウティング・フォア・ボーイズ』を陸軍参謀本部の榎本恒太郎が，認知した後には英国留学から帰国した今西嘉蔵らが翻訳した。静岡で少年団に関わっていた深尾韶は独自に解釈して，「水上隊」を提唱した。文部省は第1次世界大戦を機に，欧米における少年団体についての文献の一部として翻訳しており，米国帰りの保坂亀三郎は自らのボーイスカウトの経験や研究成果を日本に紹介するために翻訳した。日本で海洋少年団が始まる際，これらの翻訳を参考にしていたと考えられる。ただ，『スカウティング・フォア・ボーイズ』の翻訳者が海洋少年団運動に関わっていたとの記録は，見られない。

第3節　海洋少年団の発足

1919（大正8）年にベルサイユ講和会議が開催され，翌1920（大正9）年には国際連盟が発足する。1922（大正11）年にはワシントン海軍軍縮条約に調印し，海軍はその規模を縮小することになる。さらに1923（大正12）年，関東大震災が発生した。

このような時代背景において，1910年代半ば以降，日本各地でボーイスカウトの影響を受けた陸の少年団が発足した。海洋少年団はこの時期からやや遅れて，1920年代前半以降に発足した。草創期の海洋少年団の成立に関する出来事は，以下の通りである。

1920（大正9）？年 5月	東京で「海国少年社」社長の河合秋平が海国少年団を結成。
1923（大正12）年 12月	神戸で鈴木謙三がシースカウトを結成。
1924（大正13）年 9月	北海道岩内の下田豊松が海拓健児団を結成。
1924（大正13）年 11月	広島県呉の三宅清人が呉海国少年団を結成。
1924（大正13）年 12月	退役海軍軍人の小山武や原道太らが東京海洋少年団を結成。

1923（大正12）年の年末から1924（大正13）年にかけて，スカウト運動の

方法論を取り入れた海洋少年団が次々に結成された。本節では，これらの結成の背景や目的などを考察する。

1. 雑誌『海国少年』と海国少年団

1914（大正3）年に始まった第1次世界大戦に参戦した日本は，赤道以北のドイツ領南洋諸島を占領し，さらに中国への進出を図っていた。このような状況の下，1917（大正6）年春，海と船についての読み物を多く掲載する月刊雑誌『海国少年』が発行され，北海道から九州，満州や朝鮮に読者を獲得していた。この雑誌は海や海軍の話題を通して，「海事思想の普及」を目的としていた。毎月発行されていた冊子には，連載小説，短編小説，戦場での実話などを掲載していた。執筆者はペンネームが多いが，海軍軍令部参謀日高謹爾海軍大佐など佐官や将官レベルの軍人も文章を寄せていた[52)]。

この雑誌の発行者が，読者の少年を集めて海国少年団を組織した。その時期は，伊藤昭臣の1919（大正8）年説と，飯盛汪太郎の1920（大正9）年説がある[53)]。いずれの説も根拠は明らかではないが，結成月日は海軍記念日の5月27日で一致している。海国少年団の結成式の場所について，伊藤と飯盛は共に，商船学校（現東京海洋大学）に接する隅田川に係留中の明治丸とし，団員150名が集まったとしている[54)]。

1919年説は，設立直前の『海国少年』第3巻第4号（1919年4月）に，海国少年団設立に関する記事がないため，読者中心に団員を募集している海国少年団の特徴を考慮に入れると，その信憑性は低い。『海国少年』第4巻第5号（1920年7月）には，「前経営者河合氏は本誌前号に発表しました海国少年団の設立経営の為一身を尽くされることになりまして，今後将来にわたつて，本誌とこの海国少年団とは相提携し，主義を同じうする相互の事業に向かつて，歩を進める覚悟であります」とある[55)]。このことから，海国少年団は1920（大正9）年に結成したと推測できる[56)]。

ただ，後で引用する1920（大正9）年に行った軍艦便乗に関する文章に，前年の1919（大正8）年秋にも，子どもたちを軍艦に便乗させたことが記されている。河合は1920（大正9）年の軍艦便乗を「海国少年団第一回ノ事業」と表現していることから，この1919（大正8）年の便乗は，後の海国少年団の活動の予行だったと考えられる[57]。

「海国少年社」社長の河合秋平氏は、読者の少年たちに、読み物だけでなく、海を眺め海に学び、船に乗り海を体験する機会を与えようと思い立ち、東京高等商船学校石橋甫校長や海軍軍令部の日高謹爾海軍大佐らと相談し、海国少年団を結成することになった。
（中略）
団員は商船学校型の白い事業服上衣に、帆立貝の錨をあしらった、七宝のバッチを付け、高等商船学校生徒を教官として、毎日曜日明治丸を基地にして訓練活動を行っていた。
訓練は、マスト登り、カッター漕法、結索、手旗信号法などの実習が主で、上級者になると、東京湾に出て帆走訓練を行っていた。

伊藤と飯盛は異口同音に，海国少年団の結成状況や活動をこのように述べている[58]。だが雑誌『海国少年』は海国少年団の高等商船学校での活動について触れておらず，管見の限り東京海洋大学には海国少年団に関する資料が残っていない。

『海国少年』誌上の記事や，後述の軍艦便乗の様子から，海国少年団の団員数こそ数千人を超えているようだが，実際には団員の間に面識や連帯意識はなく，軍艦便乗の際に詰め襟や袴などを着用しているので制服もなかったと考えられる。このように海国少年団は，当時各地で成立しつつあった陸の少年団のように固定された班や隊を持たなかったようである。雑誌『海国少年』の読者の中で所定の申し込みをした者を団員として登録し，軍艦に便乗する機会があると応募してきた団員の中から選抜して，その場限りの班編制を行っていたと考えられる。

ボーイスカウトの特徴的な方法論である少人数の子どもたちの集まりである班制度や，修得した知識や技能によって進級する制度について，『海国少年』では言及していない。ゆえに，海国少年団は英国のボーイスカウトやシースカウトの影響を受けていないと考えてよいだろう[59]。

雑誌『海国少年』の読者で結成された海国少年団だが，後の東京海洋少年団関係者が海洋少年団の歴史を述べる際，この海国少年団については全く言及していないことや，雑誌『海国少年』は1922（大正11）年5月の出版分までしか現存していないことから，1924（大正13）年に東京海洋少年団が設立される時点までに，海国少年団は消滅したと思われる。伊藤はその原因を，1923（大正12）年9月1日の関東大震災による被害によって施設や運営費の支援が断たれ，団員も離散した結果であるとする[60]。

2. 海国少年団の軍艦便乗

海国少年団はたびたび，軍艦に便乗していた。例えば1919（大正8）年秋には停泊中の軍艦生駒に一泊し，艦内を見学した。1920（大正9）年春に軍艦津軽，1921（大正10）年春には再び軍艦生駒に便乗し，それぞれ横須賀から三重県の伊勢や静岡県の清水に航海した[61]。いずれの便乗時も海軍側は今泉大尉（1920年当時は砲術長，1921年には横須賀鎮守府次席参謀・少佐）が対応していた。

1920（大正9）年4月2日から5日までの軍艦伊勢便乗航海には，60名の枠に対して2,243名が応募した。抽選や面接によって選考したが，「中には学校の受持先生や父兄の方などが態々本社に来られて殆ど泣かむ許りにしての依頼」もあり，結局10名の追加許可を海軍当局から得ることになった[62]。便乗の様子は，次のようであった[63]。

> 本艦に乗移つた一行が直ぐ其場に整列して人員点呼を済ませると、滞艦中一行の接待係長とも言ふべき労を引受けられた砲術長今泉大尉が高角砲の傍に立つて一同を見下しながら、滞艦中の心得を簡単に述べられたが、最後に『此の前生駒に来られた諸君の中には私達を呼ぶのに「小父さん」と言つたが、今度は言はない様に、私なら砲術長、其他の世話係の人を呼ぶのにも「何々兵曹」「××何等水兵」と言ふやうにされたい』と言ふ注意があつた所、去年の秋生駒艦内一泊旅行に参加して亦た今度の旅行にも其の選に入つた誰だかが屹度小父さん党であつたらしく変丁古な顔をして笑つて居たのは時ならぬ御愛嬌があつた。

航海の目的地は伊勢であった。その航海の間，少年たちは軍艦における海軍軍人の規律正しい姿勢を目の当たりにした。艦長や機関長の講話を聞き，艦内をくまなく見学して各部屋や装置の説明を熱心に聞いていた。少年たちは士官や兵員が手の空いた時間には一緒に甲板で輪投げや釣り，室内で蓄音機鑑賞やトランプをしていたという[64]。

軍艦伊勢に便乗したのは，東京府立第一中学校や同第三中学校，正則中学校，慶應義塾普通部，芝中学校，立教中学校，明治中学校などの中学校，大倉商業学校，中央商業夜学校，東京府立商業学校などの商業学校の他，高等小学校や尋常小学校に通う子どもたちであった[65]。

軍艦伊勢に便乗した直後の 1920（大正 9）年 4 月 11 日，海洋少年団は「横浜講演会」を実施し，雑誌『海国少年』にも寄稿している日高謹爾海軍大佐が講演した[66]。

4 月の軍艦伊勢の便乗に参加できなかった子どもからの希望を叶えるため，海国少年団の団長河合秋平は同月中，品川沖から千葉県館山へ向かう軍艦への便乗を 5 月に実施したいと願い出ているが，該当する船がないとの理由で実現しなかった[67]。さらに同じ 5 月，河合は「南支那又ハ北支那方面」へ航行する軍艦への個人での便乗を願い出ているが，これも同じ理由で承認されなかった[68]。

1920（大正 9）年 9 月には，「海事思想普及ノ為メ教育家及一般特志《ママ》家ノ軍艦便乗ヲ許可セラレタキ」，「之ノ主旨ニ依リ成ルベク大ナル軍艦ニ成ルベク多人数便乗ヲ許可セラレタキ」，「早朝横浜ヲ出航シタ方横浜ニ帰投スル様取計ハレタキ」，「若シ駆逐艦隊ノ演習ノ如キヲ参観シ得ルナラバ成ルベク其機会ヲ作ラレタキ」などの請願を海軍に提出した。これに対して海軍は「艦努《ママ》ニ差支ナキ範囲ニ於テ適当ノ機会有シ候ハヾ許可致度」と回答している[69]。おそらくこのことを受け，同年 11 月 26 日，横浜で軍艦若宮に青年団の団員を便乗させた。それは，「本団（海国少年団のこと―引用者）趣旨宣伝」のためであった[70]。続けて 1921（大正 10）年 5 月 16 日，同様の理由で河合は東京市内の小学校から 2 名ずつ合計 620～630 名の教員を軍艦富士に便乗させる願い出を海軍に提出し，認められた[71]。

翌 1921（大正 10）年には，3 月 25 日から 28 日まで軍艦生駒に便乗して航海を行った。その発表をしたのは，3 月 10 日過ぎに発売した『海国少年』第 5 巻第 4 号であり，3 月 20 日の締め切りにもかかわらず，200 名の定員に対して 1,153 名が応募した。会費は横須賀までの汽車賃や食費等を含めて 5 円 5 銭であった。応募締め切り時間が迫っていたため，参加希望者は会費と共に応募し，抽選に外れた場合は会費を返金したという[72]。

この航海の目的地は静岡県清水港であり，そこに艦は 4 日間停泊した。その間，少年たちは昼を陸で活動し，夜は艦内で就寝した。停泊中の 2 日目は海岸から軍艦の演習を見学し，3 日目は久能山に登った。横須賀から清水までの航海途中や，就寝までの間，士官や兵員から軍艦についての講話を聞き，艦内を見学した[73]。その中で，生駒艦長樺山可也海軍大佐が少年たちに，以下のように述べている[74]。

「さて諸君、現今の国際政局を見るに未だ軍備を撤廃するの時期に立至らないのは甚だ遺憾の事に思ふ、勿論一方には国際連盟なるものが成立して、此からは若しも国際間に於て紛議が起こつた場合は国際裁判所へ持つて行つて其の判決を受ける事にしようと云ふやうになつたのであるが、未だゝゝその背後に強大なる軍備を擁して威張つて居る国もある様であるから。若しも日本が飽くまでも正義を主張せんとならば、相当軍備の必要も蓋し已むを得ぬ事である。何卒諸君は国際連盟の如き文明的の法案に対しては実現に努力するを忘るゝ事なく、尚又一方には苟も正義を取つては頑として動かざる大威力を養成する事、此の二途について将来努力あらん事を望む。」

当時は第 1 次世界大戦が終結し，国際協調が叫ばれていた。この便乗航海があった翌年の 1922（大正 11）年にはワシントン会議により海軍軍縮条約が結ばれた。このような国際情勢を反映した艦長の講話である。国際紛争について，一義的には「国際裁判所」で解決すべきであるが，その後ろ盾としての軍事力が必要だと述べている。軍備拡張を専ら主張するのではない姿勢が窺える。

その後，1921（大正 10）年 10 月 16 日から翌日にかけて，12 歳から 18 歳の海国少年団員の軍艦榛名への便乗が認められているが，詳細は不明である[75]。

1922（大正 11）年 1 月にも，同年 3 月中の軍艦便乗を願い出ている[76]。

「各学校の各級一名位の割合」で，12歳から18歳の子どもが便乗することを想定していた。これに対して海軍は「極少人数ナラテハ都合悪シ」との意見をつけた。さらに翌2月上旬になって，警視総監から練習艦出雲に便乗している新聞記者が「思想要注意人」であるとの連絡が海軍にあったことを受け，便乗を「当面ハ不許可」にすると河合に連絡した。

1923（大正12）年3月から4月にかけても，15歳から18歳の海国少年団員の軍艦便乗を願い出ているが，海軍は「子供ノ艦内宿泊」そのものを拒絶している[77]。

このほか，河合秋平が単独で，もしくは雑誌記者や画家などが同行しての軍艦便乗が，以下の通り行われた。すなわち，河合と雑誌の記者1名の軍艦津軽への便乗（1920年4月下旬，清水湾）[78]，河合の軍艦労山への便乗（1920年12月4日から12日，横浜から呉を経由して佐世保まで）[79]，河合と助手や「画師」，写真技師などの軍艦津軽への便乗（1921年8月28日）[80]，河合と画家2名による軍艦長門への便乗（1922年2月2日もしくは3日，横須賀）[81]，河合と画家1名による軍艦富士への便乗（1923年7月19日から31日，佐世保から呉と大阪を経由して横須賀まで）である[82]。

このように，1920（大正9）年や1921（大正10）年の子どもたちによる軍艦便乗は海国少年団と海軍の両方の史料で確認できている。雑誌『海国少年』編集のためと思われる軍艦便乗や，青年団と教員を軍艦に便乗させる事業も行っていたが，海国少年団の団長である河合秋平の願い出が全て許可されていたわけではない。1922（大正11）年や翌年の軍艦便乗に関する願い出を，海軍は少人数でないと受け入れられない，あるいは子どもだから受け入れられないとした。これは軍艦便乗を主要な行事の1つとして考えていたであろう海国少年団としては，致命的な理由であったはずである。

3. 兵庫・北海道・広島における海洋少年団の結成

続いて，英国に起源を持つボーイスカウトやシースカウトの方法論を取り入れた，海洋少年団の結成過程を検討する。

(1) 兵庫県神戸の「シースカウト」

神戸では 1912（明治 45）年 3 月，英国人のフレディック・ウォーカーがボーイスカウト隊を結成した。横浜と並んで日本のボーイスカウト（少年団）の歴史で最も古い歴史を持つ土地である。ウォーカーは 1910（明治 43）年に日本に着任し，英国聖公会の宣教師として神戸聖ミカエル教会に所属していた。ウォーカー隊は当初，神戸在住の英国人だけを対象としていたが，1921（大正 10）年 12 月 1 日，日本人の組織としての神戸ボーイスカウト山手隊を結成した[83)]。神戸市の社会課長だった木村義吉は米国留学中にボーイスカウトを知っていたことから，社会課の事業の一環として便宜を図ったという[84)]。

同年暮れの 12 月 26 日には，神戸ボーイスカウトの 2 つの隊に加えて，神戸海員ホーム主事の鈴木謙三によって，シースカウト隊が発足した[85)]。彼は長く船員として海に出ていた経歴を持つ。シースカウトの発起人には，神戸ボーイスカウト役員で神戸市議会議員の岡崎忠雄も名を連ねるなど，母胎である神戸ボーイスカウトと同様，神戸市の行政担当者や議員から後援を受けて活動していた[86)]。発足式には来賓者として，平塚兵庫県知事の演説もあった[87)]。

神戸のシースカウト隊は少年団日本連盟に登録していたが，1926（大正 15）年 5 月 11 日，連盟から脱退した。前年の 1925（大正 14）年 6 月 26 日，同じ神戸の地に神戸海洋少年団が発足したこと，「鈴木謙三は大日本海洋少年団（神戸シースカウト）の隊長」となったとの記述から[88)]，前者が発展的に後者へと組織変更したと考えられるが，その詳細は不明である。

(2) 北海道岩内の「海拓健児団」

北海道でも 1924（大正 13）年，岩内に海洋少年団が生まれた。下田豊松の指導による，海拓健児団である。在郷軍人であり商業を営んでいた下田は 1914（大正 3）年，宇都宮太郎陸軍中将の薦めで岩内に陸の少年団を結成した。1920（大正 9）年には，東京少年団の小柴博と共に，英国で行われたボーイスカウトの世界規模の大会である第 1 回世界ジャンボリーに日本代表として参加した。翌 1921（大正 10）年，下田は少年団の全国的な組織として「日本健児団」を創設し，英国の国際本部に登録すると共に自らが日本の総長を名乗った[89]。その後，下田の全国組織は1922（大正11）年発足の少年団日本連盟に引き継がれ，下田は総長の座を後藤新平東京市長に譲ると共に，新組織の評議員に就任した。

下田が初めてスカウト活動の視点を海に向けたのは，1923（大正12）年7月14日，陸の少年団である岩内少年団などから300名の子どもたちを集めて，軍艦春日で開催した「海拓デー」であった。日帰りの航海の間，少年たちは艦内を見学し，士官たちの講話を聞いた。中には水兵の部屋に行った子どももいたという[90]。翌1924（大正13）年8月13日にも「少年団海拓デー」を開催した。午前中，旭川少年団約800名が軍艦日進に乗り込み，小樽から余市へ向かった。午後は岩内，倶知安，札幌，新十津川などの少年団員約600名が日進に乗り込み，余市から小樽へ航海した。往路復路共に艦内を見学し，藤井艦長からの講話を聞き，戦闘演習を見学した[91]。

下田は海拓デーの成功に自信を持ち，それを発展させた形としての海拓健児団を結成した。1924（大正13）年9月24日のことである。発団式には，来賓として道庁長官代理加勢社会教育主事，石川後志支庁長，丸山代議士，小森道会議員，長谷川函館連隊区司令官や町村長らが出席した。団則によると海拓健児団の目的は，「健全ナル身心ヲ培ヒ忠愛ノ精神ヲ養ヒ進ンデ海事ノ知識ヲ習得シ海外発展，思想ノ向上，水産ノ研究等ヲナス」ことであり，「本団ハ在郷軍人会，青年団等ノ指導ヲ受ケ又ハ後援ニヨリ」活動をすることとしていた。しかし，1925（大正14）年の少年団日本連盟の登録団名簿に，この海拓健児団は掲載されておらず，何らかの原因により，短命に終わったと考えられる。

(3)　広島県呉の「海国少年団」

鎮守府を抱える広島県の呉に1924（大正13）年11月，呉海国少年団が発足した。発団後，約2ヶ月の訓練期間をおいて正式に団員としての「宣誓」を行う宣誓式が1925（大正14）年1月25日に行われた。宣誓式には呉鎮守参謀立野徳治郎海軍少将，防備隊司令宮村歴造海軍少将が出席した。さらに海軍からは団の役員として，今井文四郎海軍特務中尉が指導顧問を引き受けていた。

団長は，呉市第四青年団団長を務める三宅清人という酒造業を営む人物であった。彼の父親である三宅清兵衛は，呉海国少年団に対して1926（大正15）年だけでも活動費として200円，機関誌代として300円を寄付している[92]。

神戸のシースカウトや北海道の海拓健児団とは違い，呉の海国少年団は1937（昭和12）年に当時の大日本少年団連盟が作成した団名簿にも掲載されている。独自の機関誌を発行しており，そこには1922（大正11）年に発足したばかりの少年団日本連盟から三島通陽，深尾韶，小山武，原道太らが文章を寄せている[93]。

呉海国少年団は活動をほぼ2ヶ月に1回行っており，その内容は芋掘り，徒競走，スカウトとしての訓練，国民体操，食物採取，美化運動，海軍灯火管制実演補助，シースカウト宣伝・教育映画公開，登山，軍艦見学，キャンプ等で実に多彩であった。団員の1人は，少年団がどのようなものかを知らずに入団したものの活動に参加しているうちに「訓練に慣れ」，「内気な質」が「活発」になったと言う[94]。

第4節　東京海洋少年団の結成過程

次に，海軍関係者による海洋少年団の組織化として，1924（大正13）年結成の東京海洋少年団の結成過程を考察する。東京海洋少年団は小山武海軍少将，原道太海軍大佐等が中心となって結成した団であり，海洋少年団の歴史において重要な役割を果たすことになる。

1. 退役海軍軍人による海洋少年団設立の動き

1921（大正10）年，皇太子裕仁親王（後の昭和天皇）は往復路を含めて半年間（3月3日〜9月3日）にわたり，欧州4ヶ国を歴訪した。翌年発足する少年団日本連盟の理事長二荒芳徳は，この歴訪に宮内省書記官として随行した。当時の海外への移動手段は船であったため，海軍から軍艦が多数出された。後に初代東京海洋少年団団長となる小山武海軍大佐，第3代大日本少

写真1－1　東京海洋少年団初代団長　小山武

年団連盟総長や大日本海洋少年団総長を務めることになる竹下勇海軍中将も，海軍の派遣員として参加した（階級はいずれも当時）。

英国滞在中，駐米武官や国連海軍代表を務めたこともある竹下は，裕仁親王に付き添って各地を訪問した[95]。この間，小山ら佐官以下の海軍関係者はポーツマス軍港に滞在していた。小山はこの時，軍港で当地のシースカウトを見た可能性はあるが，帰国後もしばらくの間は少年団に関心を持つことはなかった。竹下もまた，連合艦隊長官や呉鎮守府長官を経て1929（昭和4）年に予備役となった後，1932（昭和7）年5月に少年団日本連盟相談役に就任するまで，少年団に関わる機会を持たなかった。

欧州歴訪に随行した翌年の1923（大正12）年4月，小山は海軍を退いて横浜に移住した。同年9月の関東大震災では住居に被害はあまりなかったが，震災後の混乱を目の当たりにして小山は次のように感想を述べている[96]。

私は吾国は維新後幾多の国難に直面し且つ日清日露の二大戦役を経て国民

の節制訓練は相当程度に出来上つて居ると信じて居りましたが之の大震災で私の信頼は全く裏切られてしまったのであります。

将来益々多難ならんとする国家の前途を思へば今にして国民に充分なる訓練を施すに非ざれば他日臍を噬むの悔があるであらうといふ事を痛感致しました、そこで苟も志ある者は奮つて起つべきであると考へたのであります。

そこで小山が着目したのは，青年団であった。彼は日本の未来が青年にかかっていると考え，既存の青年団の発展や改良によって国家に貢献しようとしたのである。1924（大正 13）年 1 月，知り合いを通じて紹介された東京市青年団に参加するために上京した帰り，小山武は 1922（大正 11）年に発足していた少年団日本連盟副理事長の三島通陽や大迫元繁（東京市社会教育課長），理事米本卯吉などの少年団関係者と，東京停車場（東京駅）で出会うことになる。

当時，既に述べたように英国のボーイスカウトやシースカウトの考え方が『スカウティング・フォア・ボーイズ』やその翻訳によって日本に伝わっていたが，海洋少年団の組織化が陸の少年団ほどには進んでいなかった。少年団日本連盟で中心的な役割を果たしていた三島は，小山と出会った際，海をフィールドとした海洋少年団を設立するのに適当な人物の紹介を求めた。小山は返事を曖昧にしたが，三島の海洋少年団に関する発言は後に東京海洋少年団を結成するに当たって大きな原動力となった。

青年団に興味を持っていた小山が，本格的に海洋少年団の設立に取りかかるまで，あまり時間がかからなかった。青年団の研究を進めるうちに，彼の関心は当時日本で問題となっていた人口過剰に移っていった。小山の考えではその人口過剰問題の解決策が食糧確保のための水産業の発展，日本人の中国大陸や東南アジアへの移住や，そこでの産業開発であった[97)]。いずれにしても海や船に関する知識が不可欠となり，そこに彼が海軍で得た海洋に関する知識を役立てることを思いついたのである[98)]。

若し我が国民にして海を理解し海を踏台として生きるといふ覚悟が出来ましたならば産業にしろ海外発展にしろ人口過剰を緩和する最も有力なる一

写真1－2　東京海洋少年団第2代団長，
少年団日本連盟海洋部長　原道太

方法であると考へました。

小山はさらに，青年だけを対象にして自らの海の知識を役立てるのではなく，子どもを海で育てる必要性を感じ，少年団と本格的に関わりを持とうとする。そこで少年団関係者と連絡を取ると共に，小山よりも海軍兵学校で2期後輩の原道太海軍大佐に手紙を書いた。原は1924（大正13）年2月25日に47歳で海軍予備役に編入されたばかりであり，自らの青少年育成に対する熱意を持って小山の海洋少年団設立に同調した。原はこの後，東京海洋少年団や少年団日本連盟海洋健児部で中心的な役割を果たすことになる。

佐賀県の西部，武雄出身の原道太は熊本の第五高校に入学するも，卒業を1年後に控えて中退し，20歳で海軍兵学校に第28期生として入学する。同期生には永野修身（後の海軍大将）がいた。海軍兵学校を卒業してからは，第3艦隊第7戦隊に所属する戦艦扶桑の水雷長として日本海海戦に参加したほか，水雷艇長，潜水艇長，戦艦出雲や戦艦金剛の砲術長を経て，戦艦千歳，戦艦阿蘇，戦艦出雲の艦長を務めた。その後は戦艦土佐の艦長に内定していたが，1922（大正 11）年のワシントン会議の海軍軍縮条約による戦艦土佐の処分と共に，自らも海軍を去ることになった。

日本海軍の軍縮とそれに伴う自らの退役の原因が国際会議での日本の発言力不足，つまり国際的な勢力関係における日本の国力不足にあると考えた原は，退役後の人生を青少年育成に費やそうと思い立った。このことに関して海軍関係者に相談し，それを聞いた小山が原と接触を持とうとしたのであろう。青少年の育成に携わりたいと考え始めた原に，間髪を入れず小山が自らの海洋少年団についての思いを綴った手紙を出したのは，原が退役した翌月の 1924（大正 13）年 3 月だった。こうして同年秋の海洋少年団設立に向けた動きが本格的に始まったのである[99]。

当時のことを原は次のように振り返っている[100]。

大正十三年三月、現役を離れた許りの筆者（原道太のこと―引用者）は社会に出て奉公せんと、志す所あつて、全国行脚を企図せる折柄、小山武少将は筆者に急書を寄せて会見を求め、曩に同少将が抱ける海洋少年団の創設の企図を打ち明け、其組織、実行等に付、数次の往復交渉と熟議を重ねた、実に大正十三年五、六月の交である。

以上の企図、計画は前記米本氏以外、当時東京市社会教育課長たりし、大迫元繁氏並に油谷海軍少将、亀岡豊次、石本久萬男の諸氏も加はり、屢々討議、研究し、筆者は、欧米方面の「シー・スカウト」に関する出版物の翻訳、調査に着手し、同時に此種運動に熱意と興味とを持つ、青少年にして今は故人となりし帝大学生掛札弘君外、増尾断治、塩屋猛、野田忠雄、堀元美君他数人を集めて海洋少年団研究の相手とし、主として、芝区水交社沿海に、或は陸軍戸山学校々庭に、陸軍の指導を受けて、天幕生活の研究に没頭した。

此頃、筆者は発起者同人より依嘱され、少年団創設の為めには先づ第一番に、当時宮内書記官にして少年団研究の第一人者たりし二荒芳徳伯の教を受くるに若かずとし、数度宮内省に出頭して、海洋少年団設立趣旨等に関し、同伯の教示を乞ひしが、当時、伯は少年団運動の為め、非常の決意を堅め居られた際でもあり、繁多の渦と多忙の坩の中に在て、毫も府城を

> 設けず、懇切に会談し且つ忌憚なき所見を述べられ、海洋少年団の行くべき道を逐一指示せられ、起案文を修正して筆者に送られた。

1924（大正 13）年の春から夏にかけて小山と原は，米本や大迫に加えて油谷堅蔵（後の海軍少将，小山と同じ海軍兵学校（以下，「海兵」と略す）26 期）らと海洋少年団について討論，研究した。

小山と原は子どもの教育を志し，その教育に自らの海軍での知識や経験を生かすことを考え，その具体的方策として，海上を活動の場とし，異年齢集団による班制度や様々な知識や技能を修得することで進級する制度など，英国のシースカウトの方法論を採用した。小山や原がスカウトの方法論に深く傾倒していったことは，海洋少年団の海洋合同訓練が始まる以前に原が少年団の全国合同野営に積極的に関わったことからも推察される。彼は自分の考えを具体化するため，英国流の方法論を取り入れた海洋少年団を全国的に展開しようとする[101]。

小山や原たちが海洋少年団への準備を進める中で，1924（大正 13）年 8 月 26 日，小山が引率して，小柴博の東京少年団など東京の少年団を集めて結成していた東京連合少年団の団員約 150 名を軍艦阿蘇に便乗させ，横須賀港から清水港まで航海した[102]。軍艦阿蘇の艦長は高橋三吉海軍大佐であった。彼は海兵 29 期で小山の 3 期後輩，原の 1 期後輩にあたる。

航海には小山や小柴の他，米本も同行していた。しけのために子どもたちは船酔いをして元気がなかったが，下田を過ぎると波も穏やかになった。駿河湾で行われた軍艦阿蘇の溺者救助演習を見学した子どもたちの様子を見て，小山の海洋少年団の構想は確信を得た[103]。

> 軍艦阿蘇は此の行に厚意を寄せ駿河湾の真中で溺者救助の繰練を見せて呉れました、船の進行を停めボートを卸し溺者に擬した救命浮標を拾つたのであります、其の洋上を鮮かに水を切つて漕ぎゆく端艇を見た時の少年団健児諸君の喜びは非常なもので夫れまで船底に苦しんでゐた諸君が拍手喝采躍り上がつて喜んだのであります、之を目撃した私は非常に心を動かされたのであります、「少年諸君を海に連れて出たり、少年諸君を海の上で教育したら？」と云ふのが私の心からの感想で御座います、《ママ》

小山が関東大震災直後に抱いていた「国民の節制訓練」の不十分さという失望と，それに起因する青年団への関心は，子どもたちを海上で訓練したいという希望に変わり，海洋少年団を結成するに至ったのである。

2. 東京海洋少年団の結成

軍艦阿蘇の便乗航海直後の 1924（大正 13）年 9 月末，小山らは海洋少年団員を募集し始めた。発起人は小山，原，米本，小柴と東京市社会教育課の池園哲太郎であった[104]。東京連合少年団の理事長だった小柴博はその後も東京海洋少年団の評議員を務めていた[105]。団は事務所を東京市社会教育課内に置いた。12 歳以上の少年ならば誰でも入団できるとしたが，1 年間の団費が 6 円であった。

雑誌『社会教育』に掲載された海洋少年団員募集の記事によると，海洋少年団の目的は，「随時海上生活を行ひ，海洋の大自然に抱擁せられて海国特有の漁族貝殻等の自然研究に半日を楽しみモーターボートに銀波を立て航走し海洋の気象潮流の識別等をも研究し心身を錬磨し兼て水産貿易交通運輸海防等海国少年の本領を発揮せんとする」ことにあるという[106]。

東京市内から百数十名が応募し，その中から 50 名程度を入団試験で選抜した[107]。採用者は野田忠雄や堀元美ら中学生が中心であったが，最年長は 18 歳の東京帝大学生掛札弘，最年少は尋常小学校 6 年生の堀久孝や岡村久雄だった[108]。12 月の結団式に向けて彼ら入団予定者を集めて海陸での準備訓練を行うと共に，関係者は最終的な準備に入った。小山は団の経営などを全般的に総理し，原は主に指導訓練を担当した。海洋少年団の組織，綱領，団則，団旗，団歌，制服，携行品などについては発起人らが研究を重ねていた[109]。

大日本東京海洋少年団は 1924（大正 13）年 12 月 7 日，東京築地の水交社で結成式を行った。少年団日本連盟からは三島通陽や深尾韶，海軍省からは大臣財部彪海軍大将（後の大日本海洋少年団総長竹下勇と同じ海兵 15 期）をはじめとする首脳部，さらには文部省，陸軍教育総監部，東京府，東京市からの出席者がいた。特に財部海軍大臣は大臣署名の団旗を授与し，訓示を与えた。海軍軍楽隊の演奏もあり[110]，団員の父兄や東京連合少年団員数百人も出

写真1－3　東京海洋少年団の集合写真。結成直後の1925年1月8日，水交社にて。前列真ん中に原道太，後列中央に東郷平八郎元帥がいる。

席するなど，大規模な結成式となった[111]。小山武が団長に，原道太が副団長にそれぞれ就任した。足立脩蔵，田村喜一郎，高橋準造，鈴木軍蔵が理事として東京海洋少年団の活動を支えていくことになった[112]。なお，足立は海軍大佐，田村は海軍機関特務中尉であったが，高橋と鈴木に関する情報は入手できていない[113]。

第5節　少年団日本連盟の対応と全国展開

1．少年団日本連盟海洋健児部の設置

東京海洋少年団結成の3ヶ月後，1925（大正14）年3月9日に開催された少年団日本連盟理事会で，連盟に海洋健児部を設置することが決まった[114]。同年4月13日に新設した海洋健児部の部長には東京海洋少年団副団長の原道太が就任した。この時，少年団日本連盟は理事の枠を増やし，東京海洋少

年団団長小山武を任命した[115]。翌1926（大正15）年の夏までに，東京海洋少年団内では小山が団長を退いて原が新団長に就いた。これ以降，原は日本における海洋少年団の第一人者として活躍する。

海洋健児部は設置から1938（昭和13）年3月に大日本海洋少年団として独立するまで，少年団日本連盟内にあって海洋少年団の新規登録などの事務，海洋少年団の指導者養成や活動プログラムなどの具体的な活動の指導の一切を担当した部局である。海洋健児部発足当初の少年団日本連盟本部組織は，以下の通りであった[116]。

（一）総務科　秘書部、庶務部、経理部、需品部、衛生部、音楽部、国際部、編輯部、図書部
（二）指導科　第一部、第二部、指導者訓練所
（三）健児科　少年健児部、幼年健児部、青年健児部、海洋健児部

連盟は加盟員を少年健児部，幼年健児部，青年健児部，海洋健児部に分けてそれぞれに担当者を配置し，加盟審査もそれぞれの「部」ごとに行っていた。それに対し，海洋少年団員は人数の関係からか，単一組織とされ，活動プログラムの作成や運営なども原ら少数の海洋少年団関係者に任せていた。

東京海洋少年団の結成や少年団日本連盟海洋健児部の設置が契機となって，各地に海洋少年団を組織する動きが活発になった。次項で述べる通り，海洋健児部の設置以降は，ほぼ毎年のように各地に海洋少年団が設立されたのである。

1928（昭和3）年3月1日，少年団日本連盟は新しい連盟本部規則を発表し，同年7月10日には加盟規則の改定を受けて再改訂を行った。この新しい本部規則により，連盟本部は総務部，健児部，海洋健児部の3つの部に分かれることになった[117]。

第八条　本部ノ組織左ノ如シ
総務部
秘書、庶務、経理、編輯ノ四班ヲ置キ教化部、需品部、音楽隊ヲ付属セシム

健児部

指導、健児、国際ノ三班ヲ置キ指導者実修所ヲ付属セシム

海洋健児部

海洋指導、海洋健児ノ二班ヲ置キ海洋指導者実修所ヲ付属セシム

ここで，海洋健児部に海洋指導者実修所を付属することを明示した[118)]。海洋健児部は陸の健児部と同等の位置を与えられ，陸とは別に，独自の活動プログラム，指導者養成を行えるようになったのである。原は総務部教化部委員，海洋健児部長，海洋指導班長，海洋指導者実修所長に就任した。海洋健児部に関する事務の責任を原が一身に引き受ける状態は，1938（昭和13）年の大日本海洋少年団結成まで続くことになる。

2. 全国に展開する海洋少年団

少年団日本連盟の機関誌『少年団研究』には，随時，少年団日本連盟に登録された全ての少年団の団名が掲載されており，さらに1925（大正14）年，1928（昭和3）年，1930（昭和5）年，1934（昭和9）年，1937（昭和12）年には，少年団日本連盟が『加盟団名簿』を発行していた。それらによると，各年末の時点で少年団日本連盟に登録されていた海洋少年団の数は，毎年のように増えていた（図1－1）。1936（昭和11）年12月の時点で37団，団員

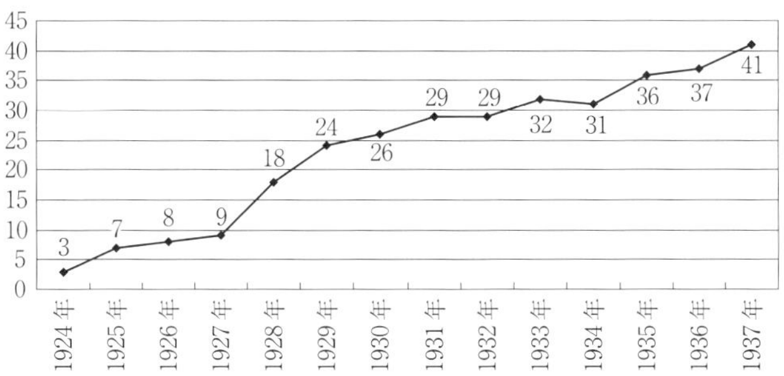

図1－1　各年末に少年団日本連盟に登録している海洋少年団数

『少年団研究』，大正十四年版・昭和三年版・昭和五年版・昭和九年版『少年団日本連盟加盟団名簿』，昭和十二年版『大日本少年団連盟加盟団名簿』より筆者作成。

2,518名，指導者507名が登録していた。海洋少年団の全加盟団に占める団数，団員数，指導者数の割合は，いずれもおおよそ3％であった[119]。

各都道府県・地域別の海洋少年団の数と団員数は，表1－1の通りである。各道府県や地域によって，海洋少年団の数や人数に違いがあることが読み取れよう。章末の表1－2の1930（昭和5）年から1936（昭和11）年の期間中，海洋少年団が設置されたのは北海道，岩手，宮城，東京，神奈川，新潟，石川，福井，静岡，愛知，大阪，兵庫，和歌山，鳥取，広島，福岡，長崎，台湾，朝鮮に限られている。少年団の総数が少ない県では，海洋少年団が結成していないことが多いようである。福島，富山，三重，京都，愛媛，大分のように少年団の数が2桁あるのにもかかわらず，海洋少年団が結成していない県もある。その一方で，静岡，和歌山，鳥取のように，少年団の総数が1桁程度であるのに海洋少年団が存在する県もある。

以上のような道府県や地域における海洋少年団の結成状況の背景には，いくつかの要因があるように思える。まず第1に，その地理的条件である。この頃は，海に面していない府県や地域で海洋少年団が結成されることはなかった。第2に，個人の経験に基づく結成である。北海道の海拓健児団は，陸の少年団を活動の一環として軍艦に便乗させ，その発展型として海上での活動に特化した組織として発足している。また東京海洋少年団は，退役した海軍軍人が青少年に対する海洋教育の必要性を感じ，陸の少年団を軍艦に便乗させた経験を踏まえて，設立したものである。第3に，人的つながりである。例えば東京海洋少年団に関わった人物が，後に検討する岩手の海洋少年団を設立している。おそらく，これら以外の海洋少年団も，特に海上での活動に特化した子どもの組織的な活動を着想した人物が，陸の少年団を海に連れて行き，あるいは他の地域で実践している活動を導入して，自らの活動を展開したと考えられる。

『昭和十二年版　大日本少年団連盟加盟団名簿』に掲載された，1936（昭和11）年12月の時点における海洋少年団の規模は，大小様々であった。団員数が最も少ないのは水之浦海洋少年団（長崎県）で，団員4名，指導者3名であった。次いで清水市海洋少年団（静岡県）の団員7名，指導者10名，そして清水海洋少年団（愛知県）の団員10名，指導者5名であった。逆に団員数が最も多いのは，淀江海洋少年団（鳥取県）で，団員662名，指導者23名であった。次いで直江津海洋少年団（新潟県）の団員189名，指導者50名，そして唐丹海洋少年団（岩手県）の団員148名，指導者8名であった。

清水海洋少年団と唐丹海洋少年団は小学校長が団長を務め，団事務所も小学校にあった。淀江海洋少年団と直江津海洋少年団は町長が団長を務めていた。町長が団長を務めている海洋少年団は，この2個団だけであった。この他に，小学校長が団長を務めている団（その全ての団の事務所は小学校内）は8個団あった。両者を合わせて，海洋少年団の総数の約25％である[120]。

小学校長や小学校教員を団長としている海洋少年団は小学校の子どもたち全てを団員とした，もしくは入団試験などによって団員を選抜したという，2つの形態が考えられる。前者の例としては，地域における遊び集団を組織化して実際の指導には僧侶が当たるも，設立後数年間は団長に小学校長を立てた岩手県の崎浜海洋健児団がある。後者については，海洋少年団ではないが以下の事例の報告がある[121]。

> 少年団教育の大要と、諸規約とを謄印刷で小冊子を作つて尋五以上の男《マ》生《マ》に配り入団者を募集した。家庭へも、児童へも、学校へも一大センセイションを惹起したことは事実である。遂に五十三名の応募者の中より体格、学力、品性、家庭の四項から観た認定試験を行ひ、各家庭の了承を得て十八名を採用し、茲に始めて一隊三班の編制が成立した。そして先に約束した通り校長を団長に推薦し、私が隊長、佐野兄が副長に就任したのであつた。

篠原と佐野は教員であり，学校外で子どもたちを教育する必要性を感じ，少年団日本連盟の指導者養成を受講して少年団を立ち上げたという。その際，団長に就任した小学校長は入団者について特定の部落に偏らないことを求めている。上の事例は陸の少年団が学校関係者によって組織された例であるが，学校で組織された海洋少年団の中には，このような選抜形式を採用していた団もあったと考えられる。

鳥取県西伯郡で淀江海洋少年団を設立した小学校長崎田茂信は，直後に米

表1-1　少年団日本連盟（大日本少年団連盟）加盟の海洋少年団数と団員数

	昭和五年版名簿 1930（昭和5）年6月1日現在			昭和七年版名簿 1932（昭和7）年4月1日現在			
	少年団日本連盟加盟団数	海洋少年団数（内数）	団員数	少年団日本連盟加盟団数	海洋少年団数（内数）	団員数	海洋少年団団員数（内数）
樺　太	–			1	0	31	0
北海道	11	0	4,384	16	1	7,024	25
青森県	9	0	3,219	8	0	3,580	0
秋田県	7	0	477	8	0	577	0
岩手県	20	3	1,546	21	3	1,400	200
山形県	3	0	146	4	0	199	0
宮城県	7	1	211	11	1	583	29
福島県	9	0	462	13	0	858	0
茨城県	3	0	226	4	0	160	0
栃木県	22	0	2,313	25	0	2,364	0
群馬県	3	0	142	4	0	159	0
埼玉県	15	0	1,691	15	0	1,884	0
千葉県	–			–			
東京府	113	2	6,655	135	4	7,818	430
神奈川県	25	2	1,062	37	2	1,785	102
新潟県	20	1	2,143	21	1	2,106	30
富山県	17	0	1,594	28	0	2,632	0
石川県	18	2	926	22	2	1,151	83
福井県	11	0	585	12	1	934	97
山梨県	21	0	2,248	22	0	2,852	0
長野県	41	0	2,651	51	0	3,412	0
岐阜県	3	0	350	3	0	311	0
静岡県	9	1	11,674	10	1	14,310	74
愛知県	21	2	3,484	28	2	3,738	184
三重県	20	0	2,030	19	0	2,242	0
滋賀県	–			–			
京都府	9	0	277	13	0	481	0
大阪府	38	1	1,070	45	2	2,085	72
兵庫県	41	1	2,633	40	1	2,249	32
奈良県	14	0	803	13	0	857	0
和歌山県	3	0	87	3	0	114	0
鳥取県	4	2	942	5	2	1,062	600
島根県	1	0	64	1	0	64	0
岡山県	9	0	4,153	9	0	2,850	0
広島県	23	1	870	23	1	1,160	48
山口県	8	0	570	8	0	640	0
徳島県	13	0	1,078	13	0	1,352	0
香川県	–			–			
愛媛県	17	0	911	23	0	1,130	0
高知県	1	0	41	3	0	115	0
福岡県	26	1	2,289	35	1	2,878	44
佐賀県	7	0	2,460	7	0	3,690	0
長崎県	27	3	798	25	3	1,078	74
熊本県	–			–			
大分県	12	0	646	12	0	755	0
宮崎県	1	0	125	1	0	292	0
鹿児島県	3	0	168	5	0	338	0
沖縄県	–			–			
台　湾	8	1	397	22	1	929	25
朝　鮮	5	0	237	7	0	434	0
関東州 満州国	5	0	897	8	0	1,291	0
海　外	3	0	153	3	0	373	0

昭和五年版・昭和七年版・昭和九年版『少年団日本連盟加盟団名簿』，昭和十二年版『大日本少年団連盟加盟団名簿』より筆者作成。なお，昭和十二年版名簿は1937（昭和12）年4月発行までの↗

	昭和九年版名簿 1934（昭和9）年4月1日現在				昭和十二年版名簿 1936（昭和11）年12月現在			
	少年団日本連盟加盟団数	海洋少年団数（内数）	団員数	海洋少年団団員数（内数）	大日本少年団連盟加盟団数	海洋少年団数（内数）	団員数	海洋少年団団員数（内数）
樺　太	2	0	218	0	3	0	256	0
北海道	21	1	5,733	196	27	2	3,994	133
青森県	8	0	3,065	0	7	0	473	0
秋田県	6	0	360	0	6	0	316	0
岩手県	20	3	1,418	219	21	3	1,369	242
山形県	4	0	209	0	9	0	336	0
宮城県	22	1	552	29	23	3	738	124
福島県	18	0	1,049	0	23	0	1,340	0
茨城県	7	0	273	0	10	0	334	0
栃木県	26	0	2,845	0	27	0	2,611	0
群馬県	6	0	290	0	10	0	417	0
埼玉県	16	0	1,783	0	14	0	1,481	0
千葉県	1	0	115	0	1	0	90	0
東京府	142	5	9,669	443	195	5	10,846	188
神奈川県	42	2	2,175	171	56	2	2,260	163
新潟県	23	2	2,231	209	31	3	1,997	239
富山県	28	0	2,807	0	35	0	2,737	0
石川県	21	1	1,222	47	26	1	920	39
福井県	14	1	1,032	93	13	1	594	52
山梨県	17	0	2,293	0	17	0	2,349	0
長野県	51	0	3,329	0	58	0	2,633	0
岐阜県	2	0	113	0	3	0	127	0
静岡県	9	1	8,591	54	9	1	11,744	7
愛知県	30	2	2,345	86	45	2	2,798	32
三重県	16	0	2,067	0	16	0	2,064	0
滋賀県	1	0	22	0	6	0	149	0
京都府	23	0	650	0	33	0	573	0
大阪府	34	2	1,832	78	28	1	1,166	30
兵庫県	38	1	2,029	24	42	2	1,428	59
奈良県	13	0	893	0	11	0	1,021	0
和歌山県	4	1	103	31	4	2	130	56
鳥取県	7	2	1,781	862	19	3	4,441	890
島根県	2	0	99	0	1	0	31	0
岡山県	9	0	2,624	0	9	0	3,353	0
広島県	21	1	982	76	21	1	855	63
山口県	11	0	865	0	12	0	992	0
徳島県	12	0	1,419	0	12	0	1,165	0
香川県	1	0	130	0	1	0	105	0
愛媛県	27	0	1,325	0	28	0	2,088	0
高知県	3	0	194	0	4	0	254	0
福岡県	40	1	2,751	37	49	1	3,094	57
佐賀県	6	0	3,032	0	9	0	2,600	0
長崎県	23	3	996	74	25	3	884	56
熊本県	1	0	22	0	8	0	230	0
大分県	15	0	676	0	18	0	592	0
宮崎県	1	0	283	0	1	0	308	0
鹿児島県	5	0	206	0	4	0	639	0
沖縄県	–				2	0	89	0
台　湾	38	1	1,974	42	104	1	4,082	50
朝　鮮	8	0	361	0	13	1	916	38
関東州	2	0	690	0	2	0	667	0
満州国	9	0	911	0	10	0	1,120	0
海　外	7	0	306	0	7	0	547	0

4ヶ月間に新規加盟した団も含めている。1937（昭和12）年2月10日に加盟した大日本朝鮮鎮海海洋少年団は，その1つである。なお，網掛けは海洋少年団が存在していることを示す。

子市内の小学校に転勤となったが，そこでも米子市就將海洋少年団を立ち上げた。前任校の海洋少年団は，町長が団長を務めることになった。このように，小学校長が積極的に海洋少年団の設立に参加した例もあった。

海洋少年団に参加している子どもの数，指導者の職業は各海洋少年団によって様々であった。もちろん，指導者の中には学校の教員や退役の海軍軍人も関わっていたことが考えられるが，章末の表1-2からは，むしろそれ以外の職業を持つ団長が多いことが分かる。

小　括

本章では，日本における海洋少年団の結成について検討した。そこから明らかになったことは，以下の通りである。

第1節では，英国のシースカウトが発足した経緯を検討した。英国のシースカウトは退役の陸軍軍人ベーデン-パウエルによって，ボーイスカウトに続いて発足した。彼がボーイスカウトやシースカウトに期待したのは，野外や海上での活動を通しての「善良な市民」の育成であった。特にシースカウトには，海へのあこがれを活動の原点とし，海や船に関する知識と技術を学ぶことを通して，船員をはじめとする海や船に関わる職業に有用な人材の育成が目指されていた。戦時下においては，このような活動の延長として軍部に協力していたのである。

第2節では，日本では乃木希典や小柴博が実施した海岸でのキャンプと，『スカウティング・フォア・ボーイズ』の翻訳について検討した。これら海岸でのキャンプや『スカウティング・フォア・ボーイズ』の翻訳は，日本で海洋少年団が発足する土台となると考えられる。軍部や文部省も，英国などのボーイスカウトに関心を持って『スカウティング・フォア・ボーイズ』を翻訳したようであるが，このころはまだ，それぞれ少年団に対して関与しようとする動きは見られなかった。

第3節では，英国のボーイスカウトの影響を受けた海洋少年団が発足する前に，子ども向けの雑誌社が子どもの希望者を募り，海国少年団としてその場限りの組織を結成していたことが明らかになった。海国少年団は活動の 1 つとして軍艦に便乗していた。続いて，英国のシースカウトの影響を受けた海洋少年団が，兵庫県の神戸，北海道の岩内，広島県の呉に結成されたことに触れた。その中心人物の職業は船員や商業（在郷軍人），酒造業など多様であった。これらは東京海洋少年団の発足前の海洋少年団であり，神戸と岩内の海洋少年団は，陸の少年団から海の少年団を派生させた事例である。

第 4 節では，東京海洋少年団の設立過程を明らかにした。東京海洋少年団の初代団長を務めた小山武は当初，日本の人口過剰問題について青年団に着目して取り組もうとした。そこに海軍での経験を活かそうとした小山は，海上での教育を少年に対して行いたいと考えるようになった。そこで，同じ退役海軍軍人である原道太を誘い，英国のシースカウトの方法論を取り入れた海洋少年団を立ち上げるのである。

第 5 節では，英国でも陸のボーイスカウトから海のシースカウトが派生したが，それと同様に，陸の少年団が中心となっていた少年団日本連盟において，海洋少年団が陸の少年団とは違う独自の地位を確立し，独自の活動を展開できるような組織的な位置づけになっていったことが明らかになった。海洋少年団は全国に結成されるも，その規模はまちまちであった。小学校関係者や海軍関係者が団長を務める海洋少年団もあったが，その他の職業を持つ人物が団長に就任している場合が多かった。

注

1）ラズロ・ナジ『2 億 5 千万人のスカウト』ボーイスカウト日本連盟，1989 年，14-16 頁。本書は，ボーイスカウト世界機構に勤務した人物によるボーイスカウトの通史である。

2）ロード・ベーデン-パウエル・オブ・ギルウェル，財団法人ボーイスカウト日本連盟訳『スカウティング・フォア・ボーイズ』ボーイスカウト日本連盟，1980 年，序文。

3）MacDonald, Robert H., *Sons of the Empire*, University of Toronto Press, Toronto, 1993, pp. 111-112, 218 n35.

4）田中治彦『少年団運動の成立と展開』九州大学出版会，1999 年，26-28 頁。マフェキングにおける攻防については以下の文献を参照。Grinnell-Milne, Duncan, *Baden-Powell at Mafeking*, The Bodley Head, London, 1957, Jeal, Tim, *The Boy-Man*, William Morrow, New York, 1990, pp. 205-302.

5）MacDonald, *op. cit.*, pp. 84-87.

6）ベーデン-パウエルの軍隊生活や『スカウティング・フォア・ボーイズ』の執筆については，次の文献で把握することができる。田中『少年団運動の成立と展開』（前出，26-33 頁），田中治彦『ボーイスカウト』（中央公論社，1995 年，8-31 頁）。
7）田中『ボーイスカウト』（前出），33-36 頁。
8）シートンはアメリカのインディアン生活を参考にウッドクラフト（森林生活法）を創作し，ベーデン-パウエルはこの運動から大いに影響を受けていた。
9）ロード・ベーデン-パウエル・オブ・ギルウェル『スカウティング・フォア・ボーイズ』（前出），91-92 頁。
10）田中『少年団運動の成立と展開』（前出），33 頁。
11）本章で参考にしたのは，初版本の全 6 巻と，第 7 版である。『スカウティング・フォア・ボーイズ』は 1908 年，6 冊に分けて出版されたが，同年中には 1 冊にまとめたものが出版された。
12）Baden-Powell, *Aids to Scouting for N. C. Os and Men*, London, 1899.
13）『スカウティング・フォア・ボーイズ』の初版には，全 10 章の中に 28 話のキャンプファイヤー物語を配置している。これ以降，数多くの改訂を繰り返し，現在の日本語訳（1963 年版の訳）には 26 の「物語」がある。最新版の物語のタイトルはそれぞれ，「スカウトとは何か」「スカウトがすること」などスカウト活動の基本的な内容から，「キャンプの方法」「追跡」「動物」「病気の予防」「事故とその対策」など，実際の野外で必要な内容を含んでいる。
14）Baden-Powell, *Scouting for Boys* (first edition), London, 1908.
15）ロード・ベーデン-パウエル・オブ・ギルウェル『スカウティング・フォア・ボーイズ』（前出），425 頁。Reynolds, E. E., *The Scout Movement*, Oxford University Press, London, 1950, p. 68.〔E. E. レイノルズ，財団法人ボーイスカウト日本連盟訳『スカウト運動』1974 年，118-119 頁〕
16）Wade, E. K., *Twenty-one Years of Scouting*, C. Arthur Pearson Ltd., London, 1929, pp. 100-101.
17）Baden-Powell, *Scouting for Boys* (seventh edition), London, 1913, p. 76.
18）ボーイスカウト日本連盟『日本ボーイスカウト運動史』，1973 年，22 頁。
19）ロバート・ベーデン・パウエル「シースカウトとは何ぞや」『少年団研究』第 2 巻第 5 号，1025 年 5 月，5 頁。
20）Reynolds, E. E., *op. cit.*, p. 196.〔E. E. レイノルズ（前出），332 頁〕
21）No Name, The Boy Scouts, *The Lancet*, vol. 175, issue 4511, 12 February 1910, p. 445.
22）Brunton, Lauder, The Boy Scouts Movement, *The Lancet*, vol. 183, issue 4733, 16 May 1914, pp. 1427-1428.
23）Price, W. Cecil, The Boy Scout Movement, *The Living Age*, seventh series, vol. LII, 1911, pp. 458-465.（*The Nineteenth Century and After* 誌からの再掲）
24）Price, W. Cecil, The Development of the Boy Scout Movement, *The Fortnightly Review*, No. DLXXI, 1 July 1914, pp. 123-134.（Price, W. Cecil, The Development of the Boy Scout Movement, *The Living Age*, seventh series, vol. CCLXXXII, 1914, pp. 520-529.）

25）Young, Earnest, The Boy Scout Movement, *The Living Age*, eighth series, vol. III, 1916, pp. 94-104.（*The Quarterly Review* 誌からの再掲）
26）Pickford, Alfred D., The Boy Scout Movement ― What it is and, Especially, What it is not, *United Empire*, vol. XIV, 1923, pp. 36-44.
27）1900 年代から 1930 年代の英国におけるボーイスカウトについて，英国の他の青少年団体との関係について論じた研究，あるいは比較した研究としては，以下のものがある。Wilkinson, Paul, English youth movements, 1908-30, *The Journal of Contemporary History*, Vol. 4, number 2, April 1969, pp. 3-23. Springhall, J. O., The Boy Scouts, Class and Militarism in Relation to British Youth Movements 1908-1930, *International Review of Social History*, vol. XVI, 1971, pp. 125-158. Warren, Allen, Sir Robert Baden-Powell, the Scout movement and citizen training in Great Britain, 1900-1920, *English Historical Review*, vol. 101, 1986, pp. 376-398. 田中治彦「ボーイスカウトとウッドクラフト運動―第一次大戦後の英国スカウト運動の分裂に関する研究―」『日本社会教育学会紀要』No. 28，1992 年，48-57 頁。
　また，同時代のドイツとの比較研究としては，以下のものがある。Gillis, John R., Contrasting Styles of English and German Youth, 1900-33, *History of Education Quarterly*, vol. XIII, no. 2, 1973, pp. 249-260. 鈴木孝・菊入三樹夫「中等教育における特別活動の方法に関する一考察―Wandervogel と Boy Scouts の比較から―」『東京家政大学研究紀要』第 30 集(1)，1990 年，41-47 頁。
28）Proctor, Tammy M., "A Separate Path" : Scouting and Guiding in Interwar South Africa, *Comparative Studies in Society and History*, Vol. 42, no. 3, 2000, pp. 605-631. Parsons, Timothy H., *Race, Resistance, And The Boy Scout Movement In British Colonial Africa*, Ohio University Press, Ohio, 2004. Voeltz, Richard A., The British Boy Scout migration plan 1922-1932, *The Social Science Journal*, Vol. 40, 2003, pp. 143-151.
29）田中『少年団運動の成立と展開』（前出），93-95 頁。
30）学習院輔仁会編纂『乃木院長記念録』三光堂，1914 年，72-73 頁。
31）田中『少年団運動の成立と展開』（前出），93-95 頁。
32）その後，幼年会の別働隊として東京少年軍を組織し，1914（大正 3）年には東京少年団に改称した。同上，115-119 頁。小柴の経歴は以下を参照。「少年団の三大功労者」『少年団研究』第 6 巻第 3 号，1929 年 3 月，7 頁。
33）東京少年団『少年団指針』大日本義勇青年社，1916 年，118 頁。
34）同上，119-120 頁。
35）同上，117 頁。
36）「少年団の恩人　小柴氏頓死」『万朝報』，1925 年 6 月 24 日。
37）JACAR（アジア歴史資料センター）Ref.C08051114300（第 6 画像目から第 14 画像目），大正 13 年・公文備考・巻 31・艦船「便乗⒃」（防衛省防衛研究所）。
38）例えば，沼津では「臨海修養団」が海岸で 10 日間の「臨海教練」を実施した。中島純「少年団運動の形成と発展」上平康博・田中治彦・中島純『少年団の歴史』萌文社，1996 年，117-118 頁。
39）田中『少年団運動の成立と展開』（前出），92 頁。
40）福田貞三郎訳「海洋少年団教範」『少年団研究』第 7 巻第 2-5 号，1930 年 2-5 月。

41）田中『少年団運動の成立と展開』（前出），92頁。
42）Baden-Powell, *Scouting for Boys* (first edition), p. 178. 榎本恒太郎『少年兵団』内外出版協会，1910年，101頁。
43）市原正恵「もうひとりの明治社会主義者　深尾韶の生涯」『思想の科学』第75号，1977年5月，83-97頁。
44）深尾韶『少年軍団教範』中央報徳会，1915年，400-403頁。
45）同上，399-400頁。
46）今西嘉蔵『英国少年義勇団の組織とその教育』同文館，1915年，はしがき。
47）同上，47-53頁。
48）文部省普通学務局『時局に関する教育資料特別輯第一　列強の少年義勇団』，1916年，凡例。なお，この書籍には具体的な著者が記されていなかった。
49）保坂亀三郎『英米の少年斥候』大阪屋号書店，1922年，68-69頁。なおこの本の表紙では著者の名前が保坂帰一となっている。
50）同上，3頁。
51）同上，凡例。
52）日高は東京海洋少年団の初代団長を務めた小山武と海軍兵学校で同じ26期であった。
53）伊藤昭臣「海の少年団史」日本海洋少年団連盟『三十年のあゆみ』，1981年，243頁。飯盛汪太郎『少年団日本連盟練習船義勇和爾丸と海洋少年団小史』DON海事研究所，1985年，2頁。
54）伊藤「海の少年団史」（前出），243-244頁。明治丸は今でも東京商船大学に係留されている。
55）「御挨拶」『海国少年』第4巻第5号，海洋少年社，1920年7月，86頁。「海国少年団報告」同，44頁。
56）入手できた大正期の『海国少年』は，第3巻第4号（1919年4月），第4巻第5号（1920年7月），第5巻第4，7，9号（1921年4，7，9月），第6巻第1，2，5号（1922年1，2，5月）だけである。
57）JACAR:C08021562400（第10画像目），大正9年・公文備考・巻24・艦船4，「便乗(2)」（防衛省防衛研究所）。なお，1919年の軍艦便乗に関する，海軍の史料は発見できていない。
58）伊藤「海の少年団史」（前出），243-244頁。
59）海国少年団の「標語」は「皇国の護は海洋に在り」，「信条」は「勤労奉仕」とされていた（河合秋平「勤労奉仕」『海国少年』第4巻第5号，海国少年社，1920年7月，44頁）。こういった言葉は英国のボーイスカウトや日本の少年団で使われることはなかった。ここからも，この海国少年団と，ボーイスカウトや少年団は無関係であると考えられる。
60）伊藤「海の少年団史」（前出），244頁。
61）JACAR:C08021562300（第12画像目から第21画像目），大正9年・公文備考・巻24・艦船4「便乗(1)」（防衛省防衛研究所）。JACAR:C08050179700（第5画像目から第9画像目），大正10年・公文備考・巻27・艦船4「便乗(3)」（防衛省防衛研究所）。

62)「軍艦便乗伊勢参宮旅行記」『海国少年』第 4 巻第 5 号，海国少年社，1920 年 7 月，46 頁。

63) 同上，49 頁。

64) 同上，45-55 頁。参加者名簿は『海国少年』第 4 巻第 5 号（海国少年社，1920 年 7 月），63 頁。参加者全員が男子であり，女子は参加していなかった。

65)「軍艦便乗伊勢参宮旅行団参加者名簿」『海国少年』第 4 巻第 5 号，1920 年 7 月，63 頁。

66)「海国少年団報告」『海国少年』第 4 巻第 5 号，1920 年 7 月，44 頁。JACAR: 08021553200（第 1 画像目から第 5 画像目），大正 9 年・公文備考・巻 19・学事 1「講話 1(2)」(防衛省防衛研究所)。

67) JACAR:C08021562300（第 57 画像目から第 68 画像目），大正 9 年・公文備考・巻 24・艦船 4「便乗(1)」(防衛省防衛研究所)。

68) JACAR:C08021562500（第 35 画像目から第 44 画像目），大正 9 年・公文備考・巻 24・艦船 4「便乗(3)」(防衛省防衛研究所)。

69) JACAR:C08021562600（第 1 画像目から第 7 画像目），大正 9 年・公文備考・巻 24・艦船 4「便乗(4)」(防衛省防衛研究所)。

70) JACAR:C08021562800（第 28 画像目から第 31 画像目），大正 9 年・公文備考・巻 24・艦船 4「便乗(6)」(防衛省防衛研究所)。

71) その際，「国民教育奨励会会長」の肩書きで澤柳政太郎も海軍に「軍艦便乗願」を提出し，事後には「東京市小学校教員会幹事長」の松下専吉，東京市一橋高等小学校長の湯澤直蔵が海軍を訪問し謝辞を伝えた。JACAR:C08050179500（第 35 画像目から第 49 画像目），大正 10 年・公文備考・巻 27・艦船 4「便乗(1)」(防衛省防衛研究所)。

72)「軍艦便乗航海旅行発表」『海国少年』第 5 巻第 4 号，海国少年社，1921 年 4 月，72-73 頁。

73)「軍艦生駒便乗航海旅行記」『海国少年』第 5 巻第 6 号，海国少年社，1921 年 6 月，58-63 頁。

74) 同上，62 頁。

75) JACAR:C08050180500（第 48 画像目から第 50 画像目），大正 10 年・公文備考・巻 27・艦船 4「便乗(11)」(防衛省防衛研究所)。

76) JACAR:C08050454900（第 58 画像目から第 66 画像目），大正 11 年・公文備考・巻 38・艦船 6「便乗(1)」(防衛省防衛研究所)。

77) JACAR:C08050721200（第 5 画像目から第 6 画像目），大正 12 年・公文備考・巻 24・艦船「便乗(4)」(防衛省防衛研究所)。

78) JACAR:C08021562400（第 1 画像目から第 30 画像目），大正 9 年・公文備考・巻 24・艦船 4「便乗(2)」(防衛省防衛研究所)。

79) JACAR:C08021562800（第 37 画像目から第 44 画像目），「便乗(6)」（前出）。河合は 12 月 14 日から，佐世保を出て舞鶴に向かう軍艦への便乗も希望しているが，実現したかは不明である。

80) JACAR:C08050180100（第 23 画像目から第 26 画像目），大正 10 年・公文備考・巻 27・艦船 4「便乗(7)」(防衛省防衛研究所)。

81）JACAR:C08050454900（第46画像目から第57画像目），「便乗⑴」（前出）。

82）JACAR:C08050721500（第50画像目から第55画像目），大正12年・公文備考・巻24・艦船「便乗⑺」（防衛省防衛研究所）。

83）神戸ボーイスカウトの少年団日本連盟への登録は1923年11月で，登録番号は3である。

84）「兵庫県にボーイスカウトの火を点した人」日本ボーイスカウト兵庫連盟『ボーイスカウト兵庫連盟結成50周年記念　兵庫連盟運動史』，2003年，36-37頁。

85）鈴木は1924年にデンマークで開催された第3回世界ジャンボリー（ボーイスカウトの世界大会）にも日本派遣団28名に加わり，諸外国のシースカウトについて報告している（「国際大会派遣員決定」『少年団研究』第1巻第2号，1924年6月，18頁。鈴木謙三「外国の『シースカウト』を観て」『少年団研究』第2巻第2号，1925年2月，22-23頁）。

86）『社会教育』第1巻第3号（『社会と教化』改称，1924年5月）には，「神戸シイ《ママ》ースカウト」の写真が掲載されている。

87）神戸ボーイスカウト『ボーイ・《ママ》スカウト』（神戸ボーイスカウト会報）創刊号，神戸ボーイスカウト事務所，1924年1月，9頁。

88）「兵庫県にボーイスカウトの火を点した人」（前出），37頁。

89）小町国市『無名の初代チーフスカウト—下田豊松物語—』，1997年，16-17頁。日本健児団に登録していたのは北海道で下田の影響を受けた数団だったと考えられる。また，正式に日本健児団が国際事務局に登録されたのは，1922年のパリでの国際会議であり，同年の少年団日本連盟創設後もしばらくは国際的な事務連絡が北海道の下田宛に送られてきていた。

90）下田豊松「海拓デー」北海道少年団連盟『北海道少年団連盟団報』第1号，1923年10月，5頁。

91）「少年団海拓デー」北海道少年団連盟『北海道少年団連盟団報』第3巻第1号，1925年5月，2-3頁。出典元では「陸軍運輸部の軍艦日進」と記されているが，実際には海軍の軍艦日進であると考えられる。海軍の軍艦日進の艦長は藤井謙介であり，陸軍に軍艦日進があったとの記録は管見の限り見当たらない。海軍の記録としては，JACAR:C08051114000（第41画像目から第51画像目），大正13年・公文備考・巻31・艦船「便乗⒀」（防衛省防衛研究所）。JACAR:C08051114100（第1画像目から第20画像目），大正13年・公文備考・巻31・艦船「便乗⒁」（防衛省防衛研究所）。

92）呉海国少年団『かいこく』第2巻第11号，呉海国少年団，1926年11月，1-12頁。

93）なお，東京海国少年団は1923（大正12）年の関東大震災によって自然解散したとされ，また呉海国少年団が1924（大正13）年に設立されていることから，両者には時間的にも隔たりがある。

94）林富士夫「一周年に当りて」『かいこく』第2巻第11号，呉海国少年団，1926年11月，10頁。

95）澤田節蔵・二荒芳徳著『皇太子殿下御外遊記』大阪毎日新聞社，1924年。

96）小山武「東京海洋少年団の発団するまで」『かいこく』第2巻第11号，呉海国少年団，1926年11月，4頁。

97）ここに，英国のボーイスカウトがオーストラリアやニュージーランドへの移住を勧めていたこととの共通点を見出すことができる。

98）小山「東京海洋少年団の発団するまで」（前出），4頁。

99）原と小山の関係については，今泉章利「海洋少年団練習船『義勇和爾丸』に就いて（その1）」（『船の科学』第44巻第7号，1991年7月，船舶技術協会，73頁）を参照。

100）原道太『義勇和爾丸の一生と海洋少年団の発達』大日本少年団連盟，1939年，2頁。

101）原道太「我国の現状と海洋少年団の実況を説き天下同感の有志に諮ふ」『少年団研究』第3巻第11号，1926年11月，8頁。

102）JACAR:C08051114100（第21画像目から第24画像目），大正13年・公文備考・巻31・艦船「便乗⒁」（防衛省防衛研究所）。

103）小山「東京海洋少年団の発団するまで」（前出），5頁。

104）米本は後に，海洋少年団の創設について以下のように述べている。「私は少年団の幹部の人々と三保の松原に軍艦見学に行つた際，どうしても日本に海洋少年団を作らねばならぬと感じて，同志の人々とともにこの運動に手を染めて以来，（後略）。」米本卯吉「（無題）」『少年団研究』第12巻第1号，1935年1月，30頁。

105）小柴は東京海洋少年団結成から同団の評議員となっている。

106）「東京海洋少年団」『社会教育』第1巻第7号，1924年10月，58頁。

107）後日の結成式に出席した団員は45名，また初めてのキャンプ（1925年3月27日～30日）の参加団員は62名だった。

108）野田忠雄，堀元美，掛札弘らは海洋少年団組織の実地研究のために以前から参加していた。今泉「海洋少年団練習船『義勇和爾丸』に就いて（その1）」（前出），74頁。

109）原『義勇和爾丸の一生と海洋少年団の発達』（前出），2頁。

110）JACAR:C08051313700（第32画像目から第36画像目），大正13年・公文備考・巻139・雑件止「軍楽隊派遣」（防衛省防衛研究所）。

111）原『義勇和爾丸の一生と海洋少年団の発達』（前出），2頁。

112）伊藤「海の少年団史」（前出），245頁。これ以外の人事については不明。また，原や小山以外の人物が現役軍人か退役軍人であるかも明らかではない。

113）原『義勇和爾丸の一生と海洋少年団の発達』（前出），22頁。

114）同上，245頁。

115）東京海洋少年団は団長と副団長が少年団日本連盟の役職に就いたことによって，発足当初は東京市社会教育課内に置いていた本部をこの頃文部省の少年団日本連盟内に移したと思われる。

116）海洋健児部は「少年団日本聯盟本部規則」の第三十一条で次のように規定されていた。

第三十一条　少年、幼年、青年、海洋健児部ハ各左ノ事務ヲ掌理ス

一、加盟団ノ監理

一、教育訓練ノ監督及其ノ統一

一、合同訓練ノ企画及実施

一、加盟審査

一、健児ノ資格検定

1925年の段階では「海洋部」であったが，1926年の「少年団日本聯盟本部規則」(『少年団研究』第3巻第4号，1926年4月，37頁）によると，このとき既に「海洋健児部」と表記していた。

117)「連盟公報」『少年団研究』第5巻第8号，1928年8月，2頁。関連する条項としては以下のようなものがある。

第九条　加盟団ノ類別分掌ヲ左ノ如ク定ム

一、本連盟所定ノ宣誓及おきてヲ遵用シ本連盟ノ提唱スル教範ニ則リテ社会教育ヲ遂行スル諸団体

総括シテ「健児連盟」ト称シ健児部ノ所掌トス

二、前号ト同一ノ海洋諸団体

総括シテ「海洋健児連盟」ト称シ海洋健児部ノ所掌トス

三、本連盟所定ノ宣誓及おきてヲ遵用セサルモ本連盟ノ精神ヲ体シテ社会教育ヲ実行スル諸団体

総務部ノ所掌トス

(中略)

第十二条　海洋健児部ハ海《ママ》健児連盟ノ管理及指導ニ関スル事務ヲ掌理シ海洋指導者実修所及直属船艇並ニ付属具ヲ管理ス

海洋指導班ハ左ノ事務ヲ掌理ス

一、海洋健児連盟ノ教育訓練ニ関スル調査、研究、審議

一、海洋健児連盟ノ教育訓練ニ関スル法規及教範ノ制定、改廃

海洋健児班ハ左ノ事務ヲ掌理ス

一、海洋健児連盟各団ノ管理及加盟審査

一、合同訓練ノ企画及実施

一、海洋健児ノ資格審査

海洋指導者実修所ハ左ノ事務ヲ掌理ス

一、海洋指導者ノ養成及実修

一、海洋指導者ノ資格審査

118) 指導者実修所は毎年開催場所が違っており，実修所という特別の設備があったのではない。

119) 大日本少年団連盟『昭和十二年版　大日本少年団連盟加盟団名簿』1937年，裏表紙。

120) 大日本少年団連盟『昭和十二年版　大日本少年団連盟加盟団名簿』(同上）によると，小学校長が団長を務めていた海洋少年団としては他にも以下の通りであった。

新潟の大日本柏崎海洋少年団：少年団員20名，指導者6名。

岩手の大日本釜石海洋健児団：少年団員43名，指導者6名。

台湾の台湾馬公海洋少年団：少年団員50名，指導者6名。

東京の三河島海洋少年団：少年団員51名，指導者9名。

福井の三国海洋少年団：少年団員52名，指導者61名。

東京の尾久海洋少年団：少年団員60名，指導者11名。

鳥取の上道海洋少年団：少年団員83名，指導者6名。

鳥取の米子市就將海洋少年団：少年団員 145 名，指導者 10 名。
121）篠原武「学校少年団経営の実際」『少年団研究』第 8 巻第 7 号，1931 年 8 月，8 頁。

表1－2　海洋少年団の少年団日本連盟（大日本少年団連盟）登録内容

登録年月日		登録 番号	団　　名	代表者名	事務所 所在地	1925年度	1928年度		
						代表者名	代表者名	職　業	団員数
1924 （大正13）	1月	103	泉町少年団[1]	（空欄）	長崎県 佐世保市	村里祝二	初瀬重次《ママ》郎	佐世保海軍 工廠製図工	19
	（不明）	161	神戸シー スカウト[2]	鈴木謙三	神戸市	鈴木謙三			
	4月	231	相川新少年団[3]	（空欄）	石川県 石川郡	北川武雄	櫻井政二	公吏	55
1925 （大正14）	3月9日	343	呉海国少年団	三宅清人	広島県 呉市		三宅清人	酒造業	41
	5月	389	大日本東京 海洋少年団[4]	原道太	少年団日本 連盟本部内		原道太	海軍大佐 連盟職員	77
	10月10日	424	大日本神戸 海洋少年団	井手元治	神戸市		井手元治	予備海軍 少将	39
	10月10日	429	旭町少年団[5]	浜田勇	長崎市				
1926 （大正15）	1月18日	451	済美 海洋少年団[6]	沢井数三	名古屋市		幸田銈太郎	予備海軍 大佐	75
	5月11日	485	大日本崎浜 海洋健児団	山崎英雄	岩手県 気仙沼郡		山崎英雄	小学校長	39
1927 （昭和2）	3月26日	564	水之浦 海洋少年団	木下利三郎	長崎市		木下利三郎	会社員	45
1928 （昭和3）	7月14日	523	淀江 海洋少年団[7]	崎田茂信	鳥取県 西伯郡		崎田茂信	訓導兼校長	121
	7月14日	529	姪浜 海洋少年団[8]	鳥巣隆三	福岡県 早良郡		鳥巣隆三	教員	34
	7月14日	534	養良 海洋少年団[9]	足立正	鳥取県 西伯郡		足立正	小学校長	69
	7月14日	632	大日本横浜 海洋少年団	井川鉦一	横浜市				
	7月14日	642	大日本大阪第一 海洋少年団	田中重次郎	大阪市				
	7月14日	643	大日本横須賀 海洋少年団	佐藤恕	横須賀市				
	7月14日	646	清水 海洋少年団	加藤裕	名古屋市				
	10月25日	676	唐丹村 海洋少年団	畠山裕《ママ》康	岩手県 気仙沼郡				
	11月26日	703	大日本尾久 海洋少年団	三橋賢一郎	東京市 外尾久町				
	11月26日	704	神戸博愛 健児団[10]	大坪槙太郎	神戸市				
1929 （昭和4）	3月1日	715	台湾馬公 海洋少年団	宇野品吉	台湾 澎湖廳				
	3月1日	716	大日本釜石 海洋健児団	沼重末吉	岩手県 上閉伊郡				
	6月21日	746	鹿島 海洋少年団[11]	中田賢	石川県 石川郡				
	9月4日	787	米子市就将 海洋少年団	崎田茂信	鳥取県 米子市				
	9月4日	789	宮城海洋少年団	鹿又武三郎	宮城県 宮城郡				
	10月25日	792	大日本柏崎 海洋少年団	高橋剛直	新潟県 狩羽郡				
1930 （昭和5）	3月25日	847	清水市 海洋少年団	窪田元助	静岡県 清水市				
	7月5日	862	大日本南葛 海洋少年団	小堺万太郎	東京府 南葛飾郡				
	7月5日	882	三国海洋少年団	三好得恵	福井県 坂井郡				

1930 年度			1932 年度			1934 年度			1937 年度			
代表者名	職　業	団員数	代表者名	職　業	団員数	代表者名	職　業	団員数	代表者名	職　業	団員数	指導者数
初瀬重十郎	海軍工廠 製図工	19	初瀬重十郎	製図工	19	初瀬重十郎	製図工	19	初瀬重十郎	製図工	19	(不明)
櫻井政二	公吏	12	櫻井政二	公吏	42	櫻井政二	公吏	47	松田純一	農業	39	13
三宅清人	酒造業	41	三宅清人	酒造業	48	三宅清人	酒造業	76	三宅清兵衛 (清人改名)	酒造業	53	7
原道太	海軍大佐 連盟職員	77	原道太	海軍大佐 連盟職員	74	原道太	海軍大佐	106	足立脩蔵	海軍大佐	58	33
井手元治	海軍少将	39	井出元治	海軍少尉	32	井手元治	海軍少将	24	井手元治	海軍少将	30	7
浜田喜生	会社員	36	浜田喜生	会社員	26	浜田喜生	会社員	26	浜田喜生	会社員	24	4
幸田鉒太郎	海軍大佐	70	幸田鉒太郎	海軍大佐	129	幸田鉒太郎	海軍大佐	46	幸田鉒太郎	海軍大佐	22	21
掛川淳	僧侶	44	掛川淳	僧侶	71	掛川淳	僧侶	74	掛川淳	僧侶	68	20
木下利三郎	会社員	29	木下利三郎	会社員	29	木下利三郎	会社員	29	木下利三郎	会社員	4	3
田山虎次郎	町長	586	田山虎次郎	町長	456	田山虎次郎	町長	703	田山虎次郎	町長	662	23
鳥巣隆三	中学校 教員	36	鳥巣隆三	中学教員	44	鳥巣正雄	(空欄)	37	鳥巣隆三	会社員	57	21
井川鉦一	日本海軍救済 会出張所々長	21	井川鉦一	日本海員救済 会出張所々長	37	井川鉦一	日本海軍救済 会出張所々長	52	井川鉦一	日本海軍救済 会出張所々長	25	16
田中正信	小学校 教員	27	田中正信	小学教員	19	田中正信	製図業	24	田中正信	製図業	30	3
藤井雅	海軍大佐	80	藤井雅	海軍大佐	65	前田芳雄	海軍少佐	119	奥井茂	海軍大佐	138	65
加藤裕	小学校長	48	(空欄)	(空欄)	55	成田慶徳	小学校長	40	成田慶徳	小学校長	10	5
畠山祐康	小学校長	37	畠山祐康	小学校長	74	水沼孝太郎	小学校長	90	水沼孝太郎	小学校長	148	8
三橋賢一郎	運輸業	183	増山幸三郎	小学校長	183	増山幸三郎	小学校長	103	増山幸三郎	小学校長	60	11
大坪槙太郎	工業	52	中條伊佐美	工業	52	岩井直一	(空欄)		岩井直一	公吏	29	5
宇野品吉	小学校長	25	宇野品吉	小学校長	25	内田増太郎	小学教員	42	内田増太郎	小学教員	50	6
沼里末吉	小学校長	44	沼里末吉	小学校長	55	高橋定之進	小学校長	55	千葉宗一郎	小学校長	43	6
中田実	農業	39	中田実	漁業	41							
崎田茂信	小学校長	136	崎田茂信	小学校長	144	崎田茂信	小学校長	159	崎田茂信	小学校長	145	10
鹿又武三郎	弁護士	33	鹿又武三郎	弁護士	29	中川倉吉	運送業	9	中川倉吉	会社員	56	8
高橋剛直	公吏	37	高橋剛直	公吏	30	高橋剛直	公吏	28	中村進語	小学校長	20	6
窪田元助	海軍大尉	51	窪田元助	海軍大尉	74	窪田元助	海軍大尉	54	窪田元助	海軍大尉	7	10
			小堺万太郎	工業	146	小堺万太郎	貴金属 加工	95	(空欄)		56	31
			三好得恵	小学教員	97	高森鉄蔵	小学教員	93	高森鉄蔵	小学教員	52	61

登録年月日		登録番号	団名	代表者名	事務所所在地	1925年度	1928年度		
						代表者名	代表者名	職業	団員数
1931（昭和6）	2月24日	938	深川 海洋少年団[12)]	前田佐門	東京市 深川区				
	5月5日	961	大阪築港 海洋少年団[13)]	清水潤	大阪市 港区				
	7月20日	987	大日本函館 海洋少年団	中村豊	北海道 函館市				
1933（昭和8）	3月29日	1110	大日本三河島 海洋少年団	井手熊吉	東京市 荒川区				
	11月1日	1147	大日本直江津 海洋少年団	林圭助	新潟県 中頸城郡				
	12月28日	1185	大日本和歌山 海洋少年団	西永義賢	和歌山市				
1934（昭和9）	7月30日	1245	大日本釧路 海洋少年団	茅野満明	北海道 釧路市				
1935（昭和10）	6月29日	1309	石巻海洋少年団	梶原三郎	宮城県 石巻市				
	6月29日	1320	大日本新宮 海洋少年団	速水茂	和歌山県 新宮市				
	9月19日	1330	上道海洋少年団	景山郁司	鳥取県 西伯郡				
	9月19日	1343	大日本気仙沼 海洋少年団	広野貞助	宮城県 気仙沼郡				
	12月21日	1362	浅草海洋少年団	松木健太郎	東京市 浅草区				
1936（昭和11）	4月28日	1393	両津海洋少年団	松瀬教五郎	新潟県 佐渡郡				
1937（昭和12）	2月10日	1492	大日本朝鮮鎮海 海洋少年団	中村嘉六	朝鮮慶尚 南道鎮海面				
	8月11日	1545	大日本長崎 海洋少年団	青木大勇	長崎市				
	10月2日	1556	大日本頂茄定 海洋少年団	山本三郎	台湾高雄州 岡山郡				
	11月5日	1559	大日本西岸 海洋少年団	福岡米松	石川県 鹿児郡				

大正十四年版・昭和三年版・昭和五年版・昭和九年版『少年団日本連盟加盟団名簿』と昭和十二年版『大日本少年団連盟加盟団名簿』,『少年団研究』より筆者作成。

備考

1）登録日は不明，1928年には「泉海洋少年団」として登録
2）1926年5月11日連盟脱退
3）登録日は不明，1930年には「相川新海洋少年団」として登録
4）登録日は不明
5）1930年には「旭海洋少年団」として登録
6）1928年には「名古屋海洋少年団」として登録
7）1926年9月14日仮承認
8）1926年9月14日仮承認
9）1926年10月12日仮承認，1930年までに連盟脱退
10）1937年には「神戸海洋健児団」として登録
11）1934年5月10日指導者転籍により連盟脱退
12）1934-37年に連盟脱退
13）1934年10月30日連盟脱退

1930年度			1932年度			1934年度			1937年度			
代表者名	職　業	団員数	代表者名	職　業	団員数	代表者名	職　業	団員数	代表者名	職　業	団員数	指導者数
			前田左門	社会事業	27	前田左門	社会事業	27				
			清水潤	海運業	53	清水潤	海運業	54				
			中村豊	中等教員	25	中村豊	語学教師	196	中村豊	語学教師	81	2
						井出熊吉	小学校長	112	井出熊吉	小学校長	51	9
						林圭助	町長	181	土肥善三	町長	189	50
						西永義貫	（空欄）	31	西永義貫	（空欄）	35	-
									藤原富美三郎	（空欄）	52	12
									梶原三郎	（空欄）	48	8
									代理 久保義吾	船舶業	45	8
									景山郁司	小学校長	83	6
									広野貞助	印刷業	20	10
									松木健太郎	柔道教授	19	8
									松瀬教五郎	歯科医	36	23
									中村嘉六	官吏	38	12

第2章

海洋少年団の活動と指導者養成

本章では，海洋少年団の方法論や，都市と漁村における具体的な活動事例，そして指導者の役割や指導者の養成課程について検討する。海洋少年団は共通の方法論を採用しており，主に少年団日本連盟海洋部の原道太が少年団日本連盟の機関誌や書籍を通して全国に普及しようとしていた。それを受けて，各海洋少年団は大人の指導者が子どもの団員を指導し，活動を展開していた。

第1節では，海洋少年団が活動の根拠としていた方法論，具体的には異年齢少人数集団を最小単位とする活動組織，海洋少年団に参加する子どもたちが身につけることを期待された知識や技能，そして原道太による海洋少年団の活動に対する考え方を検討する。海洋少年団はどのような活動を展開し，子どもたちはそこで何を学んでいたのであろうか。これらのことに関心を持って，全国の海洋少年団が共有していた方法論を明らかにし，それを通して海洋少年団が活動を通して何を目指していたのか，検討する。

第2節と第3節では，都市と漁村の海洋少年団の活動について検討する。都市と漁村における海洋少年団の基本的な部分は，第1節で検討する通りであるが，海上での訓練の設備が整った都市と，そうではない漁村とでは，活動内容に違いが生じていた。原はこの点に関して，次のように述べている[1)]。

漁村の海洋少年団は、其環境から見ても、経済上から見ても、教育実施の点から見ても、都会地の海洋少年団とは、其精神的方面こそ同一ではあるが、其作業、訓練、技能練磨の要点が、それぞれ、其土地の貧富、文化教育の程度に応じて、多少の変更を見るのは止むを得ぬことであると思はる都市と漁村の海洋少年団では，活動にどのような違いがあったのであろうか。第２節では都市の海洋少年団の代表として東京海洋少年団を，第３節では漁村の海洋少年団の代表として岩手県の崎浜海洋健児団を取り上げて，それぞれにおける具体的な活動について検討する。

東京海洋少年団の活動例としては，団が結成されて初めて迎える夏の活動，そして東京高等商船学校や丸ノ内青年訓練所との合同訓練，海洋少年団員による客船の労働体験に着目する。これら外部機関との連携活動の様子を明らかにすることは，海洋少年団に対する外部からの評価を検討することにもなる。

崎浜海洋健児団については，その結成過程と漁村における海洋少年団の意義，そして活動の資金の調達方法を具体的に検討する。漁村の子どもたちを組織することには，どのような意味があったのだろうか。活動に必要な金銭をどのように調達しようとしていたのであろうか。都市とは違う，漁村における活動の様子を明らかにしたい。

第４節と第５節では，これら各地における海洋少年団の活動を支えた指導者に着目する。海洋少年団の指導者には誰が就き，その指導者養成においてどのようなことが教えられていたのだろうか。

全国規模で展開している青少年団体には，(A)中央の指導者，(B)各地の指導者，(C)参加する青少年という三者が存在する。戦前の少年団においても，(A)から(C)に対しては直接的にあるいは機関誌『少年団研究』や書籍などの印刷物を通して間接的に，(B)から(C)に対しては実際の活動での指導によって，その理念や方針に基づく指導を行っていた。

本章では，(A)から(B)に対する指導に関心を持つ[2]。それぞれ，少年団日本連盟海洋健児部長の原道太など中央の人物(A)と，海洋少年団の指導者を養成する場である海洋指導者実修所の参加者(B)である。まず，(B)にはどのような人物がいたのであろうか。(A)は(B)の属性について，どのように想定して，実際はどうだったのだろうか。これらのことを第４節で検討する。(A)が(B)に何を期待し，何を教えていたのか，第５節で検討する。

海洋指導者実修所とは，少年団日本連盟海洋健児部が主催して行った，海洋少年団の指導者の養成のための組織である。「実修所」と表現しているが，

表2-1　海洋指導者実修所の開催場所

	宿　泊　地	活動場所	参加人数
1928年8月6日～13日	神戸高等商船学校（野営）	大阪湾	20
1929年8月3日～9日	海軍兵学校（野営）	広島湾	30
1930年7月28日～8月4日	東京～静岡間の寄港地（野営）	東京湾～静岡沖	12
1931年（月日は不明）	鳥羽商船学校（合宿）	三重県伊勢湾	14
1932年7月26日～8月1日	（不明）	福井県小浜湾	12
1933年7月22日～28日	（不明）	神奈川県三浦半島沖	13
1935年7月24日～28日	佐渡中学校（合宿）	佐渡島真野湾	14
1935年8月9日～13日	釜石商業学校（合宿）	釜石港	15
1936年8月1日～6日	（不明）	鳥取県米子沖	30
1937年8月10日～14日	長崎県立水産学校（合宿）	長崎湾	22

『少年団研究』各巻各号より筆者作成。

そのための敷地や建物はなく，少年団日本連盟の練習船や，海軍兵学校，商船学校などの設備を利用して開催していた。1928（昭和3）年に第1回の海洋指導者実修所を開催し，その後，海洋少年団が独自の全国組織である大日本海洋少年団を立ち上げる前年の1937（昭和12）年まで，ほぼ毎年，全国各地で開催した（表2-1）。海洋指導者実修所のうち，1928（昭和3）年，1930（昭和5）年，1931（昭和6）年の3回は，海洋少年団の全国大会である海洋合同訓練と，ほぼ同じ日程で開催していた。

第1節　海洋少年団の方法論

原道太は海洋少年団を，「学業又は家事の余暇を適当に利用して，実際実地に付き必要なる課程を最も平易簡単にスカウト式教育法に依り海上又は浜海に於て楽しみながら実際実地に練習を行ふ」団体と定義した[3]。文中の「スカウト式教育法」とは，英国を起源とするボーイスカウトやシースカウト独特の方法論である「パトロールシステム」（‘Patrol System’，班制度）

と「バッジシステム」（'Badge System', 進級・章制度）を意味している。

本節では，戦前の海洋少年団の最小単位の活動組織である「班」制度と，スカウトの語源となった「斥候術」をはじめとする，各種の知識や技能を得た者に「進級章」が授与されて「進級」する制度，そして様々な特技を身につけた者に別の「技能章」を与える制度に着目して，当時の海洋少年団の組織と活動の具体的な内容を考察する。

1. 異年齢少人数集団

現在でもボーイスカウトがその活動の基本としている「班」（＝「パトロール」）とは，異年齢の子どもからなる少人数集団で，上級生が下級生の指導に当たる組織である。戦前，班の人員は陸の少年団では10名弱だったのに対し，海洋少年団では普段使用する短艇の種類によって決めていた。「カッター」ならば班員は12名または14名，「ギグ」以下の搭乗人員の船ならば8名にしたという[4)]。この「班」が複数集まって「隊」を結成し，複数の「隊」によって「団」を結成することになる。班の名前について，陸の少年団の多くが動物の名前を採用していたが，原は海洋少年団に星座名を採用することも提唱していた[5)]。

異年齢少人数集団を基本とする「班」制度は，地域における子どもの遊び集団に比類することができる。少年団における子ども集団には，ある特定の地域の希望者から選抜して組織したものと，本来，地域にあった子ども集団に少年団の方法論をあてはめたものの，2種類の組織の仕方があった。いずれの班にも班長がいて，同年齢から年下の班員をまとめる役割を担っていた。

少年団日本連盟が海洋健児部の設置を決定する1925（大正14）年，連盟は「健児階級および制服規則草案」を発表した[6)]。この中で，少年団の団員を「幼年健児」（数え年で10歳の4月から13歳の3月まで），「少年健児」（同じく13歳の4月から17歳の3月まで），「青年健児」（同じく17歳以上）の3段階に分け，それぞれで「幼年隊」，「少年隊」，「青年隊」を組織することを想定した。これは，英国のボーイスカウトが採用する「ウルフカブ」，「ボーイスカウト」，「ローバースカウト」の年齢階梯に相当する。海洋少年団も後で述べる通り，同様の年齢階梯を導入していた。

1929（昭和4）年，少年団日本連盟は「健児連盟健児種別等級及制服規則」を定めた[7]。ここで，「幼年健児」を満8歳から12歳，「少年健児」を満11歳から18歳，「青年健児」を満18歳以上に変更している。

2. 海洋少年団員に求められる知識と技術

1924（大正13）年末に小山武や原道太らは東京海洋少年団を設立したが，しばらくは具体的な活動内容について打ち出せずにいた。1925（大正14）年8月，原は「海洋少年団設立の手引き」を少年団日本連盟の機関誌『少年団研究』に掲載した。この時点では，活動の内容について「之が実施は能く団所在地の実情に応じて損益取捨し本教育其物が一種の人格教育であると同時に生産教育であり従て立派なる公民教育である如く指導すべき」と述べるにとどまり，以下の通り項目を羅列するにすぎなかった[8]。

練習教程の大要

一、精神訓練　綱領の服膺、誓約の履行、守節、礼儀、

二、個性練磨　観察推理、長所の誘発、短所の匡正、

三、協同訓練　海上、陸上、

四、技能教育　水泳、短艇運用、結索、信号、救急、海図使用、航路標識、武技、帆縫、手工、水産物加工、操輪、操皷、

五、自然研究　天体、気象、潮流、地質及鉱物採集、魚介類研究、衛生、微生物学

六、奉仕作業　水上救護、美化運動、天変地異時の注意、心得、援助、沿岸監視注意作業、

七、体験生活実習　幕営生活、浜海生活、簡易航海実習、水深測量、航路探求

八、集合見学記録　所見陳述、討論、講演、見学記録、会計記録、

九、競技　水泳、短舟、陸上運動、

十、点検査閲　艦艇式、閲団式、諸点検、

こういった項目だけでは，海洋少年団員は具体的にどのような活動を展開す

ればいいのか明確にならない。そこで原は，海洋少年団についての書籍を1927（昭和2）年8月に出版した。『少年団日本聯盟パンフレット第九輯　海洋健児訓練の要綱』である。全69頁の冊子の中に，英国のシースカウトをベースとした海洋少年団の活動方針，具体的には，海洋少年団の目的，指導方法や活動内容，それに伴う注意事項等を細かく記述している。ここで初めて，原は海洋少年団員が身につけるべき知識や技能を明示したのである。

1935（昭和10）年に原は『海洋健児訓練の要綱』を改訂し，『海洋少年読本』として，内容を同じくして出版した[9)]。この本には引き続き，進級制度や班制度など，ボーイスカウトの方法論を受け継いだ内容を記載していた。そのことから，少なくとも1938（昭和13）年に少年団日本連盟の海洋部が大日本海洋少年団として独立するまでの間，日本の海洋少年団が英国のボーイスカウトやシースカウトに，その原型を求めていたと考えられる。

⑴　進級制度のしくみ

英国のボーイスカウトの方法論を取り入れていた陸の少年団は，少年たちの年齢に合わせて修得すべき技能や知識の基準を定めていた。進級制度である。海洋少年団もそれに倣って，独自の基準を設けた。これによって原が海洋少年団員に何を期待したか，海洋少年団の実際の活動とその意味を読みとることができる[10)]。

まず，年齢階梯について見ることにしたい。原は陸の少年団に倣って以下のように定めていた。

三、進級標準

海洋少年健児は之を左の三等級とする。

一、海洋見習健児	満十一歳以上十八歳迄
二、海洋二級健児	満十三歳—満十八歳
三、海洋一級健児	右　　同
四、海洋青年健児	満十七歳以上

「海洋見習健児」から「海洋一級健児」までが18歳未満を対象としていることから，新しく海洋少年団に入団した者はその年齢に関係なく，「見習」か

ら始めるとした。「見習」からの積み重ねによって，「二級」，「一級」へと進級していくのである。18歳や19歳に達した海洋少年団員の中からは，本章第2節で述べる通り，後に指導者として活躍する者もいた。

海洋少年団でも陸の少年団に倣って，年齢毎に「海洋幼年隊」，「海洋少年隊」，「海洋青年隊」に区分していた[11]。海洋見習健児から海洋一級健児が「海洋少年隊」，海洋青年健児は「海洋青年隊」を組織していたようである。海洋幼年隊には，満10歳以下の海洋幼年健児と海洋見習健児が所属していたと考えられる。

⑵　海洋見習健児の考査細目に見る海洋少年団の基本的な知識と考え方

まず，「海洋見習健児」になるために求められる，海洋少年団としての基本的な知識や考え方について，その考査細目から検討することにしたい。

仮入団者にして少くとも一ヶ月を経過し、次の考査に合格したる者は海洋見習健児とし制服制帽の着用及び海洋健児章の佩用を許す。

一、宣誓、おきて、標語、敬礼法、徽章に就て知ること。
二、両陛下の御名を知ること。
三、我国体、我国旗の意味、由来、掲揚法を知り我国と関係深き外国の国旗六種以上を知ること。
四、結索法六種以上（本結、一重結、巻結、下結、二タ結（挺結）、天蚕結（舫結）、等）を知ること。
五、団杖の操法を知ること。
六、羅針の八方位を知ること。
七、端艇の種類と橈、櫓、爪竿各部の名称を知ること。

「一」は少年団（ボーイスカウト）の基本事項の確認であり，「二」と「三」では日本と外国に関する知識を求めている。「四」と「五」は陸の少年団とも共通する内容であり，「六」と「七」は海洋少年団独自の内容である[12]。

なお，「宣誓」と「おきて」は以下の通りであった[13]。

（宣誓）

私は神聖なる信仰に基き、名誉にかけて次の三条を誓ひます。

一、神明を尊び皇室を敬ひます。

一、人の為め、世の為め、国の為めに尽くします。

一、少年団のおきてを守ります。

（おきて）

一、健児は忠孝を励む。

二、健児は公明正大、名節を生命とする。

三、健児は有為、世を益することを務とする。

四、健児は互に兄弟、総ての人を友とする。

五、健児は常に親切、動植物を愛する。

六、健児は上長に信頼し、団各長に服従する。

七、健児は快活、笑って困難に当る。

八、健児は恭謙、礼儀正しい。

九、健児は勤倹質素である。

十、健児は心身共に清い。

これらの文章は海洋少年団に特有のものではなく，陸の少年団と共通していた。その原典は英国のボーイスカウトに見ることができる。英国でボーイスカウトが発足した当初の 'Scout Oath'（「宣誓」）と 'Scout Law'（「おきて」）は，以下の通りであった[14]。

'Scout Oath'

On my honour I promise that I will do my best —

To do my duty to God, and the King,

To help other people at all times,

To obey the Scout Law.

'Scout Law'

1. A Scout's honour is to be trusted.
2. A Scout is loyal to the King, to his officers, his country and his employers.
3. A Scout's duty is to be useful and to help others.

4. A Scout is a friend to all, no matter to what social class he may belong.
5. A Scout is courteous.
6. A Scout is a friend to animals.
7. A Scout obeys orders.
8. A Scout smiles and whistles under all circumstances.
9. A Scout is thrifty.
10. A Scout is pure in thought, word and deed.

多少の語句の違いこそあれ，おおよそ，日本の少年団における「宣誓」や「おきて」が，英国の‘Scout Oath’や‘Scout Law’を踏襲していることがわかる。「宣誓」における「神明を尊び」と‘Scout Oath’の‘to do my duty to God’は，キリスト教徒が大半を占める英国と，そうではない日本の違いであろう[15]。

戦前の少年団における「標語」は「そなえよつねに」であり，これも英国のボーイスカウトにおける‘Be Prepared’に由来する。少年団の「敬礼法」は英国由来の「三指礼」であり，軍隊や警察のように5本の指をそろえての敬礼ではなく，人差し指，中指，薬指を伸ばし，親指と小指を合わせる敬礼である。

「団杖」とは，タイのボーイスカウトが現在でも使用しているが，背丈よりもやや低い木の棒である。杖として歩行の際に用いるほか，急造担架の棒，テント設営の支柱など，いくつかの用途を想定していたようである。

ここで「両陛下の御名」，そして「国体」の「意味，由来」を知ることという項目が目を引く。海洋少年団の関係者において，「国体」について議論されることはほとんどなかった。その中でも，少年団日本連盟の理事長だった二荒芳徳は，次の文章を機関誌『少年団研究』に掲載している[16]。

されば、天皇は、皇祖皇宗の御遺訓を守らせられて、この「天つ神、国を授くるの徳」に応《こた》へさせられんとして、御精進遊ばされ、億兆の国民はひたすら各自の真心を磨いて、天皇に忠ならんことに精進するところに国に対する忠も完成され、同時に我々の共同始祖たる皇祖皇宗の御遺訓にも副ひ奉ることが出来るのである。

これを他国の「忠」に比べれば、彼等のは「忠」の対象が君主一個人であるか、若くは現実の国家自体であり、又現時代に於ける国民と国家との関係に留まるのであるが、日本の「忠」はその内容が現代の、天皇を通じて、我々の共同始祖たる、皇祖皇宗の御遺訓、即ち我が全日本民族の理想信念そのものである。この理想信念については御歴代の、天皇何れも同じ御心を以て御信奉になり、国民と共に御忠誠を励ませられるのであつて、西洋流の「忠」を平面的、対人的と言ふならば、日本のは立体的、対信念的であると申し得られやう。

これ日本の「忠」の義が全く、他国家と異る所以であつて、即ち国体の異る処、国家個性の大に異る所以である。

日本の天皇と国民あるいは国家との関係を論じるときに，西洋の君主制と比較して議論している。西洋の君主制が今の国王に着目しているのに対し，日本の天皇制は長い歴史を有しているのであり，これを根拠に天皇を中心とする国家，国体のあり方を説明している。

陸の少年団を含めた少年団日本連盟としての議論では，天皇や国体について機関誌『少年団研究』に掲載されることはあったが，特に海洋少年団の活動記録において，国体に関する記述が見られない。そのため，海洋少年団における実際的な指導を検討することは困難である。

「海洋見習健児」として求められた技術や知識を，英国のそれと比較しようと考えたが，参考となる資料を入手できなかった。田中治彦によると，初期の英国のボーイスカウトにおける「初級スカウト」に求められた知識や技術は，以下の通りであった[17]。

1. スカウトのおきてとサイン、敬礼を知ること。
2. ユニオンジャック（英国国旗）の構図とその正しい揚げ方を知ること。
3. 次の縄結びができること。本結び、ひとえつぎ、巻結び、もやい結び、てぐす継ぎ、ちぢめ結び。

ボーイスカウトとして活動するための基礎的な知識であり，いずれも，日本の海洋少年団と共通していると言えよう。

(3) 海洋二級健児・海洋一級健児・海洋青年健児の考査内容

海洋二級健児，海洋一級健児，海洋青年健児の考査内容についても触れておきたい。具体的な項目はこの項の最後に資料として掲載している。

海洋二級健児や海洋一級健児には，実際に海上で活動するために必要な海や船に関する知識を要求している。救急法や手旗，野外料理，野営法などという陸の少年団に共通する事項も含まれている。海洋少年団員には海でも陸でも活動できるように訓練することを求めていたのである。海洋一級健児や海洋青年健児には，上級生として下級生を指導すると共に，自己研鑽のための目標が考査内容に表れている。

原道太は，見習健児から一級健児までと，青年健児における海洋少年団の活動の意義を，次のように明確に区別している[18]。

> 少年団教育は誰がゞ学校教育の補足、延長といつた、我海洋少年健児の教育は、多くの場合に於ては、遊戯に等しき娯楽であるが、青年健児級の教育は、寧ろ自己啓発の創見より出でたる心身の鍛練である、随て現今の学校教育の教室内や、校庭内では一寸得られぬ我国の現状に即したる或る物を包んで居る。

海洋少年団の活動は，少年にとっては「遊戯」の要素を取り入れているが，青年にとっては「自己啓発」，「心身の鍛練」であるという。

海洋少年団員にとって，自らの知識と技術向上の基準である海洋少年団の進級考査細目を1つでも多く修得していくことが，この活動に参加する目的の大きな部分を占めていた。進級制度は「健児に愉悦と自尊心を与え，其向上心を刺激させる」ことができると原は述べる[19]。

これら進級のための考査細目に共通して，船の運航方法と漁業に関する項目にかなりの量を割いていた。実際には設備の面などから，考査細目に掲げられた内容を修得しようと思えば，どうしても海軍や商船学校などの力を借りて，設備を利用せざるを得なかった。少年団日本連盟は独自の練習船を所有していたが，運行には多額の経費が必要であったため，日本各地の海洋少年団の全てが練習船の恩恵を受けていたとは考えにくい。

以上のような海洋少年団員が身につけることを期待されていた知識や技能

について，少年団日本連盟で原道太を補佐する立場にあった花田忠市郎は，次のように述べている[20]。

> 海洋少年団とは必ずしも海に於て汽船、帆船を運用して海の訓練のみを受けるものではない。若し海に対する之等の専門の技能、学修を得んと欲すれば最もよき設備と教材と学者、教育家を集めた海軍諸学校、商船学校、水産講習所等がある。（中略）海洋少年団の訓練対象として又は教材として、海軍に関する知識商《ママ》船に対する興味、又は殖民、開拓、海洋学、水産、灯台等に関する知識を与へる事は無論大に必要である。然し之等を教育する為めの教育でなく、少年を教育する為の教育である。

海洋少年団において海軍，商船，殖民，開拓，海洋学，水産，灯台などについて学ぶことは重要であるが，それが海洋少年団の本来的な目的ではない。これらに関する学びを通して，「少年を教育する」ための教育である。海に関する知識や技能を専門的に学びたいのであれば，それに相応する学校などがあるというのが，花田の考え方である。

では，「少年を教育する」目的は何であろうか。本節第４項で述べるように，少年たちの「自発性」や「個性」を伸ばすための手段であると考えることもできる。ただ，海洋少年団が軍人や船乗りを養成することではないと主張しても，第４章第２節第２項で述べる通り，海洋少年団における活動を経験した後に，職業として海軍軍人を選ぶ団員がいた一方で，海外移民や養殖などの職業に就く団員もいた。

花田がこの文章を発表する前月，原道太も海洋少年団の活動について次のように述べている[21]。

> （海洋少年団―引用者）運動の内容は、多くは自然物を応用し、産業的であり、精神的である、海洋少年の海上作業は、短艇の揚卸は一種の縄引であり、橈漕、櫓漕は運動者自体の筋骨は勿論、天象、地象の変化に対しては、寸刻の油断も許さぬ、時に或は生死を以て戦ふ所、精神的、真剣味の養成である、短舟の運用でも棹舟の操縦でも、人間の実際生活に、至大の関係がある、「バット」や「ボール」の投げ合ひとは、聊か撰を異にして

居る。

（中略）

我国の海防問題は、専門軍人の専売品ではない、一たび国民国防の真諦に触れた以上、海国民たるもの、今日重要無比の国防は専門軍人のみに依頼するのあまりに危険なるに、寒心するであらう。

将来海洋少年が主として抵るべき、遠洋漁業の進歩、漁撈術の発達、遠洋漁船の建造、是等は皆補助艦船の一部の完成であり、海洋発展上に欠くべからざる一大要件である。

海洋少年団の活動は，海洋に関する知識や技術の獲得だけが活動の目的ではなく，その先に「人間の実際生活」に活かすことができるという。続けて原は海洋少年団員の進路について，「専門軍人」だけでなく漁業や造船といった職業を示し，これらの職に就いて「海防」の役割を果たすことを期待すると述べている。

以上で取りあげた進級制度は，各地の海洋少年団の活動内容とその実績を表す指標という機能も果たしていた。進級するために必要な知識や技術の修得は活動を通して学ぶことが多いため，ある海洋少年団における見習から一級，そして青年までの各段階の海洋少年団員の人数とその全体の割合を他の海洋少年団と比較することで，その団の活動の活発さを示し，比較することができるのである。

（資料：海洋二級健児，海洋一級健児，海洋青年健児の考査細目）

海洋二級健児

見習健児が左の考査に合格したるもの。合格者には海洋二級健児の佩用を許す。

一、見習として二ヶ月以上の勤務を為すこと。

二、百米突以上を漕ぎ且つ泳ぎ得ること。

三、羅針盤の種類と使用法、海図の見方を知ること。

四、帆縫針、縫刀の使用法を知り、帆布、被服の小破損を修理し得ること。

五、浜海、原野等にて釜又は飯盒炊事をなし、味噌汁及び簡単なる副食

写真2－1　カッター訓練

　物を作り得ること。

六、野営の経験を有すること。

七、の《ママ》救急法の五種を知ること。左《ママ》

　溺者、卒倒、創傷、打撲傷、咬傷、螫傷、凍傷、鼻血、目ノ塵、腹痛、中毒、止血、包帯、患者運搬

八、軍艦、商船の種類其用途。

九、手旗信号。

一〇、舷灯、曳船信号等舶用燈火の概要。

一一、灯台の種類と燈火の性質種類の大略。

一二、橈、櫓、爪竿の取扱と操法。

一三、救命浮標、救命袋、救命網の投方。

一四、貯金一円以上を有すること。

海洋一級健児

海洋二級健児にして次の考査に合格したる者、合格者には海洋一級健児

写真２-２　義勇和爾丸で原道太の話を聞く海洋少年団員

章の佩用を許す。

一、二級健児として一ヶ年以上の勤務を為すこと。

二、潮流、大潮、小潮、潮候時。

三、航路標識大衝突予防の要。

四、浜海又は野営生活法、五回以上の経験あること。

五、剣道、柔道、相撲、又は野球、蹴球等の二つ以上を為し得ること。

六、二〇〇米突以上泳ぎ得ること。

〔抜　手〕　一〇米　　　〔クロール〕　同　上

〔背　泳〕　同　上

「シヤツ」「ズボン」並に足袋着用の侭二〇米泳ぎ得ること。

立泳をすること。

七、左の救急、救難措置を知ること。

仮死溺者、船内火災、陸上火災、地震、洪水、難破船、瓦斯電気漏洩、人工呼吸。

八、「モールス」信号、音響及発火信号、万国旗旒信号の大要及旗旒の

写真２－３　義勇和爾丸で団杖を使って訓練する海洋少年団員

掲揚法。

九、測鉛法の実業、水深底質、略測法。

一〇、海図、地図の見方。

一一、方位交叉法にて船位又は島岐、岬浅瀬等の位置を知ること。

一二、食料品栄養価値の大要と野菜料理三種以上、鳥獣魚貝各一種以上の料理を為し得ること。

一三、長サ《ママ》、重さ、深さ、又は其面積、体積の推測を為し、四割以上の誤差を生ぜざること。

一四、木工、金工、鍛冶工、彫刻、絵画、写真より自己創作一種を発表すること。

一五、海草類五種、魚類（淡水、鹹水共）十五種以上を観察し其中各二種以上の標本を作ること。

緑　色　藻—はなあをさ、しびみどろ。

褐　色　藻—りしりこんぶ、ところこんぶ、わかめ、すじめ、ほんだわら。

紅　色　藻—てんぐさ、ふのり、ふくろふのり、むかでのり、やはずつのまた、ぎんなんさう、だるす、はりめにあ、そゞ、いぎすこざねも、すぎのり、こめのり、こしけのり、あかば、しゞめにあ、ひらさいみ。

魚　　　類—海水、たひ、しまだい、いな、はぜ、あかべら、こち、ぼら、あんこう、すゞき、あひご、おこぜ、ぜんめ、いしもち、つなし、ほうぼう、あぢ、くろだひ、きす、しんまき、ふぐ、まふぐ、はこふぐ、ぎま、あいなめ、わが、はも、めじろ、えそ、あなご、ぎんほ、さより、みつぼ、かながしら、とびうを、からすめじろ、たろまめじろ、さめ、のこぎりさめ、きんちやくざめ、ねこざめ、だつ、もかれひ、いしがれひ、こうそがれひ、じんべいかれひ、ようじうを、たつのおとしご、いなのこ、淡水、うなぎ、うなぎ稚児、こひ、ひごひ、なまず、ふな。

一六、五ツ以上の星座、北極星の所在、其発見法を知ること。

一七、魚貝類の養殖その目的の大要。

養殖し得るもの左に付知ること。

（イ）淡　水—鯉、鼈、鰻、鮭鱒等。

（ロ）鹹　水—鰡、牡蠣、蟶、真珠貝、鰕、海鼠、漁《ママ》苔。

一八、短艇、帆式の種類、帆各部の名称。

海洋青年健児

年齢十九歳以上にして左の考査に合格したるもの。合格者には海洋青年健児章の佩用を許す。

一、班長、次長、旗手、鼓長、其他一級健児以上の資格を有する者なること。

二、高等専門学校以上の修学者及其同等程度の素養ある者にして、特に海洋一級健児程度の知識を有する者。

三、水　　　泳

（一）三〇〇米以上泳し得ること。

（二）抜　手　　二〇米。

（三）シヤツ、ズボン、足袋着用の儘　二〇米。

（四）立　泳　　三〇秒間。

（五）水面下二米の潜水をなし、水中にて十听以上の重量物を持上がること。

（六）曳泳一〇米以上を為し得ること。（自分と略《マ》同大《マ》の重量（水中にて）曳泳）

四、滑車の名称と使用法を知ること。

五、橈艇の指揮、達着、離脱及揚卸を為し得ること。

六、短艇の展帆、絞帆、縮帆、踟躕法、陸岸艦船達着、出帆法を知ること。

七、曳船、被曳船の方法、注意を知ること。

八、暴風警報、天気予報の信号を判読し且つ之に対す処置を知ること。

九、航路規則の大要と航海日誌記載項目の記号を知ること。

一〇、十以上の星座名称、其所在、太陽系の構成を知ること。

一一、班又は隊の陸上教練の大要、協同訓練及其《マ》其《マ》管理法を知ること。

一二、簡易航海術を知ること。

一三、漁具、漁網の大要を知ること。

一四、荷物積載法の大要。

一五、潮汐、潮候時、大潮升、小潮升を知ること。

一六、投錨、抜錨法、各部の名称、使用法を知ること。

一七、船体構造の大要と、浮泛力《スダビリチー》と傾斜に就て知ること。

一《マ》九《マ》、魚類の食餌「プ《マ》ラントン《マ》」に就き知ること。

二〇、漁撈と水産に就き知ること。

二一、蒸《マ》汽汽《マ》罐並に内火式機関の構造取扱大意。

二二、汽走燃料の種類潤滑油に就き知ること。

二三、木工業用として鋸、鉋、鑿の使用法、簡単なる木工業を為し得ること。

3. 技能章制度

進級制度と並んで子どもたちの知識欲を刺激する制度が，技能章制度である。原によると「元来少年自体は，学校や家庭の必修課程以外に，其の個性に応じ，各種の技術に趣味を感じ，自己の知識欲を満足する為め，又は遊戯本能を満たす為め，或は消閑の為め，自ら進んで実演を企つる」として，子どもたちが獲得すべき知識と技能に一定の基準を設けて，それを満たせば技能章を授与する制度であった[22]。この制度における各種の技能章は陸の少年団と共通しており，海洋少年団の活動内容が整備されつつあった 1927（昭和 2）年の段階で，少年団日本連盟は 65 種類を制定していた[23]。

海に関する技能章としては，水泳章，操艇章，漕橈章，結索章，信号章，救急章，漁撈章，沿岸視察章，天文章，水先案内章，造船章，電気章，測候章，無電章，養漁章があり，他にも剣道章，柔道章，相撲章，音楽章，衛生章などがあった。このように技能章は多種多様であり，もちろん，1 人の大人が指導できる範囲を超えていた。現在のボーイスカウトでも，技能章の講習会にはボーイスカウト関係者ではない，その道の専門家が指導に当たることがある。

進級制度や技能章制度によって，子どもたちは知識や技能を修得する度に制服に記章をつけて自らの訓練レベルを目に見える形で表すことができたのである。例えば，「水泳章」を得るには，次のような到達点を示していた[24]。

一、平泳にて二〇〇米、背泳にて五〇米を泳ぎ得ること。
二、着服のまヽ（少《マ》くも《マ》シヤツ、ズボン、靴下着用）五〇米を泳ぎ得ること。
　又水中にて脱衣又は靴下を除去し得ること。
三、素潜にて三米以上の深さより物を拾ひ得ること。
四、平体、横体又は立体泳法中の一種につき説明し得ること。
五、初心者又は溺者に対する処置を処ること。
六、溺死者発見の際之に対する処置を知ること。

このような水泳章の技術を習得するにあたっては，指導者，練習場所，練習員の健康について注意する必要があると述べている。特に指導者に対しては，次のような注意があった[25]。

> 新しい教育法を応用して何んでも自啓自発主義自由放任でやらなければならぬ様に考へ、無規律無責任な遣り放し主義（一文字分空白—引用者）指導法を実施したら練習効果の上からも保健上からも殊に危険防止上からも大失敗に終わることは請け合ひです。どうしても水泳練習は規律統制ある厳格なる指導法が必要です。

「新しい教育法」の考え方に基づいて，「何んでも自啓自発主義自由放任でや」る少年団の風潮に対し，水泳では事故によって命を失うことも考えられることから，「規律統制ある厳格なる指導法」を求めている。水泳に限らず，水上や海上で行う海洋少年団の活動では，常に命の危険と隣り合わせであることから，規律統制のある厳格な指導が必要だったであろう。

4. 海洋少年団員の「自発性」や「個性」を尊重する原道太の考え

海洋少年団の活動において，指導者は子どもたちにどのような態度で指導に当たっていたのだろうか。第３項で見た「自啓自発主義」は，海洋少年団においてどのように捉えられていたのであろうか。本項では，全国の海洋少年団を束ねる立場にあった原道太による言説について，1920 年代に着目して検討したい。

彼は東京海洋少年団を立ち上げた翌年の 1925（大正 14）年から，少年団全体の教育方針について，「個性」という言葉を用いて論じている。例えば，「『スカウト』教育の真諦は，力を最も個性の教育に置《マ》きある《マ》」との記述である[26]。ここで原が念頭においているのは，学校教育における画一的な教育である。少年団では，「特に画一教育の陥り易き大害を救ふに，個性教育を極度に尊重し」ているという[27]。原は「少年団の教育は，画一教育を忌み，啓発教育自由教育個性教育を重んじている」とも述べ，海洋少年団という組織集団における活動を基本としつつも，全くの画一的な教育ではなく，子どもたちの自由な考えや，子どもたちの個性を尊重する教育を展開するべきであるとする[28]。この文脈でいう「個性」とは，子どもは一人ひとり興味や関心が異なっていることを尊重する考え方であろう。子どもをひとくくりにして画一的な教育を行うのではなく，子どもを個別に捉え，それぞれの興味関心に沿った教育を行うことを目指していたと読みとることができる。その例が，既に検討した技能章制度である。

1927（昭和2）年，原は「海洋健児訓練上の要義」を記した[29]。ここで原は海洋少年団の活動，そして海洋少年団員としての子どもに期待することを以下のように述べている。

一、海洋健児の訓練を受けんとする少年は、健康なる身体、確固たる精神、従順なる性質、並に快活にして敏捷なる態度の持ち主となることに努め、常に自己本位の念を去つて協同一致、世の為に尽すの念を高潮するにある。

一、海洋健児訓練の眼目は、海を解し、船を家とし、水に親しみ、簡易なる海上作業知識を修め、海国公民の素地を創造するにある。従つて練習船の訓練と、海員の養成そのものとは、実質に於て異なるも、其作業中には往々初歩の海員訓練の如きものを包んで居るのは当然である。

一、海洋健児の練習、訓練を行ふには、団を班制度とし、自啓、自発を以て、班員の創造力と自励心を喚起し、克己、自制に依り、精力の蘊蓄と、気節ある節度を重んずるは練磨上必須の要件である。

一、適切にして巧妙なる指導と、団員の自体自啓自発と敏捷と胆力とは訓練の効果を収むる唯一の素因である、指導者と団員とが互に相信頼するの念、主として是より生ずる。

第1点目において，原は「自己本位の念を去つて協同一致，世の為に尽す」と述べているが，これは異年齢少人数集団である「班」を最少単位とする（海洋）少年団が，上位組織である「隊」，そして「団」に所属し，究極的には社会の一組織であることを念頭においている文章であり，海洋少年団員がめいめいに勝手な動きをするべきではないとの趣旨であろう。

第2点目において，海洋少年団では「海国公民」を育てるのであって，海軍軍人や商船，漁船の乗組員などを指すと思われる「海員」の養成とは違うこと，そうであるとはいえ，海洋少年団が初歩の海員の養成方法を取り入れることを述べている。

以上を確認して，第３点目や第４点目において「自啓」や「自発」という言葉を用いている。組織としての集団行動を決定する際，指導者は海洋少年団員を「信頼」し，「班」を単位として「創造力と自励心」を尊重する活動を支援し，指導することを期待していたのである。海洋少年団員の「自発性」や「個性」を尊重しようとする考え方である。

以上のように原が主張する教育活動方針について，次のような記述がある。これは 1929（昭和 4）年，海軍兵学校を会場として行われた海洋少年団の指導者養成において，兵学校校長の永野修身の発言を受けての文章である[30)]。

> 兵学校出発の前夜、永野校長より色々と兵学校生徒教育に付斬新にして有益なるお話があつた、就中、米国海軍兵学校生徒教育の調査委員の教育報告が「米兵学校は凡て質問に依る自発教育である云々」の点を批評し話された。大分少年団教育法と発を一つにして居る所がある。

組織における教育活動の中で，受講する立場にある者を中心におこうとする米国の兵学校の考え方は，日本の少年団にも同じような発想であるとの指摘である。

それでは，「自発性」や「個性」を重視する原の考え方の先には，何があるのだろうか。原は次のように述べている[31)]。

> 海洋健児教育は、教育を社会化し、生活化し、現代社会の綱紀や、国家の制度と、密接して、是れを能く同化し、少年や、学生の間から、既に国民として、又は少年団員として、連帯生活を営む以上、社会生活の実際を離れず、又現実の道徳規範を守らねばならぬ、従て此規範は、生活上、主として、経済上にも、衛生上にも、重要の問題として、取扱はれ、又国防の問題や、外交の問題としても、顕はるゝのである、即ち海洋健児の教育が、国内的には地方自治体の一員として、能く、自治の精神を発揚し、国外的には、国際道義を重んずる、国際的国民として、社会生活に、能く、消化し行くが如くに努力ぜ《ママ》ねばならぬ。

原が目指していたのは，子どもたちが将来，「地方自治体の一員として」，

「自治の精神を発揚」すること，そして「国際道義」を重視することであった。そのために，学校が中心だった教育活動を，少年団のように社会において行うこと，日常生活において行うことを先ず述べている。その中で，国民としての「実際」的な問題から離れずに，「道徳規範」を守って生活することを学ぶというのである。

続いて，次節以降では，以上で検討した原の考え方を具体的に実践した事例を検討する。

第2節　都市における海洋少年団の活動

本節では，東京海洋少年団の具体的な活動例を通して，都市型海洋少年団の活動について考察する。まず，東京海洋少年団が結成後初めての夏をどのような活動をして過ごしたのか検討し，次に活動例として東京高等商船学校や丸ノ内青年訓練所との合同訓練，定期航路での海洋少年団員による客船勤務を取り上げる。

1. 東京海洋少年団の活動

少年団の実態を知るためには，その団の活動の様子を見るのが近道である。東京海洋少年団は1924（大正13）年末に設立され，翌年の2月には早くも第2回入団のための宣伝をしており，3月には初めての陸上キャンプを行っている。ここでは東京海洋少年団が迎える最初の夏であった1925（大正14）年8月から9月に着目し，その活動を概観する[32]。

7月29日～8月12日	小山武団長ら，団員26名を引率し軍艦高崎に便乗，舞鶴から福岡，そして横須賀に航海。
7月31日～8月13日	原道太副団長らと団員21名，富士山麓山中湖畔で野営生活。
8月8日～	足立脩蔵副団長，後藤新平総長と関西地方（舞鶴，宮津，京都，垂水，神戸）へ旅行。

8月12日～15日	原副団長，神奈川県少年団講習会に講師として出張。
8月13日～16日	嘉悦一郎，青森県少年団講習会に講師として出張。
8月13日～23日	団員の木村俊徳が静岡や京都の少年団員と共に後藤新平総長や二荒芳徳理事長に随行し，関西・四国地方へ旅行。
8月19日～28日	小山団長，後藤総長に随行して関西，中国，九州地方旅行。
8月31日	日比谷公園音楽堂で団主催，国民新聞社後援の納涼「映画の夕べ」開催。入場者約11,000人。
9月6日	定期訓練日。ボート訓練，遊戯，唱歌合唱。
9月14日	水交社で班長会議開催。第一期の訓練報告，夏の訓練報告，団長，副団長の訓話，班長の希望，班の編制について会議。出席者は小山団長や原副団長ら指導者8名，団員13名。
9月20日	定期集会日。団長の訓語，ボート練習，合唱，ロープ渡り。
9月23日～26日	久邇宮の御殿場滞在中，団長と団員3名が奉仕。
9月25日	年長団員の特別訓練。ボート練習，海国の話，航海の話。
9月26日	年長団員の特別練習。カッターに乗って沖に出る。

第1に挙げた軍艦高崎への便乗は，半月にわたる旅行の一部であった[33]。7月29日に東京駅を出て，翌日は名古屋を経由して伊勢神宮に至り，31日には京都や綾部を経由して舞鶴に到着した。8月1日は天橋立を見物し，2日に舞鶴から高崎に便乗した。4日には福岡の西戸崎に到着し，5日は香椎宮や筥崎宮，6日は太宰府天満宮に行った。7日に西戸崎に移動し，野営をしている。8日はボート練習などをした後，高崎に便乗し，9日に出航して

いる。12日に横須賀に到着し，東京駅で解散した。

高崎に便乗している間は，以下の日課を設定していた。

a．居室整備終て艦内見学、艦内に於ける心得、被服洗濯、体操、団歌
b．航海術、機関室実地見学、講話、体操、結索、手旗、救急法、団歌
c．発動機艇見学、結索、体操、手旗、救急法、団歌

8月2日から4日，9日から12日の便乗中，aからcの作業におよそ1日ずつ，取り組んでいたのであろう。また，この時点では海洋少年団の制服が定まっていなかったためか，「艦内の服装は学校服を着用の事」との文言が備考に記されていた。

初年度の東京海洋少年団の団員数が50名程度であったことから，そのほとんどが，7月下旬から8月上旬にかけて，小山団長に引率された軍艦便乗，もしくは原副団長に引率された山中湖畔でのキャンプに参加したと考えられる。子どもたちはこのほかにも各自で，または班単位でモールス信号やロープ結びなどの訓練を積んでいたのであろう。その発表の場あるいは東京海洋少年団としての訓練の場が，9月6日の「定期訓練日」や9月20日の「定期集会日」，9月25日の「年長団員の特別訓練」，9月26日の「年長団員の特別練習」であった。ボートやカッター訓練，海にまつわる講話が海洋少年団らしさを示していよう。特に「年長団員の」と記されている「特別訓練」や「特別練習」は，青年海洋健児が参加したものと考えられる。

9月14日の「班長会議」とは，班長が班や班員の活動状況を報告するとともに，複数の班が集まって組織される「隊」の活動方針を協議する場である。班長には班員の中でも年長児が就くことが慣例であった。

指導者は各地での講演会に出かけていた。原，足立，花田，嘉悦は少年団日本連盟でも審議委員や研究員など何らかの役割を持っており，そのために東京海洋少年団としてではなく，連盟として講習会に出席することもあった。少年団日本連盟の後藤新平総長は連盟の宣伝や後援，少年団の視察のために全国を回っており，それに東京海洋少年団をはじめ各地の少年団から指導者や子どもたちが随行していた。実際に随行した子どもの数は僅かだったが，彼らが総長と回ることで各地の子どもや指導者と交流したのであろう。

東京海洋少年団には，10 歳以下の「海洋幼年隊」があり，1926（大正 15）年の夏にキャンプを実施した。上の 1925（大正 14）年には特に記載がないため，この時点ではまだ結成していなかったと考えられる。海洋幼年隊のキャンプは，以下の通りであった[34]。

本団幼年隊二個班は東京築地水交社内海洋少年団訓練所に於て実施す、本季は主として水泳、端艇作業を実地練習の目的を以て八月一日より八月七日までの七日間のキャンプを行ひ、大に其実量を獲得したり、其の日課表次の如し。

午前五時三十分　起床
同　六時　運動、体操
同　七時　食事
同　八時　国旗上げ方
同　八時　十分　自習、午前八時四十分まで
同　九時　端艇、水泳、午前十一時まで
同十二時　食事、午後二時迄昼寝
午後二時　坐学、同二時半まで
同　二時五十分　水泳術講義、水泳四時半まで
同　五時三十分　手旗、救急法、帆走法
同　六時三十分　国旗下げ方
同　七時三十分　自習、八時まで
同　九時三十分　就床
同　十時　巡検、消灯

海洋幼年隊には，海洋少年団の活動に参加して間もない子どもが多かったと考えられる。海洋少年団の活動に必要な水泳，手旗，救急法，そして端艇の訓練を行うことが目標であり，上のような日課で訓練を行っていたようである。「キャンプ」を行ったというのであるから，宿泊はテントであろう。食事についての記述がないため断言はできないが，朝食と昼食の準備に 1 時間程度かけていることから，自炊だったと思われる。

2. 東京高等商船学校との合同訓練

東京高等商船学校（現東京海洋大学）は，東京海洋少年団の発足当初から，活動や指導者養成訓練に場所や船を提供するなど協力していた。その１つとして，東京高等商船学校関係者が東京海洋少年団の活動に同行して，その報告を同校同窓会誌に掲載した[35]。

東京海洋少年団の設立から１年半がたった1926（大正15）年７月，東京海洋少年団は東京高等商船学校の船を借用して「第１回東京湾一週《ママ》海上キャンピング」を行った。原道太と田村喜一郎が団員16名を引率し，商船学校関係者３名，映画技師，新聞社特派員が随行員として加わり総勢23名の航海となった。

７月23日に航海の予行演習を行い，翌24日夜から29日昼にかけて東京湾を一周した。商船学校のある東京の越中島から横浜へ向かい，海岸に沿って三浦半島の剱崎まで南下した後，浦賀水道を横断して千葉県側に渡り，目的地である館山の水産講習所を目指して南下し，中１日を水産講習所付近で過ごした。帰りはその同じ航路を逆行した[36]。

同行した商船学校の記者「越城生」は海洋少年団についての簡単な紹介を記している。設立後１年半しか経っていないため商船学校関係者も海洋少年団についてあまり知らなかったであろうことが，少年団が英国に始まったという歴史や「宣誓」の紹介などを記載していることから推測できる。「大部分が所謂良家の子弟」で構成された東京海洋少年団の少年たちが，東京湾一周航海で館山に寄港した夜のキャンプファイヤーを囲んでいる姿を，「此篝火を焚くと云ふ事は，少年団の附物で，火を中心に各自がぐるり陣取つて話をしたり，歌を歌つたり，踊を踊つたりするので，早い話がジプシーライフの中に出て来さうな事をやつて居る」と報告した上で，次のように述べている[37]。

> 少年団の内容を深く知らない部外者の越城生などには、少年団は技能章や、メダルや、赤いターバンを見せびらかす見せ物のように映る。が然し、団員の一人に言はすると、少年団は国家主義と、国際主義とを縦横にした一大倫理運動であり、少年期に特有な教育受能性を捉へた人間教育で

ある、と肩を聳やかして得意げに答へるのが常だ。

制服を着用して，いくつかのバッジをつけている姿は，海洋少年団を知らない立場から，「金持ち坊ちゃんの暇潰し」と映ったとも述べている。それに対して，「団員」は「国家主義」や「国際主義」という言葉によって少年団を説明している。少年団員は国家のために尽くすと同時に，国際関係にも関心を払っているとの主張である。

1928（昭和 3）年 7 月 21 日から 26 日にかけて，少年団日本連盟の練習船に東京海洋少年団員と東京高等商船学校の生徒 18 名が乗り込み，東京湾を航海した。航海における商船学校の生徒の様子を，原道太は次のように述べている[38]。

> 日夜奮闘、「風吹かば吹け」、「雨降れば降れ」の仁王立ちの勇気で、天を摩する「マスト」の上、クモの巣の如き索具を操り、普通「マドロス」船員の二陪《ママ》三陪《ママ》の能率と正しき規律とを以て、帆走、諸作業、操縦、運用を修得し、少年健児を教へ導き、和気藹々、一人の怪我、病気等もなく、六日間の海の「コース」を、極めて鮮やかに、やつてのけられ奥田君以下諸君の力を多謝せす《ママ》に居られぬ。

原は練習船忍路丸に初めて乗り込む「奥田君」ら商船学校の生徒の学習と，海洋少年団員への指導を評価している。この時の様子を商船学校の生徒だった花田正三郎は，次のように伝えている[39]。

> 碇泊中も面白かつた、涼風吹く夕、碇泊灯を点じ甲板上の歌舞、甲板の響き、浪の囁き、時折はお月様の笑顔、或は浪高き中を、「ギグ」に乗つて合唱し帰船する時の気持、大地を釣り上げる位の糸で、一二寸の魚を釣り上げたり、四五分の差を物ともせぬ時鐘等面白き極である。

訓練の厳しさを経験するだけではなく，むしろ船での生活をいかに楽しむかを，商船学校の生徒が求めていた様子がうかがえる。このような生徒の様子を，海洋少年団員は間近で見ていたのであろう。

3. 丸ノ内青年訓練所との合同訓練

1927（昭和2）年7月17日と11月27日，東京海洋少年団は丸ノ内青年訓練所の所員を東京湾で訓練することになった。丸ノ内青年訓練所は文部省，逓信省，復興局などの中央官庁や三菱などの企業に勤めている青年を指導訓練する場であり，文部省の菅原亀五郎や大蔵省の臼井初之助がその指導に当たっていた。

7月17日，訓練参加の青年37名が築地の水交社に集まり，原道太から海上訓練や短艇（ボート，カッター）に関する講義を受けた後，実際に品川区台場付近の隅田川河口で短艇を走らせた。この日は東京海洋少年団員と一緒の海上訓練であった。海洋少年団員の方が経験豊富なだけに短艇の操縦は上手であったが，青年訓練所員も力があり操縦法をすぐに習得していった。こうして，少年と青年が互いに助け合いながら短艇を走らせていた。少年たちは「全くのお兄さん達に接する態度で」青年と力を合わせて操縦し，上陸後は青年が用意したお菓子を少年たちと共に食べるなどして，「心からの交歓」を行ったという[40]。

11月27日の訓練は青年訓練所指導者である臼井や菅原の特別の希望により，東京海洋少年団の訓練日ではない日を選んで，青年訓練所員のみを対象として行った。前回と同じく，隅田川流域で短艇の実習をしたのである。

1928（昭和3）年8月，青年訓練所の生徒である復興局，大蔵省，宮内省，文部省，逓信省，内務省の青年と訓練所職員の総勢47名が，東京海洋少年団の原道太団長や隊長，班長クラスの指導者2名ずつと共に2艘の「ピンネース」に分乗して東京湾を巡航した。東京海洋少年団から参加した指導者は海上訓練が豊富で，なおかつ訓練所員に模範的となりうる人物が選ばれたという。この航海で使用した短艇「ピンネース」は東京高等商船学校が所有しており，必要な設備を含めて一切を青年訓練所が商船学校から借りることとした。この東京湾の巡航は日帰りではなく25日に出発式が行われた後に東京湾の台場に移動し，翌26日の早朝に出発して28日までの予定で実施した。

26日から27日の夜まで2艘の船は順調に航行を続けたが，27日の夜10時半に2艘が次の合流点を確認して出発したのを最後にして，強風と深い霧に阻まれてお互いに連絡がとれなくなった。原が便乗していた船は翌28日の早朝4時過ぎに所在地を確認したが，原はもう1艘がどこにあるのか，その所在がつかめなかった。連絡が取れなくなった船には東京海洋少年団発足当初から団員として活動し，原が信頼を寄せていた堀元美が便乗して指揮を執っていたが，原は万が一のことを考えて横浜水上警察署長に捜索を依頼した。そこから横須賀浦賀水上警察や横須賀鎮守府にも連絡が入り，東京水上警察と横浜水上警察が合同捜索を開始し，横須賀海軍航空隊も捜索飛行をするなど大がかりな捜索が始まった。少年団日本連盟も捜索本部を設置した。このことは東京，名古屋，大阪，福岡の新聞やラジオでも「遭難」事件として報じた。この報道に対する反響は大きく，各地の少年団関係者からの電報が相次いで少年団日本連盟に届いた。

その頃，堀は霧の中で海図と外を見比べたが所在地を確かめることができずにいた。28日の10時頃になって漸く船のある位置を確認し，すぐに水上署のモーターボートと出合い，堀の船の乗員は事の一切を知らされた。その後東京湾に帰還し，商船学校のドックに入って東京湾巡航隊は解散した[41]。

このように，東京海洋少年団は中央官庁に勤務する青年職員に対する海の訓練指導を引き受けていた。原と共に青年訓練所員を指導したのは堀元美，北川勇，野田忠雄，白杉正信の4名であった。堀や野田は東京海洋少年団が発団した時に中学生として入団して活動に参加していたが，この「遭難」事件の時には，隊長として，いくつかの班を率いるまでになっていた。

普段は役所や会社で働く青年たちが海洋少年団に指導されて短艇を操縦した背景として，青年たちの身体的鍛錬と，海に関する知識の普及が目標として考えられていたようである。両大戦の間にあって，毎年人口が急増していく中で食糧問題，移民問題，物資問題など，解決しなければならない課題が山積していた。これらの解決には日本国内だけを見るのではなく，広く海を越える必要があり，そのためにも海に関する知識を普及させることが必要だったと原は述べている[42]。

この後も，丸ノ内青年訓練所は毎年3，4回のペースで原道太ら東京海洋少年団関係者から指導を受けて，海上で訓練を行っていたようである[43]。

4. 客船での労働体験

続いて，東京海洋少年団の団員が東京湾汽船会社所有の定期航海汽船菊丸に乗り込み，船員と同じ業務を経験したことを取りあげる。これは海洋少年団の実際的な海上訓練として，海洋少年団員の「自発的願望」により行われたものであったという。

1929（昭和 4）年 12 月 25 日から 1930（昭和 5）年 1 月 5 日の冬休みの間，東京海洋少年団の堀元美，野田忠雄の 2 名の隊長が，団員の中でも班長・次長クラスの 6 名を引率して菊丸に乗り込んだ。少年団の練習船ではなく，業務目的で航海している菊丸で普通船員と同じ業務配置につき，その航海を実習したのである。この実際的な訓練の目的は「航用商船の乗客の上下と，積載荷物の積卸と，其積荷法等に付如何なる点に，苦心と注意とを払ひ居るかを知り，団員自らの実習と体験」することと，「乗船客としての心得と苦心とを知り，次代の海国公民としての公正なる知識と，判断力とを養成する」ことであった。航海の間，船内における少年団員の生活場所は給仕室の空き部屋をあてがわれ，食事は普通の船員と同様に 1 食当たり 16 銭を納めた。船賃は少年団員が船の航海に奉仕することで免除された。具体的な実習項目は，以下の通りである[44]。

イ、出入港準備、配置、作業、
ロ、公開中見張当番、
ハ、操舵術、按針手見習、
ニ、主要機関油差し、機械取扱見学
ホ、航海当直助手、航海日誌記註法、当直勤務、
ヘ、碇泊当直、揚錨機運転助手、
ト、繋留法、錨地変更法、
チ、甲板洗方、金物手入等

堀は班長や次長クラスの団員からこの航海実習の希望を聞いたとき，「自分は団の責任者として此折角の団員等の希望と決心とは，尤もであるとは思つたが，聊か普通商船員等の風俗習慣等には，我真純なる海洋少年団員等の心理状態に悪影響の生ずるなきやを恐れ，且つ会社としても迷惑さるゝこ

と丶思ひ」，実習の実施をためらった。しかし団員の希望を叶えることもまた，少年団指導者としての役目であると考え，東京湾汽船会社に申し込んだのであった[45]。

客船勤務奉仕についての記事を堀は『少年団研究』に掲載し，全国に広がりつつあった海洋少年団に対してその活動例として紹介した。堀が団員からの実習訓練希望をためらった理由として，実際の営利目的の海上業務に就くことが少年団員の心理状態に悪影響となることを挙げている。海洋少年団は海軍の兵士や水産業者，客船の水夫を直接的に養成することが目的ではなく，ボーイスカウトの方法論を採用し，海をフィールドとして少年たちの心を育むことであると堀が認識していたためであろう。

第3節　漁村における海洋少年団の活動

1. 漁村における海洋少年団の結成

海洋少年団としては比較的早い時期の 1926（大正 15）年 1 月 14 日，崎浜海洋健児団が太平洋を臨む岩手県の漁村に結成された[46]。結成式には少年団日本連盟海洋健児部長原道太も出席した。東北地方では初めての海洋少年団の発足であり，団の役員はその後，岩手県内の海洋少年団の発足に関わりを持つことになる[47]。

崎浜海洋健児団を創設するにあたり，中心になって動いたのが，崎浜出身で日本大学宗教科に学んでいた掛川淳であった。彼は東京で学生生活を送る傍ら，設立されて間もない頃の東京海洋少年団の活動に参加しており[48]，地元崎浜でもこの活動が必要であることを感じていた。僧侶として村に帰った掛川は，村の小学校長の山崎英雄を団長とし，自らは副団長という実質的な団の指導者として，海洋少年団を立ち上げた。その後，1930（昭和 5）年までに団長となっていた[49]。1927（昭和 2）年現在，指導者 4 名，少年 21 名が所属していた。子どもの年齢は 12 歳から 16 歳であった。

地元の漁師は気が荒く，楽天的で放縦な漁村の生活ゆえに，団結力は強いが組織的な訓練に慣れていなかった。このような社会で育つ子どもを対象に，掛川は海洋少年団の方法論を導入した。崎浜海洋健児団は主な指導対象を青年団加入以前の少年に絞った。その理由について団長の山崎は，漁村では青年団も青年訓練所生徒も立派な漁師であり，一年中暇なく働いているため健児団として指導する時間がとれない。それに比べて子どもは年齢的にもまだ手伝いの段階であり，青年に比べて時間に余裕があり，青年に比べて教育の可能性が高いと説明している[50]。

当時，少年団日本連盟は制服と制帽を採用しており，それぞれ1925（大正14）年の値段で4円20銭と2円50銭であった。ロープやナイフ等の備品を購入しようとすると当時としてはかなりの高額となり，地方の団からは揃えることができないとのクレームが少年団の機関誌『少年団研究』に寄せられていた[51]。海洋健児部長の原道太は，海洋少年団も独自の制服を採用するとして『少年団研究』にその絵を載せているが，原は全ての海洋少年団が同じ制服を採用すべきであるとは述べていない[52]。快適に動くことができ，なおかつ海洋少年団としてふさわしければ，多少異なる服でもよいとしたのである。原は資金的に余裕のない漁村の海洋少年団を意識したのか，揃いの制服を着用するという外見よりも，制服によって自らが海洋少年団の一員であることに自覚を持ち，それを誇りとして活動することを重視していた[53]。

このことは，崎浜海洋健児団に見ることができる。崎浜海洋健児団では団服は通常着る服とし，礼服を袴としており，特別に制服を用意させることはなかった。少年団員として持つべき団杖は，特別なものを用意せずに自然の木を用いていた。団としては少年団員に対して，活動費用がかからないように配慮していた。後述する通り，活動に必要な資金を団費として徴収するのではなく，自分たちで調達していたのである。

2. 漁村における海洋少年団の意義

崎浜海洋健児団のような農漁村の少年団運営については，石川県で相川新海洋少年団を率いていた櫻井政二が論じている[54]。都市の少年団が中産階級を中心にして希望者を募り，そこから選抜して組織していたのに対し，農漁村の少年団は多くが少年たちの遊び仲間をそのまま班や隊として組織したものであったため，部落，村，校区毎の希望者をその範囲内に居住していれば全員を加入させる必要があった。農漁村において少年団に入れないことはすなわち，遊び仲間に入ることができないことを意味していた。このような参加形態をとっていたために，都市の少年団では団員から直接団費を徴収できても，農漁村では少年たちによる自助努力で賄う必要があったのである。農漁村出身で中等以上の教育を受けた者の多くは都市に出たままで帰ってくることが少ないため，少年団で子どもたちを指導できる人材も不足していた。多くの加入者に対して，指導者の不足は農漁村における少年団の決定的な問題点であった。学校の教師が協力をしていた地域もあるだろうが，それはむしろ少数であったと櫻井は指摘する。

漁村海洋少年団に参加した子どもたちの将来的な展望として，少年団日本連盟海洋健児部の花田忠市郎は，漁村内の子どもを対象とした少年団がそのまま漁村の自治に応用することを論じている。海洋少年団の連帯意識は強く，その関係は持続するのである。子どもたちが大人になる頃には，少年団の精神を村の自治に受け継いで，理想的な村ができるというのが，花田の論理である[55]。

一班の人員は一心同体である、自発的協同であり自治体である。その班の延長を何年か何十年か後に家に来たし、隊の延長、団の延長を村に及ぼしたる時は其処に完全な自治体が生じ、健児精神、健児道の村が出来得ると信ずるのである。

その一方で原道太は，水産業や国防の観点から，漁村における海洋指導の教育形態を整備することを主張していた。当時の日本の経済発展と国防能力に一番寄与すべき存在であった漁村民が，経済的にも衛生的にも恵まれない状態を克服するための漁村海洋少年団の設立を提唱したのである。その理由として，日本は漁業国であり漁民の技術も高いが，学校教育や青年訓練所でさえ，海防教育や海の科学的経済的教育がなおざりにされているため，英米の漁民に比べて海洋に関する知識が不十分である点を挙げる。原は海に囲まれた国である日本の漁民の海洋知識不足，教育体制が十分に整備されていないことを憂えているのである。原は海洋の知識は海軍軍人や海運業者，水産業者のためだけではなく，漁民にこそ必要であるといい，次のように述べている[56)]。

> 海洋立国、海洋政策、水産立国としての最良の海洋指導の原理は、先づ我沿岸の青少年をして、海洋国民の資質を根幹的に養成することである、是は単に海洋の概念教育ではなくして、青少年自らを海洋人として指導実修することである、是が為には各漁農村には、海洋社会教育を主体とする、海洋少年団を創設、組織することが最大の必要急務である。

漁村の海洋少年団に関心を持つ少年団関係者は異口同音に，子どもたちには学校における知識偏重の教育だけでなく，自然のもたらす苦しさや楽しさを伝えることが必要であり，海洋少年団によってこそ，「不規律で，放縦で，節度も，節制も，十分でない」漁村の状況が克服され，それによって漁村は活気づくとして，漁村では海洋少年団が重要な役割を担っているという[57)]。

> 海国の青少年は海洋作業を体験するにつれ海国青少年としての気性を自然のうちに享受し、その気性の修練が、漁港村の気風を醸し、その気風が漁港村の更正を図る基礎となるのである。
>
> （中略）
>
> 現今の我国の教育体系が各方面に進展し、其実効は期しられつつあるけれども、その大部分は工作した社会にうち立てられた施設や教えることのみを主とする課《マ》定《マ》を持つたものが多くて、自然が醸した困苦と修練を通して青少年を育成しようと言ふ方面の教育施設が困却されがちである。

石川県の漁村で少年団を指導していた櫻井は，漁村の少年たちによる漁業体験の必要性を指摘し，自然の中で活動する海洋少年団の在り方を述べている[58)]。

3. 活動資金の自己調達

1927（昭和 2）年夏，崎浜海洋健児団の掛川淳が手旗信号を用いて，村人の病状悪化を漁のため出港しようとしていた家族に知らせる出来事があった[59)]。

ある日掛川さんが、何艘もの舟に乗つて沖へ出ていく村の人たちを、海岸に立つて見てゐるところへ、一人の小母さんがあはたゞしくかけ込んで来ました。そして沖へ向かつて、家の病人が急に悪くなつたからすぐ引きかへせと、小父さんの名を呼び叫ぶのですが、むろん聞こえません。掛川さんはそれを見て、沖へ出た舟の一隻に、やはり東京の学校へ通つてゐる及川君が乗つてゐることをふと思ひだしました。及川君と掛川君は、東京海洋少年団で、共に手旗信号を習つた仲間です。

掛川君は、さつそく間に合はせの旗をこしらへ、沖の舟へ信号を送りました。これが及川君に見つけられなかつたらそれまでですが天の助けか首尾よく通じ、及川君から本人につたへられたので、大急ぎで漕ぎもどつてきたのでした。

この頃，崎浜は大漁で村の漁師たちは残らず沖に向かっていた。掛川の手旗によって「キウビヨウニンアリハヤクカヘレ」の通信文が伝達され，本人に伝わったことに村人たちは深く感心した。それまで村の人々は海洋健児団は単に遊ぶ少年の団体だと思っていたが，その意義を認め，すぐに村の人々から 20 円の寄付が集まった。漁業団は湾内 1 ヶ所における蛸やなまこ，鮑や魚の漁獲権を無償で譲ったほか，青年団が行っていた缶詰の仕事を手伝うことも認めた。これらはみな，村の人々が海洋少年団を肯定的に理解し，活動資金づくりの一環として譲られたものである。全国的にも，海洋少年団で活動資金調達の手段として漁業権を得たのは初めてであったという[60]。

少年団日本連盟の花田忠市郎は，海洋少年団の形態を，その環境的要因から明確に都市と漁村に分けている。都市の河川や港にある海洋少年団は訓練の資材や資金を調達することが比較的可能であるのに対し，漁村ではそれが見込まれない。そのため，漁村の海洋少年団は活動資金を漁労による勤労報酬などの自助努力で賄わなければならないと論じるのである[61]。

崎浜海洋健児団も寄付や援助を仰ぐことなく，養殖や漁によって資金を調達していた。一方で，団の方から進んで寄付の願いをすることはなかったが，活動を援助したいという申し出は受けていた。崎浜海洋健児団の団長は，次のように述べている[62]。

経済的援助を強要せざると、着実なる発達過程を示し健児の大人と伍して漁場他業振りの一際目立ちて見え、手旗信号の有効なる点より漸く一般にも理解せられ来たり　有志の尽力によりて漁業団より湾内鮪魚漁獲権を無償にて譲渡せられ近く団員の手により鮪曳き漁業を為すべく目下漁具調製中なり。

又湾内の一小区画なれども鮑採、捕権の譲渡並濫獲取締方委嘱等の議もある由確聞するに及び一般の同情に感謝すると共に責務の益々重大を加ふるに想到し顧みて忸怩たるものあり。

崎浜海洋健児団の計画的な資金調達について，原道太が『少年団研究』上に紹介している[63]。その昭和5年度経営事業計画によると，当該年度は牡蠣を試験養殖し，収支概算予定が収入270円，支出137円50銭で純益132円50銭である。1930（昭和5）年現在，崎浜海洋健児団には44名の少年団員が所属していたので[64]，単純に計算しても1人あたり約3円の活動費を得ることになる。この事業には地元から全面的な支援を得ていた。養殖費用の一部50円を漁業団から3年無利子で借用し，さらに養殖場所も漁業組合から無条件で借用していたのである。事業計画は概要を示した後で，次のような文章で締めくくっている。

団ノ事業トシテヨリモ漁村ノ副業トシテ、有利ナルベシト信ズ

之ヲ要スルニ本事業ハ激浪ノ侵入スル湾内ニ於テ之ヲ成功スルヤ否ヤノ試験ヲ本団ニ於テ先導的ニ試験ヲナス事ハ本団ノ聊カ名誉トスル所デアリマス

団の「養殖部長」という肩書きも持つ掛川淳は，この事業の目的を単に団の資金集めのためだけではなく，漁村の副業としての牡蠣養殖の先駆的試験と位置づけていた。予定通り利益を得ることができたならば，養殖に参加した少年団員が貴重な社会体験をすることになり，子どもたちの訓育にとっても有益な活動であった。少年団員がこの事業から学ぶことについて，原道太も崎浜海洋健児団の活動を紹介した文章の後で，以下のように評価している[65]。

> 以上は掛川君の団経営の一助としての報告であるが、自分の見る所は、団が或る事業を起して其収益を受ける自体は其目的の全部では全くないと思はるゝ点である、乃ち団員教育の主体は、作業実施上に注意すべき各種の要点を極めて精神的に、納得感知せしめることである。
> 天産物に対する、敬愛の念と、保護の心を養成し、無駄をせざることに一層の注意を得ることであらうと思ふ。

崎浜海洋健児団はこの事業以前にも，1928（昭和3）年12月，採取した鮑を乾鮑として秩父宮と高松宮に「献上」している[66]。これには村民が加工技術を提供していた。当時，宮家と関係を持つことは村としても名誉なことであったと考えられ，団の活動を村に還元した例であると言えよう。

> 岩手県の崎浜海洋少《マ》年《マ》団では、少年の実習運動の大部分は、漁業の補助である、水泳、潜水には多数の蠑螺や、鮑の採収で終つて居る。
> 此種の沿岸漁村の海洋少年団が、漸次進歩すれば、魚貝の採獲の他面に必ず魚貝族の養殖や、生産増収の企を為すに至るので、少年団の産業的行事を運動に見るのは明かである。

崎浜では子どもたちを健児団（少年団）として組織することにより，漁師として必要な養殖や漁の技術と共に，大人をも感心させる手旗などの少年団の技術を学ぶ活動を展開していた。海洋健児団（海洋少年団）の活動そのものが，漁業に就くための訓練であったとも考えられる。

第4節　海洋少年団指導者の姿

本章第2節から第3節では，都市と漁村の海洋少年団における具体的な活動の様子を明らかにしてきた。本節と続く第5節では，これらの活動を支えた指導者に着目する。

本節では，海洋少年団の指導者養成に参加した人物像に着目して，誰が指導者となり，それを少年団日本連盟海洋健児部の原道太はどのように捉えていたのか検討する。

1. 海洋指導者実修所の参加者

1928（昭和3）年，少年団日本連盟が本部規則を改定したことにより，連盟の海洋健児部は海洋少年団の指導者を独自に養成する海洋指導者実修所を開催できるようになった。この海洋指導者実修所への参加者は，本章末に一覧表（表2-2　海洋指導者実修所参加者名簿）を掲載している。

海洋指導者実修所に参加した実参加人員174名（複数名は2度以上参加）が，所属していた少年団の内訳は海洋少年団106名，陸の少年団28名で，残りの40名は，空欄もしくは各回の参加者名簿に所属欄がなかった。海洋指導者実修所は海洋少年団の指導者育成が目的であったことから，海洋少年団に所属していない参加者は，将来的に海洋少年団に関わりを持つことが予定されていた者と考えられる。

参加者の職業内訳は図2-1の通りである。実参加人員174名の内，93名の職業が不明であることは考慮しなければならないが，小学校教員や学生（高校，大学，専門学校）の人数が比較的多い。

参加者の職業について，さらに検討しよう。1928（昭和3）年に初めて開催された海洋指導者実修所への参加者20名の内，職業が明らかになっているのは，学生3名，商業2名，公吏1名，小学教員1名であった。他に，職業を明記していないものの（図2-1では「不明」に分類），2名の住所が小学校となっていた[67]。さらにこの他，愛知県の清水海洋少年団2名，鳥取県の淀江海洋少年団3名と米子市就將海洋少年団1名については，その団の事務所が小学校に設置されており，団長を小学校長や町長が務めていた[68]。学校に拠点を置く海洋少年団からの参加者は，校長など学校関係者からの指示で海洋少年団に関わっていたと考えられる。

このように，第1回目の海洋指導者実修所への参加者20名のうち，学校教育関係者，おそらく小学校教員が10名前後いたと考えられる。このときの海洋指導者実修所を振り返って，所長の原道太は「参加者の多くが学校教育者であって，少年団に対しては白紙にて来会せられた方が多い」と述べている[69]。その背景には，海洋指導者実修所に参加する者について，海洋に関

図2－1　海洋指導者実修所参加者の職業内訳

『少年団研究』より筆者作成。

する職業に就いているか，少年団の基本を知っているとの原の想定があったと考えられる。だからこそ原にとって，「学校教育者」の存在は意外だったのであろう。

学校教育関係者が多く参加していることは，次年度以降の海洋指導者実修所にも該当する。1929（昭和4）年，宮島で開催された第2回海洋指導者実修所の参加者30名の内，職業を明示しているのは学生8名，商業2名，画家1名の11名であった。職業は明記していないが，居住地に小学校を記載している者が4名いた[70]。続く1930（昭和5）年から1933（昭和8）年に行われた海洋指導者実修所でも，職業を明示していない半数弱の参加者の内，住所が小学校となっている者を数名確認できる。

1935（昭和10）年に佐渡で行われた海洋指導者実修所と，1936（昭和11）年に米子で行われた海洋指導者実修所の参加者の職業と住所は，『少年団研究』に記載されていなかった。1935（昭和10）年，釜石で開催された海洋指導者実修所では，参加者15名の内13名が小学校教員，1937（昭和12）年に長崎で開催された海洋指導者実修所では参加者22名の内19名が小学校教員であった[71]。

戦前の少年団には，当初から学校を基盤として組織されたものと，地域の希望者を募って組織されたものがあったことは，第1章第5節第2項で指摘した[72]。1937（昭和12）年当時，小学校長や小学校教員，町長が団長を務め，団の事務所を小学校に置いていた海洋少年団は，岩手に2団，東京に2

団，新潟に１団，福井に１団，愛知に１団，鳥取に２団，台湾に１団あった。以上の合計10団，約４分の１程度が学校関係者による海洋少年団だと考えられる。これらの団から海洋指導者実修所に参加した者は，自ら希望した場合と，上司に指示されて職務として海洋指導者としての訓練を受けに来た場合があると考えることができる。このことについて，原は次のように述べている[73]。

実修所に参加せる実修生の実情は、少年団なるものに、余り理解造詣なき初心者の参加割合に多く、平生自ら少年団を指導する実際指導家と、是等の初心者との間には、同班内の行動作業、趣味風習にも、自ら差があつて、其間何んとなくシツクリと行き兼ねたるは実修所の指導者が一方には合同野営の諸作業遂行に逐はれ、他方には実修生自体の討究や、研鑽に専念なり得ざる点と相待つて其間甚しく物足りなく感ぜられたのであるまいか。

原は，海洋少年団員の海洋合同訓練との同時開催による弊害に加え，海洋指導者実修所の参加者の属性を十分に想定できなかったことを反省している。参加者を広く募ったため，海洋少年団の指導を経験している者と，全くの初心者が同じ指導者養成に参加することになり，両者にギャップが生じていたのである。原は少年団日本連盟の理事も務めており，海洋指導者実修所が開催される前に陸の少年団の指導者養成にも講師として参加しており，連盟に加盟している少年団の組織や特徴を把握していたはずである。それにもかかわらず，原は海洋少年団の指導者を養成する海洋指導者実修所に，小学校の教員に多くみられた少年団の初心者が参加することを想定できていなかった。

海洋指導者実修所の誘致と参加者の関係については，希望者が多い所で開催したために受講生が多くなったのか，たまたま開催されるから多くの受講生が存在するのか，どちらかを断言することはできない。学校教育あるいは地域における教育活動として，海洋少年団を取り入れた学校関係者がいたことは想像に難くない。

2. 指導者に求めたこと

海洋少年団の指導者が海と船に関する専門家である必要はなかった。この点について，原は以下のように述べている[74]。

元来海洋指導者は、必ずしも、高遠なる学理や、深遠なる海洋知識を有することを必要として居ない。従て海洋指導者は、海洋に対する常識、海洋少年指導法、海洋作業に対する監督の要点、乃ち詳しく言へば艇《マ》舟運用海洋気《マ》象、潮流、潮の干満、海《マ》国《マ》使用、簡易航海術、海上衝突予防法等の海洋に対する常識や訓練作業上の要点を心得、兼て、国防、産業、水産等の常識を有すれば海洋指導者としては先ず沢山である。

唯指導者の人格としては、海洋健児を熱愛し、同時に健児と共に苦楽を共にし、健児と共に修養、実修するの気分を持することが大切である。苟も指導者が物知り顔をしたり、少年の短所を叱責したり、或は少年に溺愛するが如きは共に大なる禁物である。

海洋少年団の主たる指導者が海の専門家でなかった場合，専門的な知識を持つ人材や活動の場所をいかに確保するかが，団を運営する上で大きな課題であったと思われる。そこで海洋少年団の指導者は，海の専門家としての海軍軍人に協力を求めたのである。

海洋少年団の指導者としては，子どもたちが海洋見習健児から海洋一級健児，海洋青年健児となるためのプログラムを計画的に立案する必要があった。年間のプログラムを立てた上で，個々の週末の活動をどのようにするのかを，子どもたちが自主的に計画，実施，反省できるように導くことが求められていたのである。その際，「練習に考ふべきは余り教え過ぎて健児をして飽かしむるは最も大なる禁物である」と言う原の指摘から，訓練の量は多くても少なくても子どもの心をつかむことができず，適宜遊びを取り入れる必要があった[75]。子どもが楽しんで活動に参加できる方策を考えることは，指導者に求められた必要最小限の能力であった。原はこのような指導者の役割について，次のようにまとめている[76]。

一、指導者、隊長、班長等は、指導教育につき、各々其重大なる責あるが故に、班員の性質、特徴、長所、性癖等を知るに力め、常に進取の気象《ママ》を助長せしむると共に、健全安固にして苟も軽挙妄動に陥らざることに注意し、予め一定の計画を立て、其実行の之に伴ひ得る様、案配すること肝要である。

一、型に捉はれ、体裁を繕ふは、教育の大害を生ず、身心を過労するが如き、堅苦しき教養や、難解の学理も亦団員の指導上無益有害である、緩厳宜しきを得、長短相救ふは教育上最も大切なる要件である。

「班」をまとめる班長，そして隊長など大人の指導者は海洋少年団員個人の特徴を把握し，それを踏まえて班あるいは隊としての活動計画を立てて，実行するべきであること，そして「型」にこだわらない活動を展開することを求めている。

第5節　海洋少年団における指導者養成

指導者実修所では，指導者になるための準備訓練として，何が教えられていたのであろうか。第1回目の海洋指導者実修所から，その変遷をたどりたい。

計10回開催された海洋指導者実修所には延べ人数で182名，実人数にして174名が参加した。海洋指導者実修所をどこで開催するかは，少年団日本連盟海洋健児部がいくつか候補を提示して参加希望の多い場所で開催する場合（例えば1929年の宮島）と[77]，地方から希望が出されて開催する場合（例えば1935年の釜石）があった[78]。参加者の居住地が全国に散らばっている1928（昭和3）年の神戸から1932（昭和7）年の福井における指導者実修所までは，少年団日本連盟海洋健児部側が開催地を決定し，参加者の居住地が開催地に近い1933（昭和8）年以降は，各地域からの希望に応じて開催したと考えられる。

1. 神戸高等商船学校における第1回海洋指導者実修所

1928（昭和3）年8月6日から13日まで，兵庫県武庫郡本庄村の神戸高等商船学校にある海岸の松林において，指導者対象の第1回海洋指導者実修所と子ども対象の第2回海洋合同訓練が同時に開催された。神戸高等商船学校は高等海員養成所として，かつ，予備海軍士官養成所として機能していた学校であり，海や船の専門家も多かった。規律訓練と協力の精神を重視していたため，前年に海洋合同訓練が開催された海軍兵学校と同じく，海洋少年団の訓練には適した場所であったという[79)]。

陸の少年団は，この年から指導者実修所と合同野営を別々に行うことにした。その理由としては実修所の開催が各地方から要求されていること，年1回では養成できる指導者の数が限られること，指導者養成を担当できる人材が多く育っていることが考えられる[80)]。

海洋少年団には連盟本部規則改定によって海洋の指導者実修所と合同訓練の両方を開催する権限が与えられたが，海洋少年団関係者として少年団日本連盟本部に勤めている人材が原道太，足立脩蔵，田村喜一郎の3人と少ない上に，前年の10月に北海道帝国大学所有の忍路丸を北海道から回航して少年団日本連盟の練習船とするなど，海洋健児部の事務が多忙であったため，海洋指導者実修所と海洋合同訓練を別々に開催するための準備をする余裕がなかったと思われる。指導者実修所を連盟本部規則改定によって，準備が万全とならないうちに半ば強引に両者を同時に開催してしまったことは，開催後に原道太も反省しているところである[81)]。合同訓練と指導者実修所の両方が未だ実験段階にあることも事実であったが，海洋少年団としてようやく，陸の少年団とは別に独自の指導者養成ができるようになった夏であった。大人を対象とした海洋指導者実修所と子どもの海洋合同訓練は，両方ともキャンプ生活を基本としていた。前者は海上における技能訓練よりも海洋少年団の指導方法や経営の研究に重点を置いており，いわば，海洋少年団活動の教育実習であった[82)]。

開催直前の6月，原は合同訓練と指導者実修所を開催するに当たって以下のような訓練方針を示した[83)]。

訓練の種類

一、指導者階級の者は普通の団員と全く別に訓練作業を行ひ、主として指導者としての修養を積むこと。

二、海洋健児は健児階級に依り各団本位に之を班別に編成し各班毎に訓練修養す。

三、海洋以外の少年の訓練も大体海洋少年団に準じて之を行ふ。

四、訓練中一日は淡路島か大阪浜寺付近に航海見学

要は今回の共同訓練は一部は指導者実修一部は各地方にて実習作業の行き届かざる点に力を入れ海洋少年の教育と且つ海洋少年は何をなすべきやを相互に研究せんとするものなり。

指導者の実修と子どもの合同訓練は，プログラムとしては全く別に実施した。両方ともキャンプ生活を基本としていたが，前者は海上における技能訓練よりも海洋少年団の指導方法の研究に重点を置いていた[84)]。後者では，神戸高等商船学校が備えている船の機関や制御装置，電気設備，計器など航海に必要な設備の実物や標本の見学，学校の「カッター」や「ヨット」等による航海訓練，水泳など，商船学校の設備を利用した活動を実施した[85)]。子どもたちが日頃，各団で経験できないことをこの海洋合同訓練で行い，そこに海洋指導者実修所として指導者の実地訓練を行ったのである。原は「海洋健児の訓練は，海上そのものが，最も主要なる訓練場であり，最大の教材である」と述べ，その具体例として「潮流の干満，落潮流や，張潮流の方向，天象，地象の変化観察，水産動植物の採集等」を挙げている[86)]。

期間中，海洋合同訓練と海洋指導者実修所の参加者が，兵庫県の水上警察署の保安丸に便乗して淡路島に渡った。便乗して淡路島に向かっている間，海洋指導者実修所の参加者は海図やコンパスを使って船の位置や航路の研究をすると共に，羅針盤の読み方や操縦を学んだ[87)]。

海洋指導者実修所には全国各地の海洋少年団関係者 14 名，陸の少年団関係者 5 名，東京高等商船学校から 1 名が参加した。合同訓練には海洋少年団員 52 名，陸の少年団員 25 名が参加した[88)]。この年の合同訓練は海洋少年団だけでなく，陸の少年団にも開放していたが，その所属の区別なく，同じ訓

練をしていた。

海洋合同訓練や海洋指導者実修所の運営に関わったのは，少年団日本連盟海洋健児部の原道太と足立脩蔵，田村喜一郎であった[89]。

2. 海軍兵学校における第2回海洋指導者実修所

第2回海洋指導者実修所の案内が『少年団研究』に掲載されたのは，1929（昭和4）年6月であった[90]。そこには海洋指導者実修所の概略が以下のように記されている。

一、教程　実地、理論両教程

教程中には実修所より提唱するもの以外、参加指導者より本教育に関し必要なる課題（指導経営等に関する）を提出せしめ、其中の二三重要科目に付互に《ママ》審議討究す。

二、場所

（イ）第一予定地　広島湾内（宮島、江田島）

（ロ）第二予定地　摂津湾内（深江明石淡路地方）

（中略）

（イ）教材を江田島兵学校に借り、約一日間準備訓練の後宮島大元公園の背面青苔浦に野営実修を開催、此の浦は宮島七浦七社の唯一にして平生人跡全く絶へ老松古杉千古斧鉞を入れざる原始林にして、清冽玉の如き清流淙々として流れ、盛夏の候尚ほ肌の冷か《ママ》なるを覚へ野生の鹿亦時に来り遊ぶ、トテモ普通内地の山林地帯に想像の出来ざる幽邃無比の地、大元公園より約二里にして海岸の小湾。

（ロ）神戸高等商船学校（阪神線深江駅下車）集合の上明石淡路方面に移動野営巡航実修訓練の予定にして、須磨明石付近を巡航し、明石にては水産に関する実修を為し得る可能性あり。

申込者の希望により，開催地は「広島湾内，宮島，江田島」と決まった[91]。

原は前年，海洋合同訓練と海洋指導者実修所を同時に開催した点を「一利一害，殊に二兎を逐ふものは一兎を得ずという嘆も免れなかつた」と反省し，子どもの訓練との同時開催をせず，指導者養成に集中すると実修所開催前に宣言した。この実修所ではそれまで食事を会場の学校に依存していたことを改め，「自炊を以て，又一種の訓練とし，実修生各自が寝食に於て親密相愛の度を増さしむることを期し」た。これにより，参加した海洋少年団の指導者たちは，海洋指導者として必要な結索，手旗信号，そして海洋に関する歴史や地理，潮の干潮，気象などの訓練を受ける傍ら，毎食自炊することになった[92]。原は海洋指導者実修所に参加するに当たっての準備として，以下のように述べている[93]。

準備知識としては、別に必ずしも要求はしないが、本邦海の歴史地理に就ては勿論、少年団教育中、海洋に関する多少の疑問と予備知識があれば、互に研究上非常に有利である、例令潮流、潮汐の満干、海上気象等の如きも、それの一つである。

又野営中には、造船の手工芸として、玩具の帆船等を造り、装《マ》、帆帆具《マ》の名称、用途等を知り、実修土産にもなるから、相当の小刀や彫刻用鑿があれば携帯をお勧めする。

又結索等にも必要があるから、各自是に要する索具を些許り準備されたいのである、手旗信号旗も所有の方は、必ず携帯されたいのである。

参加した海洋少年団の指導者たちは期間中，海洋に関する歴史や地理，潮の干潮，気象などの知識と，結索，手旗信号といった技能の訓練を受けていた。その活動について，原は次のように述べている[94]。

凡てが、自己啓発であり、自己創作であり、或は起床と同時に当日航海上の海図使用法の要点を一瞬間に課し、出発用意、と食事用意の間に其回答を配布のノートに記載すべく頭脳に印象を与へて、愈々兵学校桟橋を出てより厳島青海苔浦までの針路、距離、変針路、風向、風力、潮流、海峡の状況が立派に手記されねばならぬ程の忙しさであるが、誰が何んと言ふのでもなくして実修生、訓練者、諸君が自ら海図と三角定規と「コンパス」に依りて研究し、攻究《ママ》し、実際実地に実物を見て一々之に明答を与えなければならぬから一層忙しいのであつて、之は又一々点検捺印を取られる真剣さである。

4日目と5日目に実施した，「宮島一週《ママ》，帆走，橈走，航路探求，潮流調査」の様子である。野営に必要なテントの点検，料理の準備などの合間を縫って，レポートを仕上げる参加者の様子や，それを一つひとつ点検する様子が伝わってくる。指導に当たったのは少年団日本連盟の原と田村，神戸海洋少年団や東京海洋少年団の指導者であった[95)]。

3. その後の海洋指導者実修所

海洋指導者実修所は，第3章第2節で述べる練習船による南洋遠航（東南アジア一周航海）を実施した1934（昭和9）年を除いて，1938（昭和13）年の海洋部独立の前年まで，毎年のように開催していた。

⑴ 練習船上における第3回海洋指導者実修所

1930（昭和5）年の海洋指導者実修所と海洋合同訓練は，少年団日本連盟の練習船義勇和爾丸において，同時に開催した。指導者養成と合同訓練の参加者は，1930（昭和5）年7月28日，東京湾を和爾丸で出航し，江ノ島に停泊して厚木中学校生徒を乗船させ，翌日には江ノ島から下田に移動，30日には静岡県の三保松原に到着した。31日，庵原中学校生徒が乗船して，翌8月1日に三保から沼津沖を通って重須に停泊した。2日は重須から大瀬崎に移動し，3日は大瀬崎から田子の浦へ移動した。4日，田子の浦で実修所を解散，庵原中学校生徒も下船した。その後，大島や館山を経由して6日に横須賀で厚木中学校生徒を下船させ，同日中に築地の定繋錨地に到着した。この間，夜は基本的に寄港地に上陸してテントを張り，野営をしていた[96)]。このときの本部役員は，少年団日本連盟の原と田村で，陸の少年団で活躍していた奥寺龍渓も講師を務めた。東京高等商船学校の学生も嘱託として運営補助に当たった[97)]。

原は3回目の海洋指導者実修所において参加者が学ぶ内容について，次のように述べている[98)]。

然るに海洋指導者の実修する点は、勿論各種各様広汎である、第一先づ少年健児教育の根本理論は勿論、海洋少年指導上最も重要なりとする点が

> 只単に技能教育のみにあらず、技能を通じての精神教育もあれば、技能を通じて奉仕作業もあり、作業能力を通じて実生活の活物作業もあるのである。
> （中略）
> 況んや行路、航海上、潮流の落張や其流潮方向、速力、風向、風力、気象天象の変化に注意することの実際問題は一旦船舟の当直士官として執務すれば、何人も、其注意上の要点に到着するのは、キャンプをする山の指導者が、幕営して第一に着手すべきことや、着眼するに要点が理解さるゝのと同様である。

この時の海洋指導者実修所は海洋少年団員の海洋合同訓練と同時に行うことによって，「海洋少年健児が，実修所の実習の対象物として応用せられたこと乃ち端《マ》舟《マ》より本船乗退船の際指導者が実際払ふべき注意，実演，実習上，実際の海洋少年健児を応用した」という[99]。前々年の神戸における海洋指導者実修所のような，教育実習的方法を採用したのである。

海洋指導者実修所の第１回目，第３回目，そして次にみる1931（昭和６）年の第４回目は，海洋少年団員の海洋合同訓練と同時に開催した。指導者養成と海洋合同訓練を同時に開催するのか，別々に開催するのか，原をはじめとする少年団日本連盟海洋健児部は迷っていたのであろう。その背景には，海洋健児部の指導者が原道太ほか数名しかおらず，毎年，これらを別々に開催することが困難だったことが考えられる。海洋健児部では，原ら草創期から関与している指導者に続く後継者が育っておらず，指導者養成と海洋合同訓練を分担することができなかったのである。1932（昭和７）年以降，海洋指導者実修所はほぼ毎年開催していたが，海洋合同訓練は隔年で開催し，軍艦や少年団日本連盟の練習船を会場としていた。

⑵　鳥羽商船学校における第４回海洋指導者実修所

1929（昭和４）年の第２回目以降，海洋指導者実修所は野営によって少年団の指導者としての訓練を行い，その上で海と船の基本的な知識や技術を学んでいた。陸上での活動に特化できる陸の少年団の指導者養成に加えて，海や船に関することを扱っていたのである。加えて，参加者の「創作」と「啓発」を重視していたために，原は海洋少年団の指導者養成の内容が，海洋技術の実修の点で不十分であったと述べている[100]。

従来の海洋指導者の実修は、実修者自身の創作と、啓発とを、余り多く、期待し指向せしため、実修所の実修訓練の内容は、教程や訓練科目に重きを置かずして、訓練期日に応じて、大凡の大綱を定め、実修生の知識、体力、技量に応じて、実習生自身の取捨、選択と、工夫を凝らさしむる様、教育上の暗示や考案を提唱し来つたのである。
（中略）
海洋指導者実修には、少年教育の必要性上よりして、其実修所の環境を、沿海、原野等の自然地に採りて、全然人家や、俗気を帯びない所に野営生活式の天幕内に起臥して、精神肉体両方面の訓練を積んで、然る後実際海洋諸知識と船舟の運用航海等の初歩訓練を行ひ、兼て少年の実際指導上の指導訓練を課し来つたのである。

1931（昭和 6）年の第 4 回海洋指導者実修所からは，野営に関することは海洋指導者実修所では扱わないことにした。海洋指導者実修所に入所する前提として，一般に少年団の指導者に必要な野営技術や指導技術は陸の少年団の指導者実修所に参加して修得することを求めたのである。これにより，海洋少年団の指導者は陸と海の両方の指導者養成を受けることになった[101]。海洋指導者実修所の参加者は学校などの宿舎を利用して，海洋少年団の指導者としての指導技術や海と船の専門的技能を重点的に学ぶようになった。

以上の方針を打ち出した 1931（昭和 6）年は，三重県の鳥羽商船学校を海洋指導者実修所の会場とした。この年の実修所に際して，原は「海洋指導者として船艇の指揮，運用を最も厳重に行ひ，発令の時機，注意の要点，保安の責務，団員の指導上の原理を其間に修得することにした。乃ち科目を運用航海，機関，信号，気象，水泳の各科とし，天文，潮汐，結索技術，国民体操等を其間に案配施行した」と述べている[102]。この時の運営には，原と田村があたり，実修場所である鳥羽商船学校の教頭や教員が，航海術，水泳，機関，信号等についての講義を受け持っていた[103]。

(3)　第５回以降の海洋指導者実修所

1932（昭和７）年以降の海洋指導者実修所については，『少年団研究』や，その他の少年団日本連盟の発行物などにほとんど記述がみられず，わずかに次のことが把握できている。いずれの実修所でも原道太が所長を務め，同じく海洋健児部に属していた田村喜一郎や足立脩蔵に加えて，経験を積んだ現地の海洋少年団の指導者も講師に加わり，指導者実修所での実修に関わっていた。

1935（昭和10）年度は海洋指導者実修所が２ヶ所で開催されたが，そのいずれにも学校を中心とする一般の海洋指導者以外に，海軍での軍隊教育の経験をもつ参加者が多かった。会場にはそれまでの恒例であった海軍兵学校や水産，商船学校といった海に関係した教育機関ではなく，県立中学校や県立商業学校を利用し，会場の学校長や，県庁の社会教育課長，水産課長，水産試験場長等が積極的に運営に参加していた[104)]。

1936（昭和11）年に行われた米子での海洋指導者実修所には，９名の鳥取県内の海洋少年団の指導者が講師として参加した[105)]。最後の海洋指導者実修所となった1937（昭和12）年の長崎での海洋指導者実修所には，宿泊場所となった長崎県立水産学校の教員も実修所で指導にあたっていた[106)]。

小　　括

本章では，海洋少年団の方法論と具体的な活動の様子，そして海洋少年団の活動を指導した指導者の姿とその養成について検討した。そこから明らかになったことは以下の通りである。

第１節では，海洋少年団が異年齢少人数からなる「班」制度，あるいは習得した知識や技術によって進級する「進級」制度，そして「宣誓」や「おきて」など，英国に由来するボーイスカウトあるいはシースカウトの方法論を取り入れていることが明らかになった。その中でも，海洋少年団を含む日本の少年団の「宣誓」には「皇室を敬う」という文言が見られるが，国王に義務を果たすことや忠誠を誓うことは，英国のボーイスカウトにも見られることであり，さほど奇異なことではない。「海洋見習健児」になるためには「国体」についての知識を求めているが，それは学校教育の域を超えないものであったと考えられる。少なくとも少年団日本連盟の機関誌『少年団研究』においては海洋少年団の関係者の間で「国体」に関する議論はみられない。海洋少年団が海軍の軍人を養成しようとしていたのではないことも明らかになった。海洋少年団にとって海や船に関する知識と技術を学ぶことは，子どもたちを教育する手段であって，目的ではなかった。学校教育のように画一的ではなく，子どもの「個性」を伸ばす教育を目指していたのである。そのことは，子どもの興味によって学んでいく「技能章」制度にも見られる特徴である。

第2節では，都市における海洋少年団の活動の具体例として，東京海洋少年団を取りあげた。東京海洋少年団は，全国の海洋少年団の中でも中心的な役割を果たしていただけに，指導者が全国に派遣されていた。子どもたちも，定期的な訓練の時に海洋に関する知識と技術を学んでいたようである。商船学校や青年訓練所との合同訓練，あるいは商業船に乗り込んでの訓練においては，子どもの様子をよく観察する指導者の姿，訓練を受ける子どもの姿を描き出すことができた。海洋少年団員に対し，指導者からの一方的な押しつけとしての訓練を行うのではなく，それぞれの訓練が子どもにとってどのような意味があるのかを考えた訓練であった。

第3節では，漁村における海洋少年団の活動の具体例として，岩手県崎浜の崎浜海洋健児団を取りあげた。都市のように選抜して海洋少年団員を集めるよりも，地域の子ども集団に海洋少年団という方法論を適用し，将来の村の指導者を養成するという意図があった。都市のようにある程度の活動資金をまかなえる海洋少年団員は少なく，むしろ海洋少年団として活動資金を調達する必要があり，崎浜海洋健児団では地元の協力を得て養殖によって資金を得ていたのである。都市における海洋少年団と，漁村における海洋少年団とは方法論を同じにしつつも，それぞれの子どもに必要な活動を行っていたと指摘できる。

第4節では，海洋少年団の活動を支えた指導者の姿について検討した。海洋少年団の指導者には，何らかの職業的な背景によって海や船に関する知識を持ち合わせている人物は比較的少なかった。小学校教員が割合として多い可能性を指摘したが，その場合にも小学校教員本人の意志による指導者への就任よりも，校長など上司からの指示によって海洋少年団の指導者に就いていた可能性もある。会社員，学生，商業者などが，篤志家として海洋少年団の指導に当たっていた場合もあることを明らかにした。海洋少年団の指導者としては，型にとらわれない活動を展開することが期待されていた。子どもの個性をいかに尊重するかが，指導者に求められていた。

第5節では，海洋少年団の指導者がどのように養成されていたのか明らかにした。海洋指導者実修所は，商船学校や海軍兵学校，あるいは中学校，商業学校，水産学校など，海洋少年団の活動を支える指導者が，海流や結索，天文など海や船の知識と技術を学ぶための設備が整っているところで開催した。これらの諸学校を利用していたと考えることができる。海洋少年団員の合同訓練と同時開催の場合は目の前の子どもたちをどのように指導するのかという教育実習の形式で行っていたようである。

注

1）原道太「漁村海洋少年団経営の一提案」『少年団研究』第8巻第1号，1931年1月，23頁。しかしこれは，原だけの意見ではなかった。少年団全体についても，各地の特色を出した活動を行うことが，以下の通り認められていた（花田忠市郎「漁村海洋少年団に就て」『少年団研究』第3巻第12号，1926年12月，5頁）。

　少年の社会教育に於て又指導に於て少年団システムを採るからには少年団システムは統一的なものであり、同じ一ツの目標を全国的に行ふべきものであらう。然しながら各団に於てはその地方味、地方色の如何に就いてその指導者の大に考慮すべき点多々存すべきと信ず。

2）第2次世界大戦前から戦中にかけての社会教育関係団体について，その指導者に関しての本章のような問題関心による先行研究は皆無である。青年団や女子青年団（処女会）に関しても，先行研究ではほとんど触れていない。君島和彦「浴恩館と青年団講習所」小金井市誌編さん委員会『「小金井市誌編纂資料」第三十編』小金井市教育委員会，1992年，1-10頁。渡邊洋子『近代日本女子社会教育成立史』明石書店，1997年，145-149頁。

3）原道太「海洋少年団設立の手引き」『少年団研究』第2巻第8号，1925年8月，23頁。

4）原道太「第二編　指導制度」『少年団日本聯盟パンフレット第九輯　海洋健児訓練の要綱』少年団日本連盟，1927年，14-15頁。

5）原道太「海洋少年団の班名に星座名称を採用」『少年団研究』第3巻第4号，1926

年 4 月，8-9 頁。原「第二編　指導制度」（前出），16-17 頁。

6）田中治彦『少年団運動の成立と展開』九州大学出版会，1999 年，216 頁。

7）「健児連盟健児種別等級及制服規則」『少年団研究』第 6 巻第 5 号，1929 年 5 月，2-7 頁。

8）原「海洋少年団設立の手引き」（前出），25 頁。

9）原道太『海洋少年読本』泰文社，1935 年。

10）原「第二編　指導制度」（前出），17-25 頁。

11）「連盟公報」『少年団研究』第 5 巻第 8 号，1928 年 8 月，10 頁。

12）現在のボーイスカウト日本連盟が定める「初級スカウト」になるための考査細目を提示すると，以下の通りとなる。なお，考査の対象となるのは小学校 5 年生 9 月（10，11 歳）から中学校 3 年生 9 月（14，15 歳）までの子どもである。

1-1　「ちかい」と「おきて」について隊長と話し合う。

1-2　スカウト章・モットー・スローガンの意味を説明できる。

1-3　日本の国旗の正しい様式を知り、隊や班の活動で掲揚柱に掲揚する。

2-1　体温と脈はくを正しくはかることができる。

3-1　自分の体や身近にあるものを用いて簡単な測量を行う。

3-2　隊や班で使う身ぶり信号（きをつけ・休め・注意・すわれ・わかれと集合形態の各種サイン）、笛の合図、暗号を覚える。

3-3　次のなわ結びを実際に行い、使いみちを知る。

・本結び　　・ひとえつぎ　　・ふた結び　　・もやい結び　　・8 の字結び

4-1　隊や班の活動などで行う社会奉仕活動に積極的に参加する。

5-1　入隊した後、隊や班の活動に進んで参加したことを、班長会議で認めてもらう。

海洋少年団の考査細目における「一」は，上の「1-1」と「1-2」に相当する。「宣誓」と「ちかい」，「標語」と「モットー」，「徽章」と「スカウト章」は，それぞれ同じ意味である。

13）原「第一編　精神訓練」『少年団日本聯盟パンフレット第九輯　海洋健児訓練の要綱』（前出），6-7 頁。

14）Reynolds, E. E., *The Scout Movement*, Oxford University Press, London, 1950, pp. 31-32. Price, W. Cecil, The Boy Scout Movement, *The Living Age*, seventh series, vol. LII, 1991, pp. 458-465.（*The Nineteenth Century and After* 誌からの再掲。）

15）なお，アジアにおいて日本と同様に植民地支配を逃れたタイにおいては，ボーイスカウトは「虎の子（＝ルークスア）」と呼ばれていた。ルークスアにおける「ちかい」は以下の通りであった（圓入智仁「タイにおけるボーイスカウト運動の成立と展開」『アジア・アフリカ言語文化研究』東京外国語大学アジア・アフリカ言語文化研究所，2003 年，62 頁）。

私は以下のことを誓います。

一つ、私は国王に忠誠を尽くします。

二つ、私は男子としてふさわしい行いをすることを決意します。

三つ、私はルークスアの規則とおきてに従うことを決意します。

16）二荒芳徳「我民族の天皇に対する観念」『少年団研究』第 5 巻第 10 号，1928 年 10 月，8 頁。

17）田中『少年団運動の成立と展開』（前出），40 頁。英語では次の通り（Reynolds, *op. cit.*, p. 42.）。

Know the Scout's laws and signs, and salute.

Know the composition of the Union Jack and the right way to fly it.

Tie the following knots: Reef, sheet bend, clove hitch, bowline, fisherman's, sheepshank.

18）原道太「海上訓練の真意義」『少年団研究』第 4 巻第 7 号，1927 年 7 月，4 頁。

19）原「第二編　指導制度」（前出），17 頁。

20）花田忠市郎（前出），6 頁。

21）原道太「我国の現状と海洋少年団の実況を説き天下同感の有志に諮ふ」『少年団研究』第 3 巻第 11 号，1926 年 11 月，7-8 頁。

22）原道太「第三編　技術訓練」『少年団日本聯盟パンフレット第九輯　海洋健児訓練の要綱』（前出），25-26 頁。

23）技能章が初めて提示されたのは 1925 年 10 月（『少年団研究』第 2 巻第 6 号，23 頁）であり，この時は全 63 種類であった。

24）足立脩蔵「水泳章」『少年団研究』第 5 巻第 7 号，1928 年 7 月，34 頁。このほかにも，例えば次のような章があった（「少年健児技能章規定草案（続）」『少年団研究』第 2 巻第 8 号，1925 年 8 月，27 頁）。

《漁撈章》

一、本邦の沿岸を流るゝ暖流と寒流とに乗じて来る食用魚類中本邦人に愛せらるゝ魚類の代表的のもの二種以上の名称を知ること。

二、漁具中網、釣、叉《ヤス》、鉤及簡単なる曳網にて魚類を漁獲し獲ること。

三、魚類貝殻を乾し、開き、塩漬とし又は煮て貯蔵し得ること。

四、三ヶ月以上漁撈の実務経験を有し遠洋、沿岸又は河川にて経験を有すること。（三者中の一を有すれば可なり）

五、漁網を編み得ること。

六、淡水産及鹹水産の魚類七種以上を漁撈し、其の名を知ること。

七、水産生物保護と禁漁期と自然養殖の関係を知ること。

《信号章》

一、片仮名手旗信号を一分間二十字、モールス信号符字を一分間十五字の速度にて発信又は受信し得ること。

二、発火及音響に依り「モールス信号」をなし得ること。

三、少年団規定の暗号記号を各種の方法を以つて自由になし得ること。

四、船舶の舷灯、曳船、信号灯を知ること。

五、汽車の発着停止の信号を知ること。

《漕艇章》

一、橈、櫓、爪竿の取扱方及漕き方を知ること。

二、展帆、絞帆、縮帆及踟蹰法を知ること。

三、他艦船、陸岸、桟橋、埠頭及浮標等に自由に自艇を横付又は離艇し得ること。

四、羅針盤方位を読み得ること。
五、曳船《ヒキブネ》と被曳船《ヒカレブネ》の方法を知ること。
六、船舶の外形檣桁の種類形状にて何型式の船又は帆船なるや判断区別し得ること。
七、主要せらるゝ五種の結索法を知ること。
一結、二結、巻結、舫結、本結、天蠶結等
八、漁網を適切に投げ得ること。
九、航路標識衝突予防法の大要を知り得ること。

25）足立「水泳章」（前出），34 頁。

26）原道太「健児教育発展には，量よりも質か，質よりも量か」『少年団研究』第 2 巻第 10 号，1925 年 10 月，14 頁。

27）原道太「実行力と天恵とに富む山と海の健児団」『少年団研究』第 2 巻第 11 号，1925 年 11 月，25 頁。

28）原道太「海洋少年合同訓練の初試みと所感」『少年団研究』第 4 巻第 10 号，1927 年 10 月，12 頁。

29）原道太「海洋健児訓練上の要義」『少年団日本聯盟パンフレット第九輯　海洋健児訓練の要項』（前出），4-6 頁。本文で引用したもの以外にも，次章の指導者養成において指摘する項目，そして以下のような項目が述べられている。

一、海洋健児の訓練には「備へよ常に」の標語其侭を常に実行しなければ、往々予期しない危険に陥り、思はざる災難に罹り、生命身体を損ふに至る、此点特に注意を要する。

一、練磨を完結する精神と、団員が、船艇並に教材諸器具を尊重し、之を愛護するの精神とは、常に訓練を極めて愉快に、極めて円滑に進行せしむる大効がある。

一、海洋作法の第一眼目は常に「自己現在の位置を確認し、一旦定めたる針路は如何なる障害あるも之を確保するにあり、是れ古来より船乗の第一要件であるが、団諸般の練習、訓練は勿論、団員処世の方針にも亦此精神の適用を常に忘れてはならない。（以下略）

30）原道太「第二回海洋指導者実修所々見」『少年団研究』第 6 巻第 10 号，1929 年 10 月，14 頁。

31）原道太「第二回全国海洋少年合同訓練の実況と意見」『少年団研究』第 5 巻第 10 号，1928 年 10 月，10-11 頁。

32）「海洋日誌」『海の健児』第 1 巻第 2 号，大日本東京海洋少年団，1925 年 10 月，25-26 頁をもとに作成。

33）JACAR（アジア歴史資料センター）：C08051408600（第 50 画像目から第 51 画像目），大正 14 年・公文備考・巻 37・艦船「便乗 1⑼」（防衛省防衛研究所）。JACAR：C08051408700（第 1 画像目から第 2 画像目），大正 14 年・公文備考・巻 37・艦船「便乗 1⑽」（防衛省防衛研究所）。JACAR：C08051408800（第 31 画像目から第 38 画像目），大正 14 年・公文備考・巻 37・艦船「便乗 1⑾」（防衛省防衛研究所）。

34）「大日本東京海洋少年団　幼年隊の夏期作業」『少年団研究』第 3 巻第 9 号，1926

年9月，19頁。

35）越城「越中嶋だより」『商船学校校友会誌』第参百廿号（大正十五年九月号），商船学校校友会，1926年9月，101-105頁。

36）堀元美「東京海浜周航日誌　略」『ジャンボリー』第5巻第10号，1926年10月，7頁。

37）越城「越中嶋だより」（前出），105頁。

38）原道太「忍路丸の夏期訓練」『少年団研究』第5巻第9号，1928年9月，3頁。

39）花田正三郎「忍路丸に乗りて」『少年団研究』第5巻第9号，1928年9月，19頁。

40）原道太「東京海洋少年団　東京丸ノ内青年訓練所　合同海上訓練」『社会教育』第4巻第8号，1927年8月，71-72頁。

41）この間の，連絡が取れなかった船の動きについては堀元美「一艇を指揮して　丸の内青年訓練所員遠航記」（『少年団研究』第5巻第10号，1928年10月，25-27頁）を，また原が指揮していた船の動きについては原道太「所謂海洋健児遭難の真相，天与の試練と，厳に戒しむべき三ヶ条」（『少年団研究』第5巻第10号，1928年10月，19-23頁）を参照。

42）原道太「海の青年訓練」『社会教育』第5巻第1号，1928年1月，56頁。

43）菅原亀五郎「八日間の航海」『少年団研究』第9巻第9号，1932年9月，32頁。また1932（昭和7）年8月には，文部省主催による「漁村青年訓練所指導者講習会」を，少年団日本連盟の練習船義勇和爾丸にて行った（原道太「誰れか時鐘を打つ」『少年団研究』第9巻第10号，1932年10月，8-9頁）。

　本年八月、文部省の社会教育局では、全国各府県の漁村青年訓練所関係者一人づゝを選抜し、我少年団日本連盟の海洋練習船義勇和爾丸に依嘱乗船せしめ、東京より瀬戸内海呉軍港に至る迄静岡、愛知、三重、和歌山、広島各県中施設優秀なる漁村青年訓練所其他水産学校、海軍の国防関係を見学せしめ、同時に海上訓練を行ひ、更に其経営実務者の講演を聴き、公開中は海の訓練を実修し、我国の漁村振興、海防問題と漁村青少年、太平洋沿岸の水産業、漁村の生活環境等に就、各種各様の点に着眼研究された

44）堀元美「海洋少年団員実際訓練の一考察」『少年団研究』第7巻第5号，1930年5月，37頁。

45）同上，37頁。

46）崎浜海洋健児団は「少年団」ではなく，年齢的なニュアンスを感じさせない「健児団」の名称を用いていた。「健児」は北海道の下田豊松が最初に提唱し，三島通陽が『少年団研究』にその言葉を解説したことにより広く知れわたることとなったが，結果としてこの言葉を用いた団は少なかった。三島通陽「少年団名称変更の私見」『少年団研究』第2巻第3号，1925年3月，4-8，18頁。小町国市『無名の初代チーフスカウト―下田豊松物語―』，1997年，53頁。

47）日本ボーイスカウト岩手連盟『岩手のボーイスカウトの歩み』，発行年不明，25頁。

48）掛川は1926年6月現在，東京連合少年団の海洋健児部で委員を務めている（東京連合少年団『東京連合少年団一覧　大正一五年六月』，1916年を参照）。

49）少年団日本連盟『昭和五年版　少年団日本連盟加盟団名簿』，1930年，6頁。

50）山崎英雄「漁村海洋健児団として」『少年団研究』第5巻第1号，1928年1月，24頁。
51）「三つの回答⑴」『少年団研究』第3巻第4号，1926年4月，12頁，「三つの回答⑵」『少年団研究』第3巻第5号，1926年5月，13頁。
52）原「海洋少年団設立の手引き」（前出），26頁。
53）同上，24頁。
54）櫻井政二「漁農村少年団経営の実際」『少年団研究』第5巻第6号，1928年6月，12-13頁，同「海洋精神と漁港村の教育」『少年団研究』第13巻第8号，1936年8月，11-12頁。
55）花田忠市郎「漁村海洋少年団に就て」『少年団研究』第3巻第12号，1926年12月，5-7頁。
56）原道太「漁農村と海洋指導者教育系体の整備」『少年団研究』第11巻第3号，1934年3月，15頁。
57）原道太「海洋指導者実習生諸君に」『少年団研究』第6巻第7号，1929年7月，31頁。
58）櫻井「海洋精神と漁港村の教育」（前出），11-12頁。
59）「海洋少年団めぐり（二）崎浜海洋少年団（岩手県）」『海洋少年』第1巻第4号，1939年9月，53頁。
60）崎浜海洋少年団「漁権を得た」『ジャンボリー』第7巻第3号，1928年3月，45頁。
61）花田「漁村海洋少年団に就て」（前出），5-7頁。
62）山崎英雄「漁村海洋健児団として」（前出），24頁。
63）原道太「漁村海洋少年団経営の一提案」『少年団研究』第8巻第1号，1931年1月，23-24頁。
64）少年団日本連盟『昭和五年版　少年団日本連盟加盟団名簿』（前出），6頁。
65）原「漁村海洋少年団経営の一提案」（前出），24頁。
66）崎浜海洋少年団「秩父高松宮両殿下に乾鮑を献上」『少年団研究』第6巻第2号，1929年2月，51頁。
67）「指導者実修生氏名」『少年団研究』第5巻第10号，1928年10月，18頁。
68）少年団日本連盟『昭和五年版　少年団日本連盟加盟団名簿』（前出）。
69）原道太「第二回全国海洋少年合同訓練の実況と意見」『少年団研究』第5巻第10号，1928年10月，13頁。
70）田村喜一郎「第二回海洋指導者実修所経過情況」『少年団研究』第6巻第9号，1929年9月，26頁。
71）「連盟公報」『少年団研究』第12巻第9号，1935年9月，36頁。「連盟公報」『少年団研究』第13巻第9号，1936年9月，23-24頁。「連盟公報」『少年団研究』第14巻第10号，1937年10月，34-35頁。
72）次の文献も参照。田中『少年団運動の成立と展開』（前出），315-326頁。
73）原「海洋指導者実修生諸君に」（前出），30頁。
74）原道太「海洋指導者の養成と三陸震災地指導者活躍」『少年団研究』第10巻第5号，1933年5月，12頁。

75）原「海洋少年団設立の手引き」（前出），24 頁。
76）原道太「海洋健児訓練上の要義」『少年団日本聯盟パンフレット第九輯　海洋健児訓練の要綱』（前出），5-6 頁。
77）「連盟公報」『少年団研究』第 6 巻第 6 号，1929 年 6 月，8-9 頁。
78）「岩手県連盟では今回海洋部を創設して釜石港に於て海洋部指導者実修所を開設し度いと連盟本部海洋部《ママ》へ申出た」（「各地海洋少年団情報」『少年団研究』第 12 巻第 6 号，1935 年 6 月，19 頁）。
79）原「第二回全国海洋少年合同訓練の実況と意見」（前出），11-12 頁。会場となった神戸高等商船学校からは，この訓練に対してテント等の生活設備に関しては前年の海軍兵学校と同じような支援が得られた。
80）陸の少年団には英国で指導者養成訓練を受けてきた佐野常羽がいたため，初期段階において指導者養成と合同野営の役割分担ができていた。
81）原「第二回全国海洋少年合同訓練の実況と意見」（前出），13 頁。
82）同上，12 頁。
83）「昭和三年度　海洋合同訓練」『少年団研究』第 5 巻第 6 号，1928 年 6 月，38-39 頁。
84）原「第二回全国海洋少年合同訓練の実況と意見」（前出），12 頁。
85）田村喜一郎「今年の海洋合同訓練の実況と所見」『少年団研究』第 5 巻第 10 号，1928 年 10 月，14-16 頁。
86）原「第二回全国海洋少年合同訓練の実況と意見」（前出），9 頁。
87）田村「今年の海洋合同訓練の実況と所見」（前出），16 頁。
88）「第二回海洋少年団　指導者実修生氏名　合同訓練参加団及氏名」『少年団研究』第 5 巻第 10 号，1928 年 10 月，18 頁。指導者実修生は横須賀，名古屋市清水，淀江，就將，東京，呉海国，神戸，大阪第一の各海洋少年団と渋谷義勇，米子市義勇の各少年団の指導者と小倉市連合少年団の理事だった。また団員は神戸（21 名），大阪第一（5 名），東京（14 名），名古屋（5 名），名古屋市清水（3 名），横須賀（2 名），呉海国（2 名）の各海洋少年団と大阪御津（16 名），金光教京町堀（1 名），大阪汗愛（8 名）の各少年団だった。
89）「第二回海洋少年団合同訓練指導者実修役員表」『少年団研究』第 5 巻第 10 号，1928 年 10 月，17 頁。
90）「連盟公報」『少年団研究』第 6 巻第 6 号（前出），8-9 頁。
91）「連盟公報」『少年団研究』第 6 巻第 7 号，1929 年 7 月，4 頁。
92）原「海洋指導者実修生諸君に」（前出），31 頁。
93）同上，32 頁。
94）原道太「第二回海洋指導者実修所々見」『少年団研究』第 6 巻第 10 号，1929 年 10 月，13 頁。
95）田村喜一郎「第二回海洋指導者実修所経過情況」（前出），26 頁。
96）「海洋合同訓練」『少年団研究』第 7 巻第 8 号，1930 年 8 月，21 頁。
97）「連盟公報」『少年団研究』第 7 巻第 10 号，1930 年 10 月，3 頁。
98）原道太「第三回三保海洋実修所と海洋合同訓練の経過とその特異性」『少年団研究』第 7 巻第 9 号，1930 年 9 月，18-19 頁。

99）同上，19 頁。
100）原道太「海洋指導者実修と教育課程の整理及当時の回顧」『少年団研究』第 8 巻第 9 号，1931 年 10 月，8 頁。
101）同上，8-9 頁。
102）同上，9 頁。
103）「連盟公報」『少年団研究』第 8 巻第 8 号，1931 年 9 月，7 頁。
104）原道太「昭和十年中に於ける海洋指導者実修所を顧みて」『少年団研究』第 13 巻第 1 号，1936 年 1 月，8 頁。
105）「連盟公報」『少年団研究』第 13 巻第 9 号（前出），23-24 頁。
106）「連盟公報」『少年団研究』第 14 巻第 10 号（前出），34-35 頁。

表 2－2　海洋指導者実修所参加者名簿

実修場所	氏名（参加回数）	職　業	道府県	所　属　団	役　職	海洋少年団	特　記　事　項
1928 神戸	青木　一義		鳥取	淀江海洋少年団		☆	
	淺井　新二郎	商	大阪	大阪第一海洋少年団		☆	
	井出　新太郎	学生	兵庫	神戸海洋少年団		☆	
	太田　善福		鳥取	淀江海洋少年団		☆	
	尾崎　幹雄		鳥取	米子市義勇少年団			米子市義方小学校
	嘉悦　一郎	公吏	東京	東京海洋少年団		☆	
	加藤　康次郎		愛知	清水海洋少年団		☆	
	金子　堅司	小学教員	神奈川	横須賀海洋少年団	副団長	☆	
	北川　林蔵		愛知	清水海洋少年団		☆	
	師山　太郎	学生	東京				東京高等商船学校
	住友　四六［四方とも］		広島	呉海国少年団		☆	呉市本通九丁目三宅方
	田中　輝雄		鳥取	淀江海洋少年団		☆	
	田中　重次郎		大阪	大阪第一海洋少年団		☆	1935 年名簿に記述なし
	田中　正信(1)	商	大阪	大阪第一海洋少年団		☆	
	土屋　安佳(1)	学生	東京	東京海洋少年団		☆	
	野口　千代吉		福岡	小倉市連合少年団	理事		
	濱田　喜生(1)		長崎	旭町少年団（後の旭海洋少年団）	団長	☆	
	福間［福岡とも］恒治(1)		鳥取	米子市就將海洋少年団		☆	
	藤本　正一		東京	渋谷義勇少年団			1935 年名簿に記述なし
	松本　守城		鳥取	米子市義勇少年団			米子市義方小学校
1929 江田島	足立　滿雄	学生	東京	東京海洋少年団		☆	
	石田　勉(1)	画家	大阪	大阪第一海洋少年団		☆	
	大島　喜一	学生	兵庫	神戸海洋少年団		☆	神戸法学院
	大場　理平		東京	東京海洋少年団		☆	1935 年名簿に記述なし
	岡村　久雄(1)	学生	東京	東京海洋少年団		☆	
	奥村　吉太郎		大阪	御津健児団			1935 年名簿に記述なし
	奥村　憲三郎		大阪	御津健児団			1935 年名簿に記述なし

実修場所	氏名（参加回数）	職　業	道府県	所　属　団	役　職	海洋少年団	特　記　事　項
1929 江田島	奥村　誠二郎［幸二郎とも］		大阪	御津健児団			1935年名簿に記述なし
	川井　政幸［政章とも］		広島	呉海国少年団		☆	呉市本通九丁目三宅方
	木村　清		大阪	御津健児団			1935年名簿に記述なし
	近藤　安二	商	大阪	大阪築港少年団		☆	
	雑賀　亮		鳥取	淀江海洋少年団		☆	淀江小学校
	高橋　茂夫		広島	呉海国少年団		☆	呉市本通九丁目三宅方
	竹田　達雄		大阪	大阪第一海洋少年団	副隊長	☆	
	田中　正信［正雄とも］(2)	商	大阪	大阪第一海洋少年団	隊長	☆	
	鳥巣　正男		福岡	姪浜海洋少年団		☆	
	永田　正男		鳥取	淀江海洋少年団		☆	淀江小学校
	仲野　一男		福岡	姪浜海洋少年団		☆	
	西村　信房	学生	大阪	御津健児団			
	長谷川［長谷とも］武彦	学生	兵庫	神戸海洋少年団		☆	
	濱田　喜生(2)		長崎	旭海洋少年団	団長	☆	
	福間［福島とも］恒治(2)		鳥取	米子市就将海洋少年団	隊長	☆	
	藤井　啓太郎	学生	兵庫	神戸海洋少年団		☆	
	藤本　潤次郎［訓三郎とも］		兵庫	神戸海洋少年団		☆	
	古江　政市		大阪	御津健児団			1935年名簿に記述なし
	本池　清		鳥取	鳥取県単独海洋健児	指導者	☆	
	森奥［森魚とも］秀次郎［秀治郎とも］	学生	大阪	御津健児団	副隊長		
	森部　裕雄［祐雄とも］		臺湾	馬公海洋少年団	副団長	☆	馬公小学校
	安田　忠久		鳥取	淀江海洋少年団		☆	淀江小学校
	眞家　克之	学生	東京	東京海洋少年団		☆	
1930 三保	石田　勉(2)	画家	大阪	大阪（第一）海洋少年団		☆	
	岡野　光夫	小学教員	静岡	清水海洋少年団		☆	
	川上　仁		長崎	旭海洋少年団		☆	
	小原　弘		鳥取	米子市就将海洋少年団		☆	
	杉本　俊二	小学教員	静岡	清水海洋少年団		☆	
	土屋　安佳(2)	学生	東京	東京海洋少年団		☆	
	鶴田　秀吾	会社員	岩手	釜石海洋健児団		☆	
	袴田　晴尾	小学教員	静岡	清水海洋少年団		☆	
	原　英道［英造とも］		東京	東京海洋少年団		☆	
	松下　増市		長崎	旭海洋少年団		☆	
	森　源藏		鳥取	淀江海洋少年団		☆	
	山口　賢明		兵庫	神戸海洋少年団		☆	

実修場所	氏名（参加回数）	職　業	道府県	所　属　団	役　職	海洋少年団	特　記　事　項
1931 伊勢	池田　像三		兵庫	神戸海洋少年団		☆	
	岩田　岩一(1)	小学教員	福井	三国海洋少年団		☆	
	岡村　久雄(2)	学生	東京	東京海洋少年団		☆	
	岡本　孝夫	会社員	東京	本郷魁少年団			
	川口　亮		長崎	大浦海洋少年団		☆	
	桑畑　武彦		兵庫	神戸海洋研究会		☆	
	白井　正光		兵庫	神戸海洋研究会		☆	
	永井　尚		鳥取	淀江海洋少年団		☆	
	中村　武	学生	北海道	函館海洋少年団		☆	
	畠山　竹松	学生	東京	東京海洋少年団		☆	
	濱田　隆康		長崎	旭海洋少年団		☆	
	原　鶴沖		愛知	名古屋海洋少年団		☆	
	森　昌男	学生	東京	東京海洋少年団		☆	
	續　一郎	学生	北海道	函館海洋少年団		☆	
1932 福井	市村　寛治	商	新潟	直江津海洋少年団	副団長	☆	
	岩田　岩一(2)	小学教員	福井	三国海洋少年団	理事	☆	
	内田　義一	学生	大阪	大阪築港海洋少年団	青年健児	☆	
	江藤　吉男	学生	東京	東京海洋少年団	少年隊長	☆	
	河合　彌七	商	愛知	清水海洋少年団	青年健児	☆	
	後藤　貞幸		鳥取	米子市就将海洋少年団	指導員	☆	
	谷　敏夫(1)		鳥取	米子市就将海洋少年団	指導者	☆	
	土田　秀雄	中学教員	新潟	直江津海洋少年団	副団長	☆	
	長田　景文［景久とも］	学生	東京	東京海洋少年団	青年健児班長	☆	
	松田　順一［純一とも］		石川	相川新海洋少年団	隊長	☆	
	村山　夏雄		長崎	旭海洋少年団	副団長	☆	
	矢部　證		福井	三国海洋少年団	指導員	☆	
1933 佐島	今里　正市	商	東京	東京海洋少年団		☆	
	上野　哲	学生	東京	東京海洋少年団		☆	
	内一　萬壽雄	学生	神奈川	横須賀海洋少年団		☆	
	窪田　佐喜夫		長崎	旭海洋少年団		☆	
	千本松　總太郎	商	東京	三河島海洋少年団		☆	
	武井　進	学生	東京	東京海洋少年団		☆	
	中村　春吉		東京	尾久海洋少年団		☆	
	濱田　重康		長崎	旭海洋少年団		☆	
	林　壽作	商	東京	南葛海洋少年団		☆	
	平石　匡［亘とも］	学生	神奈川	横須賀海洋少年団		☆	
	松田　兵衛	外務省雇	東京	南葛海洋少年団		☆	
	宮崎　宗一	小学教員	東京	尾久海洋少年団		☆	

実修場所	氏名（参加回数）	職業	道府県	所属団	役職	海洋少年団	特記事項
1933 佐島	村木　太郎	学生	東京	東京海洋少年団		☆	
1935-1 佐渡	赤堀　勇		新潟	柏崎海洋少年団		☆	
	池原　軍次		新潟	直江津海洋少年団		☆	
	石坂　武輝		新潟	柏崎海洋少年団		☆	
	岩田　岩一(3)		福井	三国海洋少年団		☆	
	岩淵　富治		新潟	直江津海洋少年団		☆	
	川本　利治		鳥取	米子市就將海洋少年団		☆	
	黒崎　林藏		東京				
	後藤　文市		鳥取	淀江海洋少年団		☆	
	小林　覺		福井	三国海洋少年団		☆	
	鈴木　外作		新潟	直江津海洋少年団		☆	
	高森　課三		新潟	直江津海洋少年団		☆	
	林　十郎		新潟	直江津海洋少年団		☆	
	古川　秀治		新潟	直江津海洋少年団		☆	
	水井　豊	在郷海軍	新潟				
	山崎　助藏		神奈川	横須賀海洋少年団	副団長	☆	
1935-2 釜石	阿部　正三	教員	岩手				釜石町第三尋常小学校
	石川　清光	教員	岩手				釜石町第二尋常小学校
	小野　忠男	教員	岩手				
	加藤　春雄	教員	岩手				釜石尋常高等小学校
	金崎　吉平	教員	岩手				釜石尋常高等小学校
	刈谷　德藏	漁業	岩手				
	齋藤　金之助	教員	岩手				大槌町吉里々々尋常高等小学校
	瀬川　七三男	教員	岩手				
	高橋　芳雄	教員	岩手				釜石尋常高等小学校
	花淵　善也	教員	岩手				
	廣野　貞助	印刷業	宮城				
	福田　億	教員	宮城				石巻市湊尋常小学校
	藤田　光太郎	教員	岩手				釜石尋常高等小学校
	松本　誠	教員	岩手				大槌町吉里々々尋常高等小学校
	吉田　善吉	教員	岩手				釜石町第二尋常小学校
1936 錦海	池田　稔		鳥取	夜見少年団			
	石黒　元治		鳥取	福生少年団			
	井原　潔		鳥取	加茂少年団			
	岩井　節三		鳥取	淀江海洋少年団		☆	
	北村　晃		鳥取	米子市就將海洋少年団		☆	
	雲内　龍雄		鳥取	上道海洋少年団		☆	
	小谷　貞一		鳥取	松保少年団			

実修場所	氏名（参加回数）	職　業	道府県	所　属　団	役　職	海洋少年団	特　記　事　項
1936 錦海	佐野　良		鳥取	住吉少年団			
	澤　時二		鳥取	田後海洋少年団		☆	
	住田　専三		鳥取	米子市就將海洋少年団		☆	
	高浦　茂		鳥取	義方少年団			
	竹安　好雄		鳥取	上道海洋少年団		☆	
	谷　敏夫(2)		鳥取	米子市就將海洋少年団		☆	
	谷繁　一男		鳥取	丹比少年団			
	谷本　峯男		鳥取	淀江海洋少年団		☆	
	田村　進		鳥取	国中少年団			
	中島　盛章		鳥取	高麗少年団			
	二宮　武義		鳥取	大幡少年団			
	船原　重義		鳥取	米子市就將海洋少年団		☆	
	古市　俊		鳥取	淀江海洋少年団		☆	
	別所　忠治		鳥取	崎津海洋少年団		☆	
	松本　克己		鳥取	渡報徳健児団			
	宮川　定雄		鳥取	上道海洋少年団		☆	
	元井　茂夫		鳥取	網代少年団			
	森田　健吉		鳥取	佐治第二少年団			
	安江　重緒		鳥取	車尾少年団			
	安本　知明		鳥取	境少年団			
	山本　万壽		鳥取	上道海洋少年団		☆	
	和田　兵之助		鳥取	啓成少年団			
	渡邊　登雄		鳥取	淀江海洋少年団		☆	
1937 長崎	赤瀬　義滿	小学校訓導	長崎				
	臼井　庫藏	小学校訓導	臺湾				
	江口　善芳	小学校訓導	長崎				佐世保小学校
	江里　武敏	小学校訓導	長崎				八幡小学校
	小田　久雄	小学校訓導	長崎				
	熊本　博	小学校訓導	長崎				
	黒崎　昴	小学校訓導	長崎				白南風小学校
	黒田　博	小学校訓導	長崎				
	小山　榮喜	小学校訓導	長崎				調川小学校
	城の下　初夫	小学校訓導	臺湾				
	富永　好松	小学校訓導	長崎				
	中尾　公明	小学校訓導	臺湾				
	中島　泰基	小学校訓導	長崎				小佐世保小学校
	野添　武利	小学校訓導	長崎				禰石小学校
	濱口　米一	小学校訓導	長崎				佐世保戸尾小学校
	林　善磨	小学校訓導	長崎				

実修場所	氏名（参加回数）	職　業	道府県	所　属　団	役　職	海洋少年団	特　記　事　項
1937 長崎	平田　四郎	小学校訓導	臺湾				
	藤島　武清	小学校訓導	長崎				田川尋常小学校
	船津　正哉	小学校訓導	長崎				三浦校
	堀江　實	青年学校教員	長崎				
	三島　正勝	青年学校教員	長崎				
	迎　三郎	青年学校教員	長崎				小学校

参考資料：
「指導者実修生氏名」『少年団研究』第5巻第10号，1928年10月，18頁。
田村喜一郎「第二回海洋指導者実修所経過状況」『少年団研究』第6巻第9号，1929年9月，26頁。
「各実修所入所者氏名〔第二回海洋指導者実修所〕」『少年団研究』第6巻第10号，1929年10月，32頁。
「第三回海洋指導者実習所実修者名」『少年団研究』第7巻第10号，1930年10月，3頁。
「海洋実修所（鳥羽）入所者名」『少年団研究』第8巻第8号，1931年9月，7頁。
「昭和七年度海洋指導者実修所修了者名簿」『少年団研究』第9巻第11号，1932年11月，26頁。
「海洋少年団実修所佐島道場入所者」『少年団研究』第10巻第8号，1933年8月，4頁。
「指導者実修所修了者名簿　海洋指導者実修所修了者の部」『少年団研究』第12巻第7号，1935年7月，58-60頁。
「釜石海洋実修所」『少年団研究』第12巻第9号，1935年9月，37頁。
「佐渡海洋指導者実修所」『少年団研究』第12巻第9号，1935年9月，37頁。
「錦海海洋指導者実修所修了者」『少年団研究』第13巻第9号，1936年9月，23-24頁。
「長崎海洋指導者実修所土井ノ首道場」『少年団研究』第14巻第10号，1937年10月，34-35頁。

なお，複数回参加している者については，氏名のあとに何回目かを示す数字を挿入した。
人名について，同一人物に複数の表記があるものは［　］中に示した。
☆は，海洋少年団が存在することを示す。

第3章
海洋少年団の合同訓練と海軍の対応

全国の海洋少年団員が集まって合同で訓練を受ける機会が，海洋合同訓練として1927（昭和2）年から1935（昭和10）年まで実施された。この海洋合同訓練を通して，全国の海洋少年団員は他の海洋少年団の子どもたちと交流でき，普段の各地における海洋少年団の活動では実施できない，規模の大きな活動を経験できたのである。

第1回海洋合同訓練（1927年）は江田島の海軍兵学校で開催された。第2回（1928年）と第3回（1930年），第4回（1931年）は第2章で考察した海洋指導者実修所と同時に開催され，第5回（1931年）と第6回（1933年）は軍艦上で，第7回（1935年）は少年団日本連盟の練習船上で開催された（表3-1）。第2回から第4回の海洋合同訓練に関しては，既に第2章で触れているため，本章では第1回，第5回，第6回の海洋合同訓練を検討の対象としたい。これらの海洋合同訓練の実施内容と，海軍の対応を検討する。

本章では，1934（昭和9）年に実施された海洋少年団員の東南アジア一周航海（南洋遠航）も取り上げる。日本各地の海洋少年団から選抜された海洋少年団員が参加し，少年団日本連盟の練習船に乗り込み，112日間をかけて東南アジアを一周した。周知の通り当時の東南アジアには米国，英国，オランダ，フランスの植民地が広がっていたのであり，シャム（現タイ王国）を含めて，現地を訪問し友好を深めることが期待された航海であった。これらの国や地域を訪問することについて，海軍，外務省，文部省が海洋少年団に意見を言うことがあった。

第1節では，全国の海洋少年団が集う海洋合同訓練について，海軍兵学校や軍艦を会場としたものに着目し，訓練の様子をできるだけ具体的に明らかにしたい。それによって，それぞれの訓練において何が教えられ，海洋少年

表 3－1 海洋合同訓練の開催場所

	宿 泊 地	活動場所	参加団数	参加少年数
1927 年 7 月 31 日 ～8 月 6 日	江田島海軍兵学校（野営）	校内敷地	8 団	80 名
1928 年 8 月 6 日 ～13 日	神戸商船学校（野営）	大阪湾	10 団	75 名
1930 年 7 月 28 日 ～8 月 6 日	東京～静岡間の寄港地（野営）	東京湾～静岡沖	5 団	104 名
1931 年（月日は不明）	鳥羽商船学校（合宿）	三重県伊勢湾	5 団	37 名
1931 年 12 月 26 日 ～28 日	軍艦長門（艦内宿泊）	艦内	6 団	50 名
1933 年 12 月 26 日 ～28 日	横須賀港軍艦比叡（艦内宿泊）	艦内	東京近県	百数十名
1935 年 8 月 2 日 ～6 日	品川第二台場，練習船	東京湾	6 団	不明

『少年団研究』より筆者作成。

団員はそこで何を学んでいたのかを検討する。海軍兵学校や軍艦を海洋合同訓練の会場とした意図，それに対する海軍の態度についても考察したい。

第 2 節では，海洋少年団による東南アジア一周航海について，計画と実施の状況，その意味について考察する。前年に日本が国際連盟から脱退した中で行われた東南アジアを一周する「南洋遠航」が，何を目的として企画され，どこに寄港することになっていたのだろうか。海軍，文部省，外務省はこの計画に対してどのような意見を持ち，どのような関わり方をして，航海の後にどのような反応を示したのであろうか。南洋遠航に参加した海洋少年団員は，航海の途中あるいは寄港地において何を経験して何を考えていたのだろうか。東南アジアの人々，植民地の支配者，現地在住の日本人は，どのような態度で日本の海洋少年団員を迎えていたのであろうか。具体的に検討したい。

第1節　全国の海洋少年団員が集う海洋合同訓練

海洋合同訓練は，1927（昭和2）年に始まり，1935（昭和10）年まで，都合7回開催された。本節では，まず海洋合同訓練が実施される前の，少年団日本連盟による「全国合同野営」について検討する。その後，1927（昭和2）年に初めて行われた海軍兵学校での海洋合同訓練と，軍艦で実施された1931（昭和6）年と1933（昭和8）年の2回の海洋合同訓練を取り上げ，その訓練内容や参加者の感想に着目する。

1. 陸海合同の全国合同野営

海洋健児部設置以前の1922（大正11）年4月，東京に全国の少年団が集まって「第1回少年団日本ジャンボリー」が開催された[1)]。1924（大正13）年には福島県猪苗代湖畔で「第1回全国合同野営」が開催され，2回目の「少年団日本連盟天幕生活」（全国合同野営）は1925（大正14）年8月1日から10日まで全国の20団，約300名が集まって富士山麓の山中湖畔で行われた。1925（大正14）年の「少年団日本連盟天幕生活」には，約8ヶ月前に結成された東京海洋少年団が唯一の海洋少年団として参加していた。原はこのキャンプに本部野営部の主任三島通陽の補佐をする副主任として参加しており，三島と共に少年たちの野営生活全般の指導に当たっていた[2)]。

第3回全国合同野営は1926（大正15）年7月31日から8月5日まで，愛知県の美合で行われた。原は前回と同様，野営本部の野営長三島通陽の補佐として副野営長を務めると同時に，この野営から新たに設けられた水上部の部長を任された。水上部副部長には日本連盟嘱託の田村喜一郎と開催地の名古屋連盟常任理事加藤孝平が務めていた[3)]。この全国合同野営には東京海洋少年団17名，神戸海洋少年団3名，名古屋海洋少年団18名の海洋少年団を含む全国40の少年団，518名の子どもたちが集まった[4)]。

第2回の全国合同野営では富士登山が主たるプログラムであったが，第3回全国合同野営では，当時のボーイスカウトの世界的な大会である「世界ジャンボリー」に倣って，手旗信号救急法などのスカウト技能と，走り幅跳びなどの陸上種目を団や隊，班単位で競っていた。キャンプファイヤー，少年団名古屋連盟の結盟式も行われた[5]。

野営に参加した東京海洋少年団の根岸眞太郎は，次のような感想を述べている[6]。

> 美合での第一夜は明けた、顔を洗ひに行くと方々で「お早う」と三指の敬礼で、昨日まで一度も会つたことのない兄弟の健児が、本当の兄弟にも勝る様な友《マ》情《マ》さで朝の御互の挨拶をした。それと同じに誰の口からも出た言葉は「昨日はずいぶん暑かつたね！」「蚊が多くて寝られなかつた」の二つであつた。
>
> 昨日から今まで僕はうはさだけで本当のことを知らなかつた班競技と言ふものを知ることが出来た。しかも僕は其れに参加することが出来てうれしかつた。手旗信号と、走幅飛と、石投げの三種を行つた。
>
> 夜になると五百の健児が、三三伍々と篝火の庭へ集つた、斯様に多人数のキャンプ、《ママ》フアイヤーは初めてであつた。人数が多いので中々面白いものが沢山あつた。

根岸も参加したこれらのプログラムの中において，原が部長を務めた水上部がどのような役割を果たしたのかは不明である。原は翌年から始まる海洋少年団だけの合同訓練に向けた何らかの準備をすると同時に，この全国合同野営大会と同時に開催された，指導者訓練所（後の指導者実修所）で，指導者に対して水上プログラムに関する指導方法を助言したと考えられる。

第３回全国合同野営と同時に開催された少年団の指導者を養成する指導者訓練所には，呉海国少年団から２名，名古屋海洋少年団と淀江海洋少年団からそれぞれ１名ずつが参加した。全国合同野営後に大分県飯田であった九州野営と同時に開催された指導者訓練所には，水之浦海洋少年団（長崎県），淀江海洋少年団（鳥取県），養良海洋少年団（鳥取県）から１名ずつが参加した[7]。当時はまだ海洋指導者実修所が実施されておらず，陸の少年団と同じ訓練を受けていたのである。

海洋少年団指導者としての原道太は，陸の少年団と合同ではなく，海洋少年団関係者だけで全国規模の大会や指導者養成を行いたいと思っていた。そこで，海洋少年団専用の教材などを揃え，海洋少年団の活動を充実させるために，壮年団日本連盟の二荒芳徳理事長をはじめとして佐野常羽，三島通陽，小山武ら理事らと共に，文部省と交渉していたという[8]。その結果，「大富豪，特《マ》志《マ》家を初め，海防義会，水難救済会，海軍協会，海軍関係の各造船造兵諸会社，水産局，高等商船学校等の後援助力を得て団用船舟，教材等の整備も漸次緒に附きつゝあり，最近文部省関屋普通学務局長の深甚なる尽力と後援に依り，殆ど海洋少年団としては，理想的の練習船を得んとしつゝあ」るところまで海洋少年団の活動条件がそろっていくことになった[9]。「理想の練習船」とは，少年団日本連盟の練習船忍路丸（後の義勇和爾丸）のことである。

2. 海軍兵学校における第１回海洋合同訓練

1927（昭和２）年夏，第１回海洋合同訓練が広島県江田島付近で８月１日から６日の間，少年団日本連盟の主催で開催された。陸の少年団の全国規模の大会がこの年は開催されず，少年団員の参加の便も考慮されて北陸，近畿，九州の３ヶ所で地方開催された。これに合わせて，海洋少年団は全国合同野営から独立して，海洋合同訓練を行うようになった（表３－２）[10]。

海洋少年団だけが集まって訓練することに対しては少年団日本連盟内部からも異論があったが，原は陸と海の少年団の性格の違いを強調して，当分の間は海洋独自で行いたいという意向を示した[11]。

海洋合同訓練の役割分担は次の通りである[12]。少年団日本連盟からは海洋健児部長原道太が「野営長」となり，審議委員足立脩蔵が「副野営長」，嘱託田村喜一郎「総務掛長（水上部補佐）」，図書部長花田忠市郎と研究委員臼井茂保が「指導掛（野営部）」，呉海国少年団長三宅清人が「外交掛長」として参加した。顧問の鳥巣玉樹海軍中将（海兵 25 期）は会場となった海軍兵学校の校長，及川古志郎海軍少将（海兵 31 期）は教頭，井手元治は神戸海洋少年団長であり，「副野営長（水上兼短艇長）」の河村辰雄も軍人で神戸海洋少年団副団長であった。

訓練に参加したのは東京，名古屋，神戸，呉，養良，淀江，相川新，佐世保泉の各海洋少年団からの，合計 87 名であった[13]。日頃，地方の少人数の

表3－2　1927（昭和2）年　第1回海洋合同訓練　日程表

8月1日　月曜日		
午前	6時30分	起床
午前	7時00分	総員体操
午前	8時00分	国旗掲揚式
午前	8時30分	総長訓示（原野営長代読）
午前	9時00分	参加団編成
午前	9時15分	訓練（漕艇、団杖繰法）
午前	10時45分	随意訓練
午後	1時30分	講話（海事思想について）
午後	3時00分	総長代理（三島理事）、小山理事、池園委員歓迎
午後	7時30分	国旗降納
午後	8時00分	篝火のまどゐ
午後	9時00分	就寝

8月2日　火曜日		
午前	6時00分	起床
午前	6時20分	体操
午前	8時00分	国旗掲揚
午前	8時15分	講話（兵学校長鳥巣中将）
午前	9時45分	同（池園委員）
午前	10時00分	班長会議
午後	1時40分	総長代理三島理事退営を送る
午後	1時45分	合同訓練（短艇帆走、伝馬船、結索遊戯）
午後	3時30分	水泳
午後	7時25分	国旗降納
午後	7時30分	講座（天文、星座、満潮流）
午後	9時00分	班長会議
午後	10時00分	就寝

8月3日　水曜日		
午前	6時00分	起床
午前	6時20分	体操、信号
午前	7時00分	学修、修養作業
午前	8時00分	国旗掲揚
午前	8時30分	点検（優秀団呉海国）
午前	9時00分	訓練（衝突予防法）、軍艦扶桑模型見学
午前	10時30分	随意訓練、水泳
午後	1時00分	訓練（海図使用法、旗信号、発音信号、気象信号）
午後	3時00分	随意
午後	6時30分	入浴
午後	7時26分	国旗降納
午後	7時30分	活動写真会
午後	9時00分	就寝

8月4日　木曜日		
午前	6時00分	起床
午前	6時20分	体操遊戯
午前	7時30分	指導班呉見学、運用実習
午前	8時00分	国旗掲揚
午前	8時10分	海軍参考館見学
午前	10時00分	部隊記号教練
午後	1時15分	訓練（溺者救助教練、発見信号、発音信号、結索）
午後	7時25分	国旗降納
午後	8時00分	室内篝火のまどゐ　後代表者会議
午後	9時20分	就寝

8月5日　金曜日		
午前	6時00分	起床
午前	6時20分	皇国運動
午前	8時00分	国旗掲揚
午前	8時10分	指導班校内見学
午前	9時10分	星座遊戯、製作品展覧会
午前	10時30分	講話（谷口呉鎮守府司令長官）
午後	1時30分	随意訓練
午後	2時00分	天幕内設備品撤退
午後	4時10分	野営長講話（閉場について）
午後	7時25分	国旗降納
午後	8時30分	篝火のまどゐ
午後	9時45分	就寝

8月6日　土曜日		
午前	4時45分	起床
午前	5時45分	最後の食事
午前	6時15分	閉場式

「四地方野営の経過」（『少年団研究』第4巻第10号，1927年10月，8頁）より筆者作成。

海洋少年団ではできない大がかりな訓練や，海や船の専門家から直接話を聞く機会を設けることで，海洋少年団員としての技能や知識を増やし，全国の海洋少年団員同士の結束力を高めることにもなった訓練であった。訓練の会場を広島県江田島の海軍兵学校にしたことについて，原は次のように述べている[14]。

合同訓練の目標が、訓練本位でなく単に野営体験の実習、各団の親睦、気分の養成等を本位とするならば、敢て海軍兵学校の如き場所を撰ぶ必要はないのである。然るに、合同訓練の目標が、大体に於て、訓練本位であつて、海上訓練、並に之に伴ふ精神訓練、規律訓練と科学的攻究とに、全訓練の大半を費やさんと決心せる今回の合同訓練に於ては、我海軍兵学校校庭の野営地は先づ理想的であつた。

前年の海陸の少年団が集まった合同訓練とは違い，海洋合同訓練では海洋少年団員に対して，文字どおり訓練を行おうとしていた。原はその理由として，「海洋少年団の海上作業に属する技能教育は，協同一致の精神が貫徹して居なければ，到底完全に遂行ができない，而して此協同一致の精神は，実に規律と各自の自省である」，「少年団の精神教育は，各種の作業，各種の技能を通じて，時々刻々に之を養はなければならぬ」，そして「元来，技能教育そのものも亦当然精神教育であらねばならぬ」と言う[15]。海洋少年団において少年たちに対する精神教育は技能教育と不可分の関係にあり，全国から海洋少年団員が集まるこの場を利用して技術的な訓練の必要性を説いている。

少年団の教育は画一教育を忌んでいるが，海洋少年団のように海上での作業を行う場合は命に直接関わる危険が伴うため，「協同一致の精神」や「規律」を求めている。そのために海洋少年団では「精神教育」を行わなければならないのである。初めての海洋合同訓練で原は，海洋少年団の間に技能教育や「精神的訓育」の程度にかなりの差があることを認識した。全国統一的な海洋少年団の訓練のための指針をもつ必要性を痛感した原は，次のように述べている[16]。

一部の中には自由教育の誤解から、少年団教育に尤も大切なる規律教育を無視し、甚しきは規律教育を軍隊式教育だといふて、暗に之を罵るものさへある結果が、今日我国多くの少年団に、規律を欠き、節制が行はれない結果、其集合離散は素より、諸運動に於て、規律不足のため「ダラシ」のないものがあるのは、痛歎の外はない、英国少年団教範に依れば、規律は、遊戯其他の娯楽運動中と雖も、必ず厳格に要求して居るのは流石に敬服に堪へない。何れにしても、今日日本の少年団に最も目に付いて、欠乏して居るのは規律の不足である、少年団は、自発自啓を主として居るから、号令命令を待たすに発動すべきであると信じて放縦不規律に陥つたものであるようである、《ママ》

原は規律教育が軍隊式の教育であると考えられることによって，規律不足に陥っている少年団があることを嘆き，英国のボーイスカウトを念頭にしてその対応にあたろうとした。この文章は，「軍隊式教育」を否定的に捉える少年団指導者の存在に言及している。それによって，組織としての規律そのものが崩壊することに，原は落胆している。

会場となった海軍兵学校側の雰囲気はどのようであったのであろうか。兵学校校長の鳥巣は海軍兵学校 25 期，教頭の及川が同 31 期であり，少年団日本連盟の理事小山武が同 26 期，原が同 28 期であることから，それぞれ知り合いであった可能性がある。この合同訓練中に海洋少年団に講話をした呉鎮守府長官谷口尚真海軍中将（海兵 19 期）は大正期の皇太子欧州歴訪に参加し，ベーデン-パウエルとも会話したという。兵学校には以前に海洋少年団の活動に参加した者もいて，海洋少年団に対する理解は深かったという。訓練中の溺者救助や天文学などの講義や，野営中のテント点検は兵学校の教官が担当した。兵学校の担当者がテントや電気設備を始めとして蚊帳，毛布等のキャンプに必要な設備や道具を準備し，食事や毎日の入浴も提供した。本来，少年たちがしなければならない野営における諸作業は，全般的に兵学校側の協力を得ていたのである。そのメリットを，海洋健児部の田村喜一郎は次のように述べている[17]。

斯様の次第で随分とこちらの手が省けましたから、訓練の時間が予定以上にありまして、各指導班は希望の通り予定以外の練習及自習が行はれ、

> 殊に海上に於ける作業中で溺者救助等は軍医官と看護兵曹が天幕内に特に出張されて、一方健児が海中に飛込で実際溺者の如く状体《ママ》をなさしめ、之を救助艇が引揚て急救《ママ》法を施すなぞと云ふことは此学校なればこそ斯様な作業が容易に出来るのであります。又天文星坐《ママ》に就ては専門の教官が助手を連れられて、あらゆる器具を芝生の広場に据られての説明でありますから初学者と雖も容易に会得することが出来、書物の上で講義を聞くよりも遙に早く良く解つて又興味も深く、凡てが此様に諸作業が遂行せられて実に得る所甚大でありました。

海洋少年団が海洋合同訓練の場を海軍兵学校に求めたのは，海軍のもつ海や船に関する専門的知識を最大限に，しかも効率よく利用するためであったことが，この文章から読み取れる。海や船に関する専門的な知識や技術を学ぶには，海軍兵学校や商船学校，そして次項で見る軍艦が最適だったのである。

3. 軍艦上での第5回・第6回海洋合同訓練

少年団日本連盟海洋健児部は冬季の海洋合同訓練として，1931（昭和6）年12月26日から2日間の日程で，軍艦便乗を企画した。横須賀鎮守府司令長官野村吉三郎海軍中将（海兵26期で小山武と同期）の許可を得て，横須賀に停泊している軍艦長門での宿泊訓練であった。1933（昭和8）年も同じく横須賀停泊中の軍艦比叡で宿泊訓練を行った。この時の横須賀鎮守府長官は永野修身海軍中将（海兵28期で原道太と同期）であった。いずれの訓練でも横須賀鎮守府内を見学し，海軍軍人の訓示を受け，結索や手旗信号，救急法などの訓練を受けた。参加したのは東京とその近辺の海洋少年団員であった[18)]。

海洋少年団を指導する小山や原と同期の海軍軍人が横須賀鎮守府長官をしていたことは，冬季の海洋訓練を横須賀で行った大きな原動力であったと考えられる。ちょうどこの間しか，彼らの同期生は横須賀の長官をしておらず，海洋少年団の冬季海洋合同訓練も，この2回だけだった。

1931（昭和6）年の海洋合同訓練のスケジュールは，表3-3の通りであっ

表3－3　1931（昭和6）年　第5回海洋合同訓練　軍艦便乗　日程表

第1日（12月26日）

午前　8時50分	東京駅発　午前10時横須賀着
同　10時20分	鎮守府着
同　10時30分	軍事普及会主任古田中中佐挨拶
同　10時50分	工廠見学
午後　0時10分	長門乗艦
同　0時20分	艦長訓示
同　1時30分	指導官挨拶
同　1時40分	艦内旅行　見学実習
同　3時30分	釣床　居室　準備　整頓
夕　食　後	拳銃操法　仗術
日　没	軍艦旗卸方　参列
日　没　後	結索　手旗信号　探照灯　照射見学

第2日（12月27日）

総員起床後	嘉納式国民体操　15分間洗面　食事
午前　8時	軍艦旗上ゲ《ママ》方　参列
同　8時10分	長門発古鷹見学（長門汽艇）
同　9時30分	古鷹発赤城見学（同）
同　11時30分	赤城発長門へ　（同）
午後　1時	長門発航空隊見学予科練習部をも
同　2時15分	航空隊発狭霧見学（同）
同　3時30分	狭霧発第六潜水隊見学（同）
同　4時30分	第六潜水隊発長門へ　（同）
夕　食　後	仗術
日　没	軍艦旗降シ方同参列
日　没　後	急救法　手旗信号　結索

第3日（12月28日）

総員起床後	甲板洗び《ママ》方見学　国民体操　15分間洗面　食事
午前　8時	軍艦旗上ゲ方　参列
同　8時20分	退艦準備
同　8時30分	前澤副長へ足立総監督挨拶
同	大竹指導官へ代表健児挨拶
同　9時	鎮守府着（長門艦載水雷艇にて）
同　9時30分	野村司令長官点検訓示
同　9時50分	活動写真に依り実修
午後12時	終了
同　1時	開散

田村喜一郎「冬期海洋合同訓練」（『少年団研究』第9巻第2号，1932年2月，27頁）より筆者作成。

た[19]。1933（昭和8）年の冬期海洋合同訓練も，おおよそ似たようなスケジュールであった（表3‐4）[20]。

1933（昭和8）年の訓練に海洋少年団の指導者として参加した堀元美は，軍艦比叡における少年団員に対しての「便宜」について，以下の通り報告している[21]。

（イ）艦内在泊中通常は午後十一時より午前六時半迄消灯のところ、特に終夜点灯を実施せられた。
（ロ）指導部に対しては特別の待遇を与へられ、就寝入浴等凡て特種の取扱を得たのは恐縮した。唯食事は指導部以下全部団員と共にした（文中の「指導部」とは少年団の指導者のこと―引用者）
（ハ）団員は五、六砲廓に於て兵員居住区の一部に居住し、艦内に於ける諸行動は甚だ自由に許されてゐた。
（ニ）艦内に於ても、航空隊、鳥海に於ても見学等の案内は士官或は下士官を以てせられ、可及的高級なる知識の養成を計られた。
（へ《ママ》）其他訓練の為にカッター帆走等の面倒なる事業を特に兵員をして従事せしめられた。

軍艦比叡やその乗員は少年団員とその指導者に対して，終夜点灯，入浴，艦内の自由行動，見学の便宜を図っていた。この訓練に参加した東京海洋少年団団員の篠崎信光は，次のような感想を残している[22]。

起床は六時半だつたが、皆は五時頃に起きて騒いでゐるのでよく当直当番に叱られる。
（中略）
一同は仗をもつて上甲板に集つた、兵隊さんにならつて掲揚式を終た《ママ》、ランチに乗つて追浜の航空隊へ見学に行つた。沢山の飛行機を見て一々その種類を見分けた。又ランチで軍艦比叡に帰つてすぐ甲板洗ひをやる。
（中略）
午後は手旗信号や機械などを見学した。
国旗降納ののち東京海岸《ママ》おとくいの仗術を演じて解散した。

表3－4 1933（昭和8）年　第6回海洋合同訓練　軍艦便乗　日程表

月　　日	時　刻	項　　　目
12月26日	14時30分	小海発比叡へ
	14時50分	比叡乗艦、艦長訓示、指導官教示
	15時15分	艦内見学（五組に分つ）
	15時45分	夕　食
	16時15分	休憩、短艇揚方見学
	17時00分	談話会（於士官室）終て入浴、家庭通賃《ママ》
	19時30分	就　寝
12月27日	6時30分	起床、体操、洗面
	7時00分	朝　食
	8時00分	軍艦旗揚方見学（参列）
	8時10分	信号教練（手旗、旗旒）実習半数は機関見学
	9時20分	比叡発航空隊見学
	10時20分	航空隊発比叡へ
	11時00分	甲板洗方実習
	11時45分	昼　食
	13時15分	信号教練（手旗、旗旒）実習半数は機関見学
	14時30分	帆走実習（カツター四隻）
	15時45分	夕食、家庭通路《ママ》
	日没時	軍艦旗卸方見学
	17時30分	探照灯照射（二台使用）見学
	19時30分	就　寝
12月28日	6時30分	起床、体操、洗面
	7時00分	朝食終て退艦準備
	8時10分	比叡退艦鳥海へ
	8時30分	鳥海見学

田村喜一郎「冬期海洋合同訓練」（『少年団研究』第11巻第2号，1934年2月，27頁）より筆者作成。

軍艦上で海軍の兵隊と同じような行動をとること，またいくつかの見学をすることで，海洋少年団員は海軍に対するあこがれを強くすることになったであろう。

第１回海洋合同訓練は海軍兵学校で，第５回と第６回海洋合同訓練は軍艦上で開催した。少年団日本連盟海洋健児部が海洋合同訓練の会場として海軍の施設を利用することは，第２回や第４回のように商船学校や，第３回や次項で検討する第７回のように少年団日本連盟の練習船上を利用することと同様に捉えていたと考えることができる。海軍の側から，海洋少年団の訓練会場として海軍の施設を利用するようにとの働きかけは確認できなかったが，海洋少年団からの施設利用に関する依頼に応じていたようである。

4. 練習船上における第７回海洋合同訓練

少年団日本連盟海洋健児部として最後の海洋合同訓練となった1935（昭和10）年の訓練は，東京湾の灯台の１つである第二台場のある島で野営することになった。活動としては，主にカッター訓練や義勇和爾丸による航海を行った[23]。東京が近くて天体観察には不自由をしたが，「あさり」が大量にとれたと原は報告する。「幼魚保護と養殖とは海洋少年の最も力を入れて居る処」なのである[24]。

この年の海洋訓練は参加人数が少なく，今後も海洋少年団だけで合同訓練を実施することについて，「人の問題と経費の関係」を，原は懸念する。少年団日本連盟の中でも海洋健児部は陸の健児部と同等の地位を持っていたが，練習船義勇和爾丸を擁しているだけに，その維持費や航海費，人件費等に多額の出費が必要だった。その上，少年団日本連盟内で実質的に海洋健児部を運営している原道太，田村喜一郎，足立脩蔵というメンバーはこの時点においても変わることなく，増え続ける海洋少年団に対する助言指導などを行うには，人材不足であることが否めなかった。将来的な合同訓練について，原は以下のように述べている[25]。

　此度の海洋合同訓練は平常の予算以内にてやり、極めて少数の指導部員にて演練されたが、将来の施行さるべき此種訓練は、経費は兎も角も《ママ》として、之に当たるべき中央地方の幹部員を集合して、十分の計画を立て、最も短日時間に最大の効果を挙ぐべく十分に考慮案配したらんには、現時我国に於て最も欠如し居ると言はるゝ海洋少年教育に対して相当の効果を挙ぐる得べしと思ふ。

海洋少年団にとっての致命傷は，その指導的立場にある少年団日本連盟海洋健児部を引っ張る，有用な人材が育っていなかったことである。東京以外の名古屋や神戸，福岡といった大都市以外にも，各地方には海洋少年団の熱心な指導者がいたが，東京の少年団日本連盟本部で活躍することはなかった。東京にも東京海洋少年団以外にいくつか海洋少年団があったが，恒常的に海洋健児部に出入りしていた指導者は少なかったのであろう。日本連盟の海洋健児部設置からこの時点に至っても，そして大日本海洋少年団として独立する前年に当たる1937（昭和12）年まで，海洋部のメンバーはほとんど変わっていなかった。

第2節　練習船による南洋遠航（東南アジア一周航海）の実施

1. 航海の企画

1934（昭和9）年6月発行の少年団日本連盟の機関誌『少年団研究』に，「義勇和爾丸南洋遠航派遣団員募集」の記事が掲載された。それと同時に，全国の海洋少年団に同様の知らせが送付された。これは日本全国の海洋少年団の代表が練習船義勇和爾丸に乗船して東京から東南アジア諸国を航海して訪問するという，壮大な計画の参加者を募集する内容だった[26)]。

今般本連盟所属練習船義勇和爾丸を改装補強し遠航派遣団を編成し裏表両南洋より新嘉坡附近を遠航練習すると共に我南隣の英米蘭各国植民地青少年と交歓親善を図る目的にて派遣団幹部並に特定乗務員の外全国加盟海洋少年団中より左記条件に依り派遣団健児を募集することとなつた。

南洋遠航の計画が『少年団研究』誌上で発表された1934（昭和9）年当時

の日本は，1933（昭和 8）年 3 月の国際連盟脱退以降，国際的に孤立を深めつつあった。海洋少年団の小山武や原道太らが中心となって計画した南洋遠航は，少年団にとってはその存在を強くアピールすることとなり，日本が国連脱退のきっかけとなった対日撤退勧告案の投票に唯一棄権したタイを含めて，南洋（東南アジア）との交流を促進する役割が期待された。

この南洋遠航は，1932（昭和 7）年に少年団日本連盟相談役に就任した，竹下勇海軍大将が同年もしくは翌年の海洋指導者実修所で行った「南洋ニューギニヤ談」に端を発している。そして南洋遠航計画を 1933（昭和 8）年末，具体的に少年団日本連盟に提案したのが東京の尾久海洋少年団の指導者をしていた増山と田中であった[27]。この進言は継宮明仁親王（今上天皇）誕生とほぼ時を同じくして行われており，翌 1934（昭和 9）年は東京海洋少年団の結成 10 周年でもあった。これらの記念行事として，南洋遠航の実施に向けた準備を始めたのである。

航海の経費としては，約 7 万 8,000 円が見積もられた。それに対し海軍は，遭難や故障に対しては救助することもありえると前置きしつつも，金銭を含めた物質的な援助について，次のような見解を少年団日本連盟に伝えている[28]。

海軍省トシテ物質的補助ハナサレザルコトニ承知サレ度

海軍は航海に際して，特別な補助はしないという態度を示したのである。

資金調達には少年団日本連盟の二荒芳徳理事長や竹下勇相談役が企業や海軍関係者を回ったものの，寄付は思う通りに集まらなかった。そこで東京海洋少年団の理事をしていた海軍主計少将川田小三郎が中心となって「海洋健児遠航後援会」を結成し，資金や物資の調達に奔走した。その結果，五大財閥を始めとする大企業から多額の募金を得ることができた[29]。集まった寄付金の金額は，三菱合資会社から 2 万円，三井合名会社から 1 万円，住友吉左衛門から 5,000 円，安田善次郎から 3,000 円など，合計 6 万 2,891 円 7 銭であった[30]。この他，海軍省が計器類を援助して南洋遠航に向けて改造中の義勇和爾丸に備え付け，定時連絡の時間や呼出符号も設定された[31]。全国の少年団，中学校，小学校からも寄付があり，米国の少年団長は冷蔵庫を贈ってきた[32]。

5月には少年団日本連盟が竹下を委員長とする「遠航準備委員会」を組織した。二荒芳徳，三島通陽，小山武らが委員となって，航海に向けた実務的な準備に取りかかった。

2. 航海の目的に対する海軍の意見

「海洋健児南洋調査視察隊派遣案（昭和九年一月十六日原案）」が，南洋遠航について初めて海軍に提出された案である。この「目的並ニ趣旨」の一部に，以下のような文章があった[33]。下線部は原文の傍線のままである。

> 我国刻下ノ要務ハ新満州国ノ開発ト同時ニ我南洋委任統治領及其附近一帯ノ外領ノ開拓ヨリ急ナルハナシ。由来我国人ノ多クハ満蒙ガ我生命線タルヲ論スル者アルモ我南洋委任統治領並ニ其附近一帯ノ群島ガ産物ノ天府ニシテ我国策上、且ツ我国防上ノ第一線ニシテ眞ニ我生命線タル重大性ハ遠ク滿蒙ノ其レヨリ更ニ一層ノ重要性ヲ有スルヲ知ル者鮮ナキハ誠ニ痛歎ニ堪ヘザル處ナリ。（中略）我国気鋭ノ青少年ノ力ヲ以テ一モ之ヲ実地ニ実視踏査セラレザルハ天与ノ恵物ヲ不問ニセシモノニシテ人類福利増進ノ為ニ遺憾ノ極ミト云フベシ。（以下，略）

ここに「国策上」や「国防上」という文言を確認することができる。原によるこのような文言の意味は，検討しなければならないだろう。

1934（昭和9）年は，前年の国際連盟からの脱退に加え，日本海軍にとってその後の軍備拡張に繋がる重要な年であった。1921（大正10）年のワシントン海軍軍縮条約によって戦艦や空母の規制がかかり，1930（昭和5）年のロンドン軍縮条約によって巡洋艦以下の補助艦艇についても規制がかかるようになった。原道太自身も，ワシントン海軍軍縮条約に基づく戦艦土佐の処分に伴って海軍を退役している。

1934（昭和9）年12月，日本はワシントン海軍軍縮条約を破棄することを決めた。そして1936（昭和11）年にワシントン条約は失効し，同年に日本はロンドン海軍軍縮条約からも脱退する。

軍縮から軍拡へと海軍の政策が転換期を迎えるさなか，原は，東南アジアが日本にとって「国策上」かつ「国防上」重要な位置づけ（「生命線」）になることを意識して，南洋遠航の企画文章を作成したと考えることができる。

ところがこの文章に対し，海軍から「外国ヲ刺激セザル様ニ少年団ノ遠航トシテヤルコトヲ希望ス　堀内」，あるいは「目的並ニ主旨ヲ少年団ノ遠航ニ適スル如ク適当ニ書直ス必要アリ，『国防ノ第一線』及『南洋ノ開発ガ日本国民ノ天ヨリ與ヘラレタル使命～』等ノ文句並ニ実行諸班ノ編制中調査ナル意味ヲ書換フルヲ要ス　横山」との指摘があった。文字通り理解するならば，海軍は外国を刺激しない文面に書き換えるよう求めてきたのである。具体的には，前に引用した文章全体を，次の通りに変更するようにとの指示であった。

南洋諸地方ハ地理上経済上本邦ト最モ密接ナル関係ヲ有スルヲ以テ彼我ノ間ニ親善諒解ヲ促進シ相互経済交通関係ノ伸展発達ヲ計ルハ刻下ノ急務ナリト謂フベシ。（中略，この部分は変更なし）我国気鋭ノ青少年ヲシテ実地ニ実視察セシメ以テ海外ニ関スル知識ヲ体得セシムルト共ニ心身ヲ鍛練シ彼等将来ノ発展奮闘ニ資セシムルハ豈有意義ナル企ナラストセンヤ。（以下，略）

「国防」を意識した航海から，南洋諸地方との「親善諒解」を期待する航海への変更である。外務省がここに口出しをした形跡は見られず，海軍から海洋少年団に，このような訂正を求めてきたと考えられる。原が作成した企画文章に対する海軍からの訂正要求について，２通りの理解ができる。

１つ目は，原の企画文章の通り，海軍も東南アジアへの進出を考えており，今回の南洋遠航を歓迎したが，諸外国の反応を考えて，「国策上」や「国防上」などと明示することを訂正させ，これまでの海洋少年団活動や世界規模で展開するボーイスカウト活動の一環として位置づけさせようとしたという捉え方である。水面下では海軍も海洋少年団も東南アジアへの進出を念頭にしつつも，表面上はそれを隠して国際親善を打ち出したという考えである。

しかし，この理解にはいくつかの無理が生じる。原は南洋遠航の報告書『昭和九年　海洋少年団南洋遠航記』（1935年）の中で，海洋少年団員が東南アジアの寄港地で現地のボーイスカウトたちと「親善」してきた姿を描いているのであり，この冊子から日本の国策としての東南アジア進出の下地作りといった意図を読みとることは困難である。あるいは，それまで海洋少年団は英国に起源を持つボーイスカウトの一員としてのアイデンティティをもっており，平時において軍部に積極的に協力する姿勢を示してこなかった海洋少年団が，1934（昭和 9）年になって活動の目的として「国策」や「国防」を前面に打ち出すようになることを説明する論拠も乏しい。海軍が南進論として積極的に武力によって東南アジアへ進出するべきであると考え始めたのは，1930 年代後半以降である[34]。

そこで 2 つ目の理解として，原が南洋遠航に期待したことは，実際には寄港地における「親善諒解」であり，当初作成した文章は海軍の協力を得るための口実であったと考えよう。海軍は原が提出した企画文章について，原が本来考えていたような文面へと訂正したと考えるのである。原は当時の時代背景から，企画の当初から「親善諒解」を目的とするよりも，「国策上」や「国防上」という文言を使った上で，海軍による訂正を期待していたのかもしれない。

そして後に述べる通り，東南アジアの各国や地域を巡った少年たちは，寄港地で現地のボーイスカウトと「親善諒解」を行ってきたのである。

3. 寄港地の選定

少年団員を南洋に派遣する計画を立てる際，寄港地の選定は海軍と外務省を巻き込んだ議論となった。計画当初の航海ルートは，次の通りであった（「海洋健児南洋調査探検隊派遣団（昭和九年一月十六日原案）」）[35]。以下で引用する地名は，いずれも原文のままである。

東京、館山、大島、八丈島、小笠原父島、サイパン、ヤツプ、パラオ、ニユーギニヤ　ケールウンク湾、ニユーギニヤ　マモリー附近、タバオ、メナード、ハルー、マカツサー、スラバヤ、スマラン、バタビヤ、シンガポール、サイゴン、マニラ、高雄、澎湖島、基隆、中蝿《ママ》湾、大島、鹿児島、宇和島、徳山、宮島、大三島、高松、神戸、大阪、鳥羽、館山、東京東京から小笠原諸島沿いに南下し，サイパン島やヤップ島，パラオ諸島を経てニューギニア島（オランダ領）に至り，そこからフィリピン（米国領）のミンダナオ島ダヴァオ，スラウェシ島（オランダ領）マナド，パル，マカッサル，そしてジャワ島（オランダ領）スラバヤ，スマラン，ジャカルタ（バタビア），シンガポール（英国領），インドシナ半島（フランス領）のホーチミン（サイゴン）から南シナ海を渡ってフィリピンのマニラ，台湾，沖縄，鹿児島，瀬戸内海を通って東京に至るルートである。

この案に対して，海軍がニューギニア島への寄港を認めなかった。その理由は以下の通りである[36]。

「ニューギニヤ」其ノ他蘭領小港ニ寄港スルコトハ「タラカン」重油取扱ノ要アル海軍トシテ往ニ蘭○（判読不能—引用者）ヲ刺激スルヲ以テ之ヲ削除スルコト。(外務省モ同様ノ意見ニシテ海軍省ノ指示ニ依ル他ノ寄港地ニ関シテハ差支ナシト協議ヲ遂ゲタリ）

「軍令部同意ス」との括弧書きもあり，さらに「他領土ニアリテモ往ニ疑惑ヲ受ケザル様行動スルコト」との走り書きもあった。オランダ領だったニューギニア島西部に寄港することは，重油に関する何らかの理由により，オランダを刺激することになるというのである。この指摘を受けて，ニューギニア島への寄港はなくして，航海ルートも，次の通り，東回りから西回りへと変更した（「南洋視察調査隊派遣団要領書（昭和九年三月二十六日）」)[37]。

東京、館山、鳥羽、熱田、紀伊大島、奄美大島、中城湾、基隆、馬公、高雄、マニラ、ザンボアンガ、英領ボルネオ・サンダカン、ブルーネイ、ケチング、シンガポール、バタビヤ、スマラン、ボルネオ・バンジヤルマシン、マカッスサー、メナード、ダバオ、ヤツプ、サイパン、小笠原父島二見、八丈島、大島元村、館山、東京

東京を出発して，鳥羽と奄美大島などに寄港し，台湾の台北と台南，高雄を経てフィリピン（米国領）のマニラに至り，ミンダナオ島西端のサンボアンガ，カリマンタン（ボルネオ）島北部（英国領）のサンダカン（サバ州）か

ら北部沿岸をブルネイ，クチン（サラワク州）と寄港して，シンガポール（英国領）に渡り，そこからジャワ島（オランダ領）のジャカルタ，スマランを経て，カリマンタン島南部（オランダ領）のバンジャルマシン，スラウェシ島（オランダ領）南部のマカッサル，同北部のマナド，フィリピンのミンダナオ島ダヴァオから太平洋に出てヤップ島，サイパン島から小笠原諸島をたどって八丈島から東京に帰るルートである。

海軍はこの航海計画を承認したが，4月末に外務省から寄港地に関するクレームがついた[38]。オランダ領東インド諸島への寄港の中止，特に，排日の気配が漂い始めたカリマンタン島＝ボルネオ島への寄港は絶対に中止してもらいたいとの注文であった。しかし海軍は，寄港を禁止する十分な理由がなく，むしろ日本とオランダの親交につながるとして，外務省の主張を退けた。

外務省はこの件について，海軍を通じて海洋少年団に打診していた。6月6日に原道太は協議のために外務省を訪れた。その場で外務省は原に，日本とサラワク（カリマンタン島＝ボルネオ島）北部，当時の英国領の間の貿易会社である日沙商会からの進言書を提示した[39]。

> 昭和九年五月卅一日
>
> （海洋少年団員が，英国領サラワク＝カリマンタン島北部―引用者）全国を訪門《ママ》せらるゝ時はサラワツク国王並びに政府に於て危惧の念を起し今後日本人の発展を阻害する懸念有之候

この理由は，以下の通り。

> 理由は御承知の通り、サラワツクの国情は外人の来訪を喜ばざる鎖国の国にて、先方が正解して呉れれば良いものの、其の逆に日本人はアンビシアスな国民であると解せられ刺激を与へる事ともならば日沙の関係は根底より覆る所以

諸外国との交流を旨とする海洋少年団の東南アジア訪問を，サラワクが勘違いして，日本人を警戒するようになればサラワクの日本人も困る，との趣旨である。この指摘を受けて，原は渡航計画を以下のように見直した。サラワ

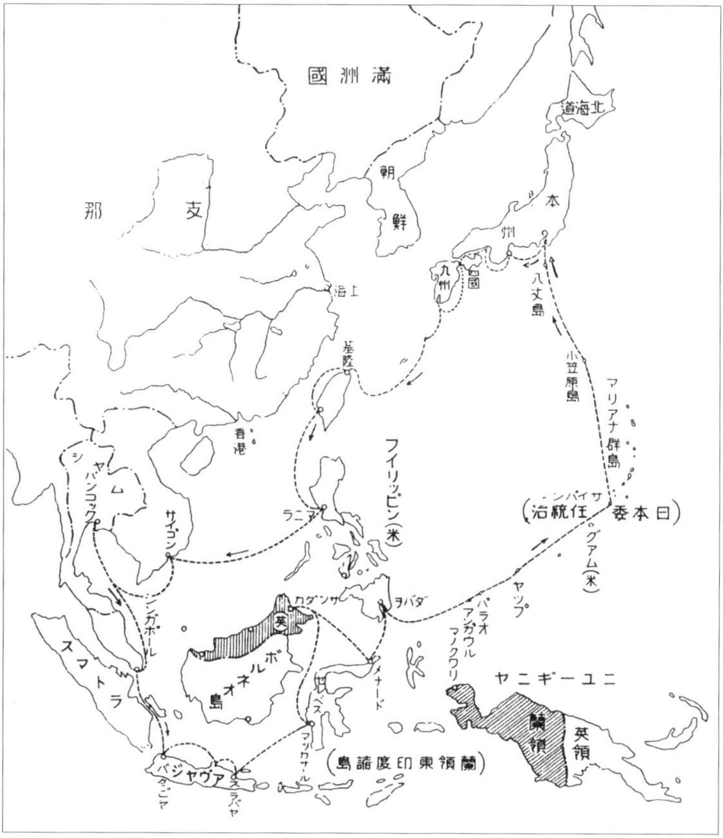

図3－1　南洋遠航航路図
『少年団研究』第11巻第8号（1934年8月）より引用。

クを予定航路から外したのである（「海洋健児南洋遠航要領書（昭和九年六月二十日）」）[40]。

東京、館山、鳥羽、神戸、呉、鹿児島、奄美大島、中城島、基隆、馬公、高雄、馬尼剌、サイゴン、盤谷、シンガポール、バタビヤ、スマラン、スラバヤ、マカッサール、サンダカン、メナド、ダバオ、パラオ、ヤップ、サイパン、テニアン、小笠原、八丈島、大島、館山、東京サラワク経由をやめて，マニラからフランス領インドシナのサイゴン（現ホーチミン）からシャムのバンコクを経てシンガポールに至る経路に変更した。その後，マカッサルからサラワク北端のサンダカンに寄港してメナドに行くことになった。これが最終案となった。

4. 団員の募集

1934（昭和 9）年 6 月に発行された少年団日本連盟の機関誌『少年団研究』において，この南洋遠航の参加団員を募集することになった。ここで原道太は「海洋健児南洋遠航」と題する文章を発表し，南洋地方との国際親善と，海洋少年団員の長期にわたる訓練という 2 つの目標を強調している[41]。

この南洋遠航に参加するためには身体的条件や書類提出などの他に，いくつかの条件があった[42]。

1、本遠航は先駆的開拓者として「一死辞せず一生を献ぜん」の決意を有するを要す、年齢満十六歳以上二十五歳以下の海洋健児又は指導者たること

2、身体強健（船酔の特性甚だしからざるもの）意志強固にして中等学校三年以上の学識を有し派遣団組織内に在つて上長の命に絶対服従を誓ふものたること

（中略）

6、応募者は左記の論文を六月五日迄に海洋健児部長宛提出のこと

イ、我日本と南洋

ロ、海洋健児は南洋に就て何を知らんとするや

少年団日本連盟内からも僅か 178 トン，125 馬力の機関を持つ船が，12,000 海里，110 日が見込まれる航海をすることについて，船が小さすぎて距離も長く，少年たちが未熟であるから危険な航海であるとの指摘を受けていたが，逆に二荒はこの航海を「生命の教育」と位置づけた[43]。遠航準備委員会は参加者に対して「各自の姓名を刻せる白色の石（長方形長サ一尺二寸巾三寸）を一個」準備するよう指示した[44]。生命を懸けて航海することを認識させるため，自ら墓標を作った後に航海に出発することにしたのである。

写真３－１　墓標を刻む海洋少年団員

航海参加者条件を中等学校３年以上の知識を有する者としたのは，長い航海に精神的身体的に耐えうることを考慮したのと同時に，この航海は南洋での調査という目的もあったことが関係していよう。２つの論文の提出を要求したのは，参加希望者が持つ南洋についての知識を見るためであったと思われる。

６月 20 日には派遣団員の内定を終えた。和爾丸は同月 14 日に改造を終えて進水式を行っており，下旬には東京から鳥羽まで内定者による航海を実施した。その結果，最終的な派遣団員を決定した。派遣団は派遣団本部，派遣船員隊，派遣基本隊，派遣学術研究班で組織した。派遣団本部は 10 名で少年団日本連盟の原道太，足立脩蔵や田村喜一郎，義勇和爾丸船長の初又胤雄，尾久海洋少年団副団長田中国雄のほか，医師や通訳などで構成していた。派遣船員隊は初又船長以下，運転士や水夫，機関士，通信士，主厨（厨房担当）の 19 名，派遣基本隊は全国の海洋少年団員から選抜された 17 名と

写真３－２　バンコクにある暁の寺（ワット・アルン）前の義勇和爾丸

指導者３名であった[45]。さらに，派遣学術研究班として７名の班員と５名の補助員が参加した。これら構成員の中には役割を重複している場合もあり，派遣隊は総勢53名である[46]。

７月７日から９日まで，参加団員が東京から鳥羽まで和爾丸に乗り込み，実際の南洋遠航を想定して予備訓練航海を行った。12日，海軍軍令部総長伏見宮が派遣団員を宮邸に招いて激励し，13日には二荒理事長が原派遣団長に派遣団旗を授与した。この授与式に続いて「墓碑銘刻みの式」があり，「健児達は強い覚悟を鑿にこめて一尺二寸の石碑に己が名を手で」刻んだ[47]。14日には皇族や，南洋遠航で寄港する予定のシャムやオランダの公使が和爾丸を訪れて見学した。同日，小山武がラジオを通して全国にむけて，海洋少年団や和爾丸，そして今回の南洋遠航について講演をした[48]。

5. 南洋遠航の実施と寄港地での様子

７月15日，東京を出発した船は紀伊半島を回って神戸に至り，瀬戸内海から鹿児島，南西諸島に沿って南下した。台湾，マニラ（米国領フィリピ

表3－5　1934（昭和9）年　南洋遠航派遣団　日程表

寄港地	到着			出発		
	月	日	時刻	月	日	時刻
東京芝浦港					15日	午前10時
館山		15日	午後3時		15日	午後5時
鳥羽		16日	午後1時		17日	午後1時
神戸		18日	午後2時		19日	午前8時
大阪		19日	午前10時		19日	午後5時半
呉		20日	午後4時	7月	21日	午前8時
江田島	7月	21日	午後5時		22日	午前6時
厳島		22日	午前8時		22日	午前9時
鹿児島		24日	午前10時		26日	午前7時
名瀬		27日	午前11時		27日	午後4時
那覇		28日	午後5時		29日	午前11時
基隆（台湾）		31日	午前9時		3日	午前11時
馬公（台湾）		4日	午後1時	8月	5日	午後5時
高雄（台湾）	8月	6日	午前6時		9日	午前10時
マニラ（米領フィリピン）		13日	午後4時		15日	午後5時
サイゴン（＝ホーチミン，仏領インドシナ）		25日	午前6時		1日	午前9時
バンコク（シャム王国）		7日	正午		12日	午前11時
シンガポール（英領）	9月	17日	午後3時	9月	21日	午前10時
バタビア（＝ジャカルタ，蘭領ジャワ）		25日	午前7時		27日	午前8時
スラバヤ（蘭領ジャワ）		29日	午前1時		30日	午後2時
マカッサル（蘭領ジャワ）		3日	正午		4日	午後0時
ダヴァオ（米国領フィリピン）		9日	午後5時		11日	午後5時
パラオ（日本委任統治領）	10月	15日	午後5時	10月	17日	午前11時
ヤップ（日本委任統治領）		19日	午前10時		20日	午前5時
サイパン（日本委任統治領）		23日	午前9時		24日	午前9時
父島二見		28日	午後9時		29日	午後2時
館山		1日	午前8時		3日	午前9時
横浜	11月	3日	午後5時	11月	3日	午後7時
鶴見		3日	午後7時		4日	午前6時
東京		4日	午前10時			

田村喜一郎「南航感想」(『少年団研究』第11巻第12号，1934年12月，20-21頁）より筆者作成。

ン）まではほぼ予定通りの航海であったが，マニラからサイゴン（フランス領インドシナ，今のホーチミン）に向けて南シナ海を横断している間に暴風に遭遇した。予定以上の日数を要してサイゴンに到着し，修理のために 6 日間ほど滞在した結果，それ以降の日程が予定よりもずれ込んだ。バンコク（シャム王国），シンガポール（英国領）に寄港した後，カリマンタン島を回るようにバタビア（オランダ領ジャワ，今のジャカルタ）などを通ってフィリピン南端のダヴァオから，日本委任統治領のパラオ，ヤップ，サイパンを北上して父島に至り，11 月 4 日に東京に到着した。航海日数 61 日，碇泊日数 51 日の合計 112 日間にわたる大航海であった。途中，南シナ海で 2 日間と太平洋で 3 日間の暴風に遭遇したのを始め，台風シーズンである夏から秋にかけての航海では 26 日間のしけを経験した（表 3－5）[49]。

東京での出発式では，少年団日本連盟や陸海軍の関係者を始めとして高等商船学校，水産講習所などの関係者が盛大に見送った。国内寄港地の鳥羽，神戸，大阪，呉，鹿児島，名瀬，那覇，そして日本領だった台湾や南洋の委任統治領で，当地の少年団や海軍関係者が南洋遠航団を歓迎した。中でも注目すべきは，この航海で寄港したシャムを始めとして英国，米国，フランス，オランダの植民地の少年団と交流したことである。このことについて原は以下のように述べている[50]。

> 本航海中、「シヤム」王国を初め、英米仏蘭四国の属領地の少年団員とは何れも、全く利害を交へざる処の、少年でなければ得られぬ、真率熱烈の交歓を致しました。是等の国々の少年との親善嬉々の状は、痛く先方少年の父兄諸氏を感動せしめて、従来本邦人と多少の行き掛かりから口さへ碌にきかなかつた人達が一夜の中に仲好くなり、支那の華僑や、馬来人、「ヒリツピン」人、「シヤム」人の少年の父兄が異句《ママ》同音に発する日本賞讃の声となり、幾多小面倒なる交渉等にも幾分か有形、無形に良好なる反影《ママ》となりしことは信じて疑ひません。

1929（昭和 4）年にシャムの少年団が来日して，1930（昭和 5）年には日本の少年団がシャムを訪問するなど，シャムのボーイスカウトは米国と並んで，日本の少年団が交流していた数少ない国のひとつであった。1933（昭和 8）

年の日本の国際連合脱退問題を通して，日本とシャムの友好関係は深まっており，それはこの南洋遠航の歓迎ぶりからも見て取れる。シャムには9月7日から12日まで滞在し，首都バンコクや古都アユタヤを観光した。原はその様子を次のように伝えている[51]。

「シヤム」は此前二荒伯が少年団を率いて先方に行かれし以来の、旧知新知を加へて居りまして、国を挙げての歓迎でありました。上は皇族より大臣や、教育関係、赤十字社、基督青年会迄、一大歓迎を昼夜打通しに行ひまして、シヤム国立の芸術高等俳優学校を総動員して、芝居を行り《ママ》又国賓的待遇を行ひ、水陸の交通機関中、政府直轄のものは全部開放して歓待され、最初の上陸と最後の離陸には、特に国王用の桟橋の使用を許され数千人の少年団の見送りと、荘厳なる儀式の下に無任所大臣にして少年団副総裁ルアン・スープ氏自ら其の衝に当りまして、メナン河の大橋梁は少年団を以て埋められ、文部大臣以下教育当局は、特定の汽艇を以て見送り、海軍官憲は船体機関の修理其他に特別の便宜を与へられ、山田長政の遺趾あるアユチヤ旧都の往訪説明各地到る処の少年団は如何なる山村鄙地でも、停車場毎に出迎へ花輪を送り《ママ》、「イヤサカ」を絶叫しました。

1931（昭和6）年4月と9月には渡米途中に日本に寄ったシャムの国王夫妻の船を，海洋少年団員たちが送迎していることから，シャムでは王族にも日本の少年団に対する理解があったと思われる。シャムはまさに国を挙げて南洋遠航団を歓迎していたのである。

原は和爾丸が寄港した東南アジアの各植民地でも同様であったと報告している。この航海で初めての外国領であった米国領フィリピンのマニラでは「此地米国人，圡人《ママ》少年団は，我一行の入港を待ちあぐんで居り」，上陸後はフィリピン総督を訪問した。

フランス領インドシナのサイゴンではフランス人の「仏国少年団」と，現地人の「安南少年団」が日本からの少年たちを「『ツリアム』，『ツーラン』等六十浬以上の遠隔の地の大滝や，市街地に案内して歓待し，心からの親交を続け」た上，「仏国知事其他仏国少年団幹部より懇切なる招待を」受けた。フランス人と現地人の少年団はそれまで相互交流はなく，日本の少年団が両

写真3－3　シンガポールに上陸した南洋遠航派遣団

者の仲立ちをしたという。サイゴンの日本領事館は日本の外務省に次のように報告している[52]。

> 「カトリック」教徒仏人及安南人少年団ノ格別ノ催モ追加サレ我カ健児部ト当地少年団トノ交驩ハ却テ充分ニ行ハレ満足ナル効果ヲ挙グルヲ得タリ。

英国領シンガポールでは「総領事官邸に内外人混合の一大園遊会と，日英両国少年団の交歓競技会」を行い，オランダ領ジャワのバタビアでは日本製品の排斥運動のある中，「我海洋少年団と蘭国少年団員とは花自動車に分乗せしめ」て街中をパレードし，「『バタビヤ』少年団本部を訪ひ，蘭国側にて我少年団を営火《キャンプファイヤー》に迎へて案内し，深夜，驩を尽して相興」した[53]。当時の日本は国際連盟から脱退し，傀儡国家満州国を作り上げて諸外国から非難を受けていたのだが，米国，フランス，英国，オランダの各国の統治下にある植民地で日本の少年たちは歓迎されていたのである。このような寄港地での様子について，原は次のように述べている。

我海洋健児は本年夏より秋に掛けて、東洋、南洋の各地の至純なる少年団や少年達と交驩をしました。然るに是等の国の中には往々我日本とは利害関係を異にするが故に、可成に感情の行き違いや、利害の衝突もありました。が其国々の青少年は、我海洋少年団員とは、非常に親しみ合ひ、お互に敬意を払つて交り合ひ、そこには一切の政略もなければ又政策もない、素より反感もありません。其至純にして、公正なる親交振りは、神の世界の顕はれの如くにも感ぜられました。

日本統治領以外の寄港地でも日本人会，婦人会や少年団が熱狂的に日本からの少年たちを歓迎した。団員全員にシャツや清涼飲料を提供したり，自宅に宿泊させたのはシンガポールの日本人であった。このほか，寄港地の日本領事や日本人会会長らが晩餐会に南洋遠航団員を招待したという。

6. 参加した少年の感想

少年団日本連盟の二荒芳徳理事長はこの南洋遠航について，一流企業や官庁に就職するための学歴偏重の学校教育を批判する文面で，「あの淼漫なる大南洋に向ひ，赤道を上下して，親しく邦人活躍の様子を実見し，又数百年前，邦人が八幡船に塔じて南支那海に雄飛した跡を如実に見ることが，青春，多感の青少年に，どんな大きな活機《ママ》を与へたであらうか」と評した。さらに青少年の冒険的活動力を養い，帆船訓練の必要性を強調し，南洋に青少年の足跡を残し，少年たちが国際的な平和に努力したことをも，それぞれ今回の航海における成果であるという[54]。派遣団長原道太も，112 日間 12,125 海里をわずか 178 トンの船が航海したこと，青少年が先頭となって国民的な外交を行って親善，親密の度を高めたことを「本遠航の特異性」とする[55]。二荒と原は共に青少年の冒険的な航海と，積極的な平和外交の２点を強調している。

ここで，３人の南洋遠航参加者の感想を引用してみよう。

一萬三千浬の全航程をふりかへつて見ると苦しかつた思出が一番楽しいと《ママ》思出となつて強く私の脳裡を離れない。荒天の日の操作や団結固き盟友の顔が今にも眼前にある様な気がする。最初の荒天に出《マ》会した《マ》のは鹿児島沖であつた。
（中略）
次にマニラからサイゴンへ渡る南支那海では本航海中最大の荒天に遭遇したが、これは鹿児島の時とは異つてピッチングがはげしく、山頂から谷底へ陥る思がする程であつた[56]。 （高木正貫）

気持ちよく張つた夕食後の腹を前甲板に休ませながら他愛ない事に談笑する一時は忘れ得ない楽しい想出である。
（中略）
調子のよいエンヂンの響、実に幸福な船の旅である《マ》熱《マ》帯に入つてから毎日愉快な航海が続けられた。毎日海ばかり見てゐると退屈するだらうと云ふのは大きな船のお客様に云ふ言葉であつて幸ひ我々には適用しなかつた[57]。 （仲田大二）

当地（サイゴン―引用者）の少年団との交歓は、シヤム、バタビアに過ぐるとも衰《ママ》らない愉快にして印象深いものであつた。仏人宣教師が指導者となり訓練されてゐる少年団と、安南人同志により訓練されつゝある安南少年団の二者がある、前者は極少数であるが後者は仏領印度支那全体に及び安南サイゴン少年団丈《ママ》でも幾層倍かの団員が居りはち切れる様な元気を持つて少年団運動に邁進しつゝある。
彼等と吾々とは顔形、皮膚の色迄が相似てゐる為か国境或は人種的差別を忘却し、共にバスにて市内を見物し或は六十哩ばかり離れたドリアンの滝にドライブする時等すつかり胸襟を開き旧友に再会した時の様な親しみを感じ無作法にわたりはしなかつたらうかと心配する迄融和す『愉快なスカウト』の発音が似てゐるので『愉快だ愉快だ愉快愉快だ』を連発し共にほんとに愉快に一日を過せしこともある[58]。 （桑原博文）

2つ目の感想を書いた仲田はさらに，現地にいる経済状況の良くない日本人の子どもが日本人学校に通えないこと，さらには学校の設備が貧弱であることを指摘して，「海外児童教育は国内の児童教育より重視されねばならぬ」

とも述べている[59]。

別の少年は,「一歩日本の国を出て異国に来て，裏からそして表から日本を見，初めて真の日本の偉さを見る事が出来た」という[60]。彼が言うところの「日本の偉さ」とは「国の統制がとれて居る事」であり，東南アジアの植民地やタイを見て，その状況を日本と比較しての感想である。その他にも現地の少年団との交流や，航海途中のしけの経験などについて参加した少年たちは感想を『少年団研究』に寄せており，二荒の言う通り「青春，多感の青少年」がこの４ヶ月弱の航海で幾たびの嵐に見舞われながらも「愉快な航海」を続け，東南アジアの風景や産物，そこに生きる人々を見学したことは，彼等に少なからず影響を与えたであろう。

7．航海における学術的な研究

南洋遠航には７名の学術研究班とその補助に当たる５名の大学生が同行し，南洋の「植民政策」,「医務衛生」,「水産地質」,「少年団関係」,「地形人文地理」,「産業貿易植民」,「農事特産」のテーマを掲げて研究活動を行っていた。原は「従来我国には，南進の声のみ徒に盛んにして，真に南洋を踏査し，其実状を調査するの熱が極めて微力であつた」として,「お膝元の東洋」を知るために各分野の専門家をこの航海に同行させたのである[61]。帰国後，原は学術研究班について以下のように報告する[62]。

> 未だ世界一般に発表されない場面の調査や、研究に従事し、各地到る処の学界や、当局有司、日本人会等と密接なる交渉往復を重ねて、幾多の貴重なる材料を蒐集することが出来ました。是等は其集《マ》収《マ》の材料に依りそれ〳〵の学界等に発表さるゝ事になり我学界の一部を賑合はす筈であります。

『昭和九年　海洋少年団南洋遠航記』には，学術研究班による研究成果の一部が小論文として発表されている。以下，執筆者と論文タイトル，章立てを抜粋する[63]。

田中国雄（尾久海洋少年団副団長、陸軍歩兵少尉）「南洋は如何なる処であるか」

1、南洋の現状　2、各国の対南洋植民地政策　3、輝く新日本の樹立

真覚正慶（法学士、東京高等拓殖学校教授）「南洋の産業と貿易」

1、熱帯を支配するもの　2、南洋の経済的特殊性と日南の貿易関係

波多野清一（医師）「派遣団員の健康状態及南洋各地の衛生状態の概状」

1、衛生施設上の遠航準備　2、乗組員の健康状態　3、南洋の衛生状態

石島渉（理学士）、山口貞夫（理学士）「無人島ラエラエ及びパルマス島記事」

彼ら以外にも派遣団の通訳も務めた小林珍雄が「少年団関係」について，石川県の相川新海洋少年団の指導者である櫻井政二が「農事特産」について研究を行っていた。彼等を含めて，学術研究班の詳細な研究成果がどのような形で発表されたのかは不明である。

8. 海軍と文部省の反応

南洋遠航は，皇族や政府からも注目された事業であった。出発直前には伏見宮軍令部総長，秩父宮，北白川宮が義勇和爾丸を見学し，帰国後は原団長らがそれぞれの宮家に報告している。関係各省庁への報告の際も「重光外務次官は実に感激的なる挨拶を与へられ，拓務大臣は官邸に於て，海軍大臣は水交社に於て，又文部大臣は幹部を官邸に於てお茶の会を開かれ遠航達成について種々の報告を聴取され又駐日シヤム公使は一同を公使館に招き茶菓を与へ」た。さらに海軍大臣大角岑生，文部大臣松田源治からは，「祝辞」が伝えられた[64]。

海軍は航海を主導した原道太（東京海洋少年団団長），足立脩蔵（同副団長），田村喜一郎（同理事）の３名を「軍事功労者」として表彰することとし，航海の行われた年の12月からその準備が始まった。翌1935（昭和10）年５月25日，関係者は表彰を受けるため海軍省に出頭した。準備段階で起草された，原に対する「表彰事例案」は以下の通りであった[65]。

大日本東京海洋少年団長　海軍大佐　原道太

右者大正十四年大日本東京海洋少年団設立以来同団団長トシテ終始一貫其ノ発展ト団員ノ指導訓育ニ尽瘁シ殊ニ昭和九年七月小型練習船義勇和爾丸ヲ以テ実施セル南洋遠航ノ壮挙ニ際シテハ司令トシテ之ニ参与シ計画実施概ネ適切ニシテ克ク此ノ大事業ヲ遂行シ外遠ク海外ニ我カ国威ヲ宣揚シ内開国精神ヲ鼓舞発揚スル等多年海軍軍事思想ノ普及ニ貢献シ其ノ功績実ニ顕著ナリ仍テ金杯壱個ヲ贈与シ茲ニ之ヲ表彰ス

南洋遠航の成功を受けて，海軍として「海外に我が国威を宣揚し」た，「海軍軍事思想の普及に貢献」した原道太や海洋少年団を肯定的に評価しようとする姿勢が窺える。足立や田村にも類似する文面で表彰した。南洋遠航をきっかけとして，これまでの海洋少年団への指導も含めて，3人を表彰したのである。次の第4章において海軍と海洋少年団の関係について検討するが，海軍がこのように海洋少年団を肯定的に評価することは，1938（昭和13）年以降，海軍が海洋少年団に積極的に介入する嚆矢となると考えることができる。

なお，海軍はこの表彰に際し，1935（昭和10）年2月から5月にかけて，文部省と連絡を取っていた。2月，文部省社会教育官の森明磨が海軍省を訪問して，海軍の担当者と協議している。その論点は，海軍による今回の表彰の主たる理由が，南洋遠航の成功なのか，長年の海洋少年団における海軍軍事思想の普及なのか，にあった。海軍は上の文章のように，南洋遠航を含めた長年にわたる海洋少年団を通しての海軍軍事思想の普及を表彰理由としたいと伝え，森もそれに同意した。

更に海軍は森との協議において，海洋少年団と文部省の関係を確認した。その内容は，海洋少年団は文部省に毎年事業報告をしている意味で文部省の監督を受けているが，行政的に属してはいないこと，少年団日本連盟に文部省から出される補助金の海洋少年団への分配が少ないことである。特に後者について海軍は，「気毒ノ状況ナリ」と報告している。

以上の海軍と文部省のやりとりから，海軍がここに至るまで，海洋少年団と文部省との関係を把握していなかったこと，海軍としては海洋少年団はあくまで文部省管轄の団体であり，今回のような表彰にも，文部省の同意を得る必要があると考えていたことが明らかになる。海軍は，海洋少年団に関しての情報をほとんど得ていなかったと考えられる。

少年団日本連盟の機関誌『少年団研究』は，派遣団長原道太，副団長兼隊長足立脩蔵，幕僚長兼機関長田村喜一郎と派遣団一同が，「南洋各地を歴訪して日本健児の意気を示し一万三千浬を突破し遠航の任務を完了せし事」について海軍省から表彰状と記念品を授与されたと報じている[66]。

小　括

本章では陸と海の少年団の全国合同野営について触れた後，全国の海洋少年団員が集まって行われた訓練について，江田島の海軍兵学校や軍艦を会場として実施されたものに着目した。次いで，1934（昭和9）年に行われた練習船による東南アジア一周航海に着目し，航海を実施するまでの準備，航海，そしてその後の動きについて検討した。その際，これらの活動に対して，主に海軍がどのような役割を果たしていたのかに注目した。そこから明らかになったことは以下の通りである。

第1節では，海洋少年団の合同訓練において，海軍は海洋少年団からの依頼に応じる姿勢をとっていた。合同訓練の内容も，海洋少年団として身につけるべきとされた知識と技術を中心として実施され，普段の各海洋少年団における訓練では対応できない内容が，全国の合同訓練で行われていたのである。海軍兵学校においても軍艦便乗においても，海軍からの押しつけのような指導が実施されたというよりも，むしろ海洋少年団の訓練を海軍としてどのように支援するのかを，考えていたようである。

第2節では，日本が前年に国際連盟を脱退するという国際状況にあって，海洋少年団員が東南アジアにおける欧米の植民地やシャムを航海によって訪問した「南洋遠航」に着目し，ここでも海軍が海洋少年団に対して受け身的な支援を行っていたことを明らかにした。海軍としては南洋遠航に物資の援助をすることはないと最初に明言し，その計画書についても「国際親善」を前面に押し出すように注文していた。海軍はむしろ，海洋少年団についてほとんど情報を持ち合わせていなかったこと，援助をするつもりもなかったことも示すことができた。そして，南洋遠航の寄港地となった米領フィリピン，仏領インドシナ，シャム，英領シンガポールなどで日本の海洋少年団が歓迎され，当地のスカウトたちと交歓していたのである。ただ，寄港地を選ぶに当たっては海軍や外務省が，外交上の理由から，いくつか注文をつけていたことも明らかになった。原が当初示したように南洋遠航の根拠を「国策上」や「国防上」の必要性に求めるのではなく，少年団＝ボーイスカウトとして「国際親善」を行うことを打ち出すべきであるとの海軍の考えであり，あるいは排日の気運が高まる地域への寄港に難色を示す外務省の考えであった。

注

1）これに先立って静岡で開催された全国少年団大会で，少年団日本連盟の創設が決議された。
2）「第二回幕営の組織」『少年団研究』第2巻第9号，1925年9月，9頁。
3）「第三回全国野営組織及役割」『少年団研究』第3巻第8号，1926年8月，18頁。
4）「全国野営参加隊々別表」『少年団研究』第3巻第10号，1926年10月，45頁。
5）根岸真太郎「美合に参加して」『少年団研究』第3巻第10号，1926年10月，44頁。花田忠市郎「班競技について」『少年団研究』第3巻第10号，1926年10月，35頁。競技種目は石投げ，走幅飛，信号，救急法，ランニング100米，ランニング800リレー，木登り及結索，剣道，天幕設営であり，東京海洋少年団が総合1位となった。
6）根岸「美合に参加して」（前出），44頁。
7）「両地方訓練所実修生」『少年団研究』第3巻第10号，1926年10月，51-53頁。
8）原道太「我国の現状と海洋少年団の実況を説き天下同感の有志に諮ふ」『少年団研究』第3巻第11号，1926年11月，8頁。
9）「世界海上利用の消長より見たる列国海洋少年団」『少年団研究』第4巻第1号，1927年1月，6頁。
10）「地方野営と海洋合同訓練」『少年団研究』第4巻第7号，1927年7月，18頁。
11）「野営座談会」『少年団研究』第4巻第7号，1927年7月，32頁。
12）「地方野営職員表　海洋合同浜海野営」『少年団研究』第4巻第8号，1927年8月，20頁。
13）「進歩を見せた地方野営」『少年団研究』第4巻第10号，1927年10月，5頁。
14）原道太「海洋少年合同訓練の初試みと所感」『少年団研究』第4巻第10号，1927年10月，12頁。
15）同上，12-13頁。
16）同上，13頁。

17）田村喜一郎「海洋合同訓練の感想」『少年団研究』第4巻第10号，1927年10月，17頁。
18）JACAR（アジア歴史資料センター）Ref.C05021577600，公文備考・昭和6年・E・教育，演習，検閲・巻3「第3974号 6.12.23 横鎮第43号の58の2 部外者軍艦宿泊並に見学の件」（防衛省防衛研究所）。JACAR:C05022827400，公文備考・昭和8年・E・教育（演習）・検閲・巻3「第5575号 8.12.18 部外者軍艦宿泊の件」（防衛省防衛研究所）。
19）田村喜一郎「冬期海洋合同訓練」『少年団研究』第9巻第2号，1932年2月，27頁。
20）田村喜一郎「冬期海洋合同訓練」『少年団研究』第11巻第2号，1934年2月，27頁。
21）堀元美「軍艦比叡艦内少年団実修に関する所感」『少年団研究』第11巻第2号，1934年2月，29頁。
22）篠崎信光「軍艦生活」『少年団研究』第11巻第2号，1934年2月，28頁。
23）田村喜一郎「海洋合同訓練実施に就て」『少年団研究』第12巻第9号，1935年9月，29-30頁。
24）原道太「昭和十年　海洋合同訓練に付所感」『少年団研究』第12巻第9号，1935年9月，9頁。
25）同上，10頁。
26）「義勇和爾丸　南洋遠航派遣団員募集」『少年団研究』第11巻第6号，1934年6月，10頁。
27）原道太「此一挙」『少年団研究』第11巻第8号，1934年8月，20-21頁。ここには，「南洋遠航の計画が企図せられた動機は，先年竹下大将道場内にて，同大将の南洋ニユーギニヤ談に其端を発した」とある。「道場」とは指導者実修所のことであり，相談役に就任した1932年あるいは1933年の海洋指導者実修所と思われる。なお，竹下は1929年11月に現役を退き，予備役に編入された。
28）JACAR:C05023957000（第16画像目），公文備考・昭和9年・S・団体法人・巻1「第1916号 9.4.24 財団法人有終会寄付行為中変更の件」（防衛省防衛研究所）。
29）原道太『昭和九年　海洋少年団南洋遠航記』全日本海洋少年団南洋遠航派遣団，1935年，9-10頁。
30）JACAR:C05023957100（第21画像目から第31画像目），公文備考・昭和9年・S・団体法人・巻1「第3000号 9.7.3 少年団日本連盟海洋健児南洋遠航に関する件(1)」（防衛省防衛研究所）。
31）JACAR:C05023920700（第1画像目から第5画像目），公文備考・昭和9年・Q・通信，交通，気象，時，巻1「軍務2第186号 9.7.10 無線通信連絡の件」（防衛省防衛研究所）。
32）原『昭和九年　海洋少年団南洋遠航記』（前出），15-16頁。
33）JACAR:C05023957000（第18画像目から第20画像目，第28画像目），「第1916号 9.4.24 財団法人有終会寄付行為中変更の件」（前出）。
34）矢野暢「大正期『南進論』の特質」『東南アジア研究』第16巻第1号，京都大学東南アジア研究センター，1978年，5-31頁。清水元「大正初期における『南進論』の一考察」『アジア研究』第30巻第1号，アジア政経学会，1983年，1-53頁。波多野澄雄「第5章　日本海軍と南進政策の展開」杉山伸也，イアン・ブラウン編『戦間期東南アジアの経済摩擦』同文館，1990年，141-169頁。

35) JACAR:B04012444200（第6画像目），本邦少年団及青年団関係雑件（I.1），「本邦少年団及青年団関係雑件 2.少年団関係⑶海洋少年団ノ南洋遠航関係 自昭和九年三月」（外務省外交史料館）。

36) JACAR:C05023957000（第16画像目），「第1916号 9.4.24 財団法人有終会寄付行為中変更の件」（前出）。

37) JACAR:B04012444200（第14画像目から第15画像目），「本邦少年団及青年団関係雑件 2.少年団関係⑶海洋少年団ノ南洋遠航関係 自昭和九年三月」（前出）。

38) JACAR:C05023957000（第35画像目から第40画像目），「第1916号 9.4.24 財団法人有終会寄付行為中変更の件」（前出）。具体的には，以下のやりとりであった（「○」は判読できない文字）。

九、四、二三

海洋少年団南洋寄港地ノ件

外務省井上事務官来省首題ニ関シ

外務トシテハ「ボルネオ」寄港ヲ一切取止メラレタキ希望ヲ有スル

旨　聞陳アリシヲ以テ先日ハ

寄港地ニ関シテハ海軍ノ意見通ニテ可ナリ、趣旨ノ書方ヲ訂正スルヲ要ストノ御話ナリシ故海軍トシテハ「スラバヤ」ヲ削除セシメテ承知スルコトトシ其ノ旨回答シタリ

今トナリテ又海軍ヨリ「ボルネオ」ヲ削除セシトハ言ヒ兼ネル次第ナリ

ト答ヘタルニ

日蘭会商モ始マラントスル際「バンジアルマシン」ノ寄港ハ絶対ニ止メラレ戴、又英領「ボルネオ」ノ方モ航海技術上差支ナキ限寄港地ヲ少々セラレ戴キ希望ナリ此ノ点少年団長ガ海軍ノ人ナル故海軍ヨリ申サルルヤウ願ヒ戴シ

右ニ対シ

海軍ニテ一度キマリタルコトヲ又、変更スルコトハ、困難ナリト思フモモウ一度考ヘテ後答フルコトト致シ戴シ

九、四、二四

課長ノ御意見モアリ左ノ通回答ス

寄港地ニ関シテハ岡本前課長ヨリ海軍ニ選定ヲ御任セラルカラヨロシク願ヒマストノコトニ○海軍ニテハ不都合ナル個所ヲ削除シ外務モ同意ナリ尚海軍ヨリ云ハレタルコトハ外務ニ通ズルヤウニト申置ケリ、ソレニテ寄港地ニ関シテハ今日マデ問題トシ来レリ、若シ「ボルネオ」寄港ニ関シ中止ヲ必要トスル充分ナル理由アラバソレヲ承リ戴　尚本件ハ海軍ニテハ大体迄承認ヲ経居ル次第ニ付念ノ為

右ニ対シ

「ボルネオ」ハ特ニ排日気分大ナリ　トノ説明アリ

九、四、二四　外務ヨリ

少年団巡航寄港地ハ既ニ少年団ニ対シ承認済ナル処　最近「タラカン」ヲ要塞地帯ニスル等ノ蘭国政府ノ処置茲ニ日蘭会商等ノ新事態ニ対シ排日気分○ナル蘭領「ボ

ルネオ」ニハ寄港ヲ見合ハスコトニセラレ戴キ外務省ノ意見ニ付、「バンジャルマシン」削除方取計ヒ願ヒ戴シ

九、四、二五

外務ニ対スル回答

蘭領「ボルネオ」「バンジャルマシン」ニ少年団ガ寄港シテモ蘭国ヲ刺戟スルモノトハ認メザルノミナラズ却テ日蘭親交ヲ増ス所以ナリ尚此地ニ於ケル行動ニ関シテハ充分注意スルヤウ申渡シアリ尚此地滞在ハ僅カ一日ナリ

瀬戸内海ニ於ケル外人「ヨット」等ノ取扱モ極力寛大ニ取扱ヒ居ル帝国トシテ外国ニ赴クノニ遠慮スルノ要ナシト認ム

九、五、二

外務省ヨリ

寄港地ニ関シ海軍ガ夫レ迄ニ云ハルルナラバ外務側ノ主張ハ撤回ス、国長ニ間違ノ生ゼザルヤウ呉々モ御注意アリ戴

39）JACAR:B04012444200（第 18 画像目から第 19 画像目），「本邦少年団及青年団関係雑件 2. 少年団関係(3)海洋少年団ノ南洋遠航関係 自昭和九年三月」（前出）。

40）JACAR:B04012444200（第 29 画像目から第 30 画像目），「本邦少年団及青年団関係雑件 2. 少年団関係(3)海洋少年団ノ南洋遠航関係 自昭和九年三月」（同上）。

41）原道太「海洋健児南洋遠航」『少年団研究』第 11 巻第 6 号，1934 年 6 月，12-13 頁。

42）「義勇和爾丸　南洋遠航派遣団員募集」（前出），10-11 頁。

43）二荒芳徳「和爾丸遠航所感一束」『少年団研究』第 11 巻第 8 号，1934 年 8 月，6-7 頁。

44）「義勇和爾丸　南洋遠航派遣団員募集」（前出），11 頁。

45）参加した少年たちの出身は岩手県：崎浜海洋 1 名，東京府：東京海洋 5 名・南葛海洋 3 名・尾久海洋 2 名・三河島海洋 1 名，神奈川県：横須賀海洋 1 名，新潟県：直江津海洋 1 名・柏崎海洋 1 名，愛知県：名古屋海洋 1 名，兵庫県：神戸海洋 1 名であった。

46）原『昭和九年　海洋少年団南洋遠航記』（前出），17-19 頁。なお，派遣団本部団附兼派遣基本隊副長の岡村久雄は，母親が病気のため呉で下船した。

47）同上，13-14 頁。

48）小山武「海洋健児南洋遠航の壮図に就て」『少年団研究』第 11 巻第 8 号，1934 年 8 月，16 頁。

49）原『昭和九年　海洋少年団南洋遠航記』（前出），24 頁。

50）原道太「海洋健児南洋遠航の全般」『少年団研究』第 11 巻第 12 号，1934 年 12 月，8 頁。

51）同上，8 頁。

52）JACAR:B04012444200（第 44 画像目），「本邦少年団及青年団関係雑件 2. 少年団関係(3)海洋少年団ノ南洋遠航関係 自昭和九年三月」（前出）。

53）原『昭和九年　海洋少年団南洋遠航記』（前出），31-48 頁。

54）二荒芳徳「和爾丸の大遠航と，海外雄飛の大精神」『少年団研究』第 11 巻第 12 号，1934 年 12 月，4-5 頁。

55）原「海洋健児南洋遠航の全般」（前出），6-7頁。
56）高木正實「荒天の経験」『少年団研究』第11巻第12号，1934年12月，29頁。
57）仲田大二「想ひ出すまゝに」『少年団研究』第11巻第12号，1934年12月，24頁。
58）桑原博文「安南サイゴン少年団」『少年団研究』第11巻第12号，1934年12月，28頁。
59）仲田「想ひ出すまゝに」（前出），26頁。
60）今里正市「感想」『少年団研究』第11巻第12号，1934年12月，27-28頁。
61）原「海洋健児南洋遠航」（前出），12-13頁。
62）原「海洋健児南洋遠航の全般」（前出），9頁。
63）原『昭和九年　海洋少年団南洋遠航記』（前出），58-129頁。石島・山口論文に章立てはない。
64）「大臣の茶会に招かる」『少年団研究』第11巻第12号，1934年12月，10-11頁。
65）JACAR:C05034045000，公文備考・昭和10年・B・人事・巻31「第821号 10.2.28 表彰辞令 東京海洋少年団長海軍大佐 原 道太 外2名及乗員1同（和爾丸）」（防衛省防衛研究所）。
66）「南洋遠航派遣団　海軍省より表彰さる」『少年団研究』第12巻第5号，1935年5月，16頁。

第4章

海洋少年団に対する外部機関の態度

1927（昭和2）年5月，第1次世界大戦の敗戦国となったドイツ海軍の練習艦が東京湾に来航し，東京海洋少年団員が乗船して見学した。同年7月，この乗船見学について少年団日本連盟の機関誌『少年団研究』で報告する文章が掲載された。その中に，以下のような記述があった[1]。

少年団は国際的といふが、そこに国家再興に燃へたる、遠来の独逸の新鋭艦エムデンが、余りに一般の我少年や、少年団達に顧みられないのに、聊か憤慨したる我東京海洋少年団、青年健児の一隊、五月二十八日午後三時半、俄かに順風に帆を揚げて、僅かに一噸半の「カッター」にて、飄然として原団長以下十三名の健児出帆す、（中略）、特に艦内の習慣を破つて大掃除中、エムデン艦長の好意に依り、親しく同艦見学、交歓の上、（中略）、帰京した、此間大方針の他、一切団員自身満般の作業に従事し、一切団長のお世話を煩わさなかつた。

海洋少年団による，艦内見学の様子を伝えるものであるが，冒頭で日本の少年や少年団は，なぜドイツから来た軍艦に興味を示さないのか，訴えている。国際的な少年団なのだから，積極的に外国と交流するべきであり，その一環として，はるばるドイツから来た軍艦に関心を持つべきであると主張するのである。この文章に対して，所属は明らかではないが，次のような投書があった（下線は引用者）[2]。

少年団は国際的であることは君達の云ふ通りだ併しながら其の少年団が国家再興に燃るとか云う独逸の一艦が来朝したのを顧みなかつたとて何処に聊を憤慨する必要があるのか君達のあの一文を読んで俺は大いに憤慨す

るものである。

海洋少年団が少年団全部でないことは明なる如く又少年団（ボーイスカウト）が陸軍少年団でなく海洋少年団（シースカウト）が海軍少年団でないことは一層あきらかでなければならない。

一体たつた一つの外国の軍艦が来たぐらいに何故にそれを一般の少年団が顧みなければならないのか君達はそれが外国の軍艦であるからと云ふのか特に独逸の軍艦であるからと云ふのか明らかではないがこんなエムデンに迄一般の少年団が顧みてゐなければならないとしたら団員は又禍なる哉である。

（中略）

君達が順風に帆を上げて見学に行つたことを悪いと云ふのではない遠い所から来たのだもの歓迎出来ればした方がいゝにきまつている聊か憤慨なんて気の利いたふうなことを云ふからいけないと云ふのだ。

少年団員が海軍や外国の軍艦に関心を持つことを否定しないが，少年団が軍隊の下部組織，予備的組織であることを明確に否定する文章である。このように，海洋少年団と海軍の関係，あるいは海洋少年団に対する海軍の関心，関与，介入に関しては，当時から議論のある問題であった。

既に第３章において，海洋少年団に対する海軍の受け身的な姿勢を明らかにしてきたが，本章では改めて海洋少年団の発足時に遡り，海軍による海洋少年団への関わり方を検討したい。加えて，海洋少年団と少なからぬ関わりがあった文部省や学校などの教育機関，昭和天皇，外務省との関係にも着目して，海洋少年団に対する外部機関の態度を明らかにしたい。

第１節では，海洋少年団が海軍にどのような援助依頼をして，それに海軍はどのように応じていたのかを明らかにする。海洋少年団や海軍軍人の動きに着目するほか，海軍の軍艦への便乗や海軍の物資の払い下げ，海洋少年団の観艦式への参加，少年団日本連盟の練習船の改造に対する海軍の対応といった，具体的事象に着目して検討する。

第２節では，海洋少年団における海軍に対する考え方に着目する。上で引用したような，海洋少年団と軍隊の関係についての指摘は，戦前の海洋少年団において大勢を占めていたのであろうか。海洋少年団は海軍軍人の養成を念頭においていたのであろうか。このような問題について，海洋少年団の指導者の言説に着目して検討をしていきたい。

第3節では，海洋少年団と，文部省や学校など教育機関との関係に着目する。文部省の社会教育行政は，海洋少年団に対してどのような態度をとっていたのであろうか。少年団日本連盟の練習船は北海道帝国大学から払い下げを受けたものであったが，その獲得経緯も明らかにしたい。そして，この練習船が少年団日本連盟参加の少年団以外の学校教育や社会教育にも活用されていたことに着目し，その背後にある人間関係にも着目して誰がいつ，練習船を利用していたのかを明らかにする。

第4節では，海洋少年団に対する昭和天皇の関わりを解明する。1930（昭和5）年に，昭和天皇が少年団日本連盟の練習船に便乗するのだが，その背景を明らかにした上で，目の前に天皇を仰いだ海洋少年団員や指導者の反応を示し，天皇便乗が海洋少年団に与えた影響について考察したい。

第5節では，運転資金に行き詰まった少年団日本連盟の練習船を，シャム（現タイ王国）に譲渡する案について，外務省と少年団日本連盟の連絡調整の状況を検討し，その後の練習船に着目する。

第1節　海洋少年団と海軍の関係

ボーイスカウトと軍隊との関係は，ボーイスカウトを主題とする先行研究に共通する論点のひとつである[3]。軍人だったベーデン-パウエルが少年たちの組織を思い立ったのは，彼自身が軍人であったこと，当時の英国で徴兵される青少年の体力が弱体化していたこと，彼が軍人に向けて著した『斥候の手引き』を，少年向けに書き直した『スカウティング・フォア・ボーイズ』が英国社会で注目され，ボーイスカウトのテキストとなったことなど，ボーイスカウトと軍隊は切っても切れない関係にある。現存する『スカウティング・フォア・ボーイズ』の最も古い日本語訳が陸軍の参謀本部によるものであることから，日本の陸軍も早くから関心を示していたとも考えられる。

1. 大正期の海洋少年団と海軍

まず，大正期における海軍と海洋少年団の関わりについて検討したい。大正期の雑誌『海国少年』には，海軍の軍人が文章を寄せ，海軍軍人と少年を間接的に繋げる役割を果たしていた。その読者を対象として「海国少年団」を組織し，少年たちが軍艦に便乗する機会があった。海や海軍にあこがれを抱いていた少年たちにとっては滅多にない機会だったのであろう。海軍も雑誌に寄稿すること，あるいは軍艦便乗を許可することによって，海国少年団は少年たちの海や海軍に対するあこがれや期待に応えようとしていたと考えられる。

1924（大正 13）年，小山武と原道太という 2 人の退役海軍軍人が中心となり，さらに数名の海軍関係者も参加して，東京海洋少年団を結成する。ここで注意すべきは，彼ら海軍軍人と海軍との距離である。小山と原は退役軍人であった。その他の海軍軍人は現役か退役か不明であるが，実際の海洋少年団としての活動に，現役の海軍軍人が常に海洋少年団の活動に関わっていたとは考えにくい。むしろ活動の中心は小山や原ら退役軍人であり，現役の海軍軍人は名誉職のような位置づけで，海洋少年団から何らかの依頼があった場合に動いていたと考えられる。

大正期の海軍の記録の中に，東京の海国少年団に対する軍艦便乗の許可や不許可に関する記述や，北海道岩内の海拓健児団が結成するきっかけとなった軍艦便乗に関する記述があることは既に確認した。さらに，東京海洋少年団など少年団日本連盟に加盟する海洋少年団は，継続的な活動を展開するための設備として，海軍から訓練用のカッターの払い下げを受けたとの記録もある。例えば，名古屋と神戸の海洋少年団が，それぞれ海軍に 1925（大正 14）年とその翌年，訓練用のカッターを払い下げを願い出ており，認められている[4)]。

東京海洋少年団は 1924（大正 13）年 12 月の結成式後，同月中に軍艦岩手に便乗した。翌 1925（大正 14）年 12 月 24 日から 28 日の間にも，軍艦八雲に便乗している[5)]。また，1924（大正 13）年の東京海洋少年団の結成式に加えて，1926（大正 15）年 7 月に行われた団の行事に，海軍軍楽隊を派遣してほしいとの願い出に対して，許可されている[6)]。

海洋少年団ではない，陸の少年団のいくつかが軍艦に便乗した記録もある。尾崎元次郎が団長を務める静岡（市）少年団による，1922年から1924年まで毎年1回の軍艦阿蘇便乗と[7]，沼津市の岳陽少年団による1923年の軍艦阿蘇便乗である[8]。他にも，実際に便乗したのかは不明であるが，1922（大正11）年には大阪市の曾根崎少年義勇団も願い出を提出している[9]。

これらの記録からは，海軍が積極的に海洋少年団に関わろうとしていたのではなく，むしろ海洋少年団からの依頼に協力するという姿勢であったことが読み取れる。

2. 現役海軍軍人の受動的態度

昭和に入ってから，現役の海軍軍人は日本の海洋少年団の運動にどれだけ関与していたのだろうか。少年団日本連盟の機関誌『少年団研究』にも，現役の海軍軍人が少年団について述べた記事は見当たらない。現役の陸軍軍人が国家総動員運動や満州事変の際の少年団員の活躍について『少年団研究』に意見を述べていることや，以下で述べる通り，敬礼の仕方に関して少年団に介入しようとした陸軍の寺内寿一師団長の行動とは対照的である。

1932（昭和7）年10月，大阪の少年団の間で「三指礼問題」が持ち上がっていた。この問題は大阪の寺内寿一師団長（陸軍中将）が少年団の敬礼である三指礼を批判して，軍人や警察官，鉄道員に共通する五指礼にすべきであると意見表明したことに始まる。大阪の少年団の中には寺内の意見に賛同する団もあり，大阪の少年団地方連盟を二分しての論争となった。築港少年団や大阪九条健児団は五指礼を強硬に支持した少年団であり，それに対して大阪の若手の指導者たちは三指礼を支持した。五指礼問題は大阪にとどまらず全国的な問題に発展し，少年団日本連盟は翌年2月21日，五指礼を支持する築港少年団など9団を除名処分とし，三指礼支持の少年団だけで大阪地方連盟を組織させることにした。除名された五指礼支持の少年団は大阪とその近郊の五指礼を支持する団と共に「大日本連合少年団」を結成した。ここに集まった少年団の多くは後に文部省主導による帝国少年団協会に合流する[10]。なお，『帝国少年団協会史』に，「大日本連合少年団」や帝国少年団協会に海洋少年団が所属していたとの記述はみられない[11]。いずれにしても，一連の「三指礼問題」は，明らかに陸軍による少年団への介入であった。

現役の海軍軍人が直接的に少年団員たちに関わりを持ったのは，軍艦便乗と海軍兵学校が海洋合同訓練の場所を提供した時である。いずれも少年団日本連盟海洋健児部や各地の海洋少年団の指導者からの依頼に応じていた。例えば広島県江田島の海軍兵学校で海洋少年団員の第1回海洋合同訓練を行った時，兵学校側は少年団員を好意的に迎え，設備についてもスカウト運動に則った海洋少年団としての活動が円滑にできるように多大な援助を与えた。

訓練中には軍艦や資料館の見学，兵学校関係者による海事思想についての講話もあった。海軍兵学校の校長や教頭が，この時の海洋合同訓練の顧問を務めていたので，便宜が図られたのであろう。海洋少年団が海軍や現役の海軍軍人と強い結びつきがあったとすれば，海洋合同訓練や海洋指導者実修所を，海軍兵学校や軍艦など海軍関連の施設で継続的に実施していたと考えるべきである。しかしこれまでに述べてきた通り，海軍兵学校は商船学校などと並ぶ，海洋少年団にとって有意義な設備を持つ施設としての位置づけであった。必ずしも，兵学校である必要はなかったのである。

このほかに海洋少年団に関わった海軍の軍人としてはベーデン-パウエルの兄，ヘンリーが著した *Sea Scouting and Seamanship for Boy Scouts* を『少年団研究』第7巻第2-5号（1930年2-5月）に「海洋少年団教範」として翻訳した福田貞三郎海軍少佐，1925（大正14）年8月の第2回全国合同野営の医師を務めた神代延敏海軍軍医少尉がいる[12]。

以上のことから，少なくとも1937（昭和12）年頃まで，組織としての海軍も，個人としての現役海軍軍人と同じく，海洋少年団からの依頼に応じるという態度であったと考えられる。

3. 軍艦便乗と海軍からの払い下げ

海洋少年団の活動の一環として，団員による海軍の軍艦便乗が行われた。中でも，岩手県の崎浜海洋健児団は，確認できているだけで1928（昭和3）年から1933（昭和8）年まで，1930（昭和5）年を除いた5回にわたって，日帰り，1泊あるいは2泊の軍艦便乗を実施した[13]。便乗した軍艦はそれぞれ，軍艦五十鈴（1928年，1929年），軍艦木曽（1931年，1932年），軍艦厳島（1933年）であった。

ここで，1928（昭和3）年に実施した軍艦五十鈴への乗艦について検討しよう。1928（昭和3）年7月1日，崎浜海洋健児団の団長山崎英雄から五十鈴艦長に，副団長の掛川淳と海洋少年団員15名が，7月20日から22日まで釜石港に停泊する五十鈴に乗り込み，「艦内作業ノ一部見学実習」をしたいと申し出た。「海軍軍事教育並海事思想普及」を目的とし，具体的には「艦内手入保存甲板洗方等」をしたいと希望したのである。

7月9日，五十鈴艦長から海軍大臣宛に「見学者艦内宿泊ニ関スル件」として，山崎英雄の「請願」を許可したいがいかがか，という文書が発せられた。7月14日，海軍省が起案した文章に対して，7月16日付で大臣の「認許」がおりている。

7月20日，崎浜海洋健児団員は釜石に集合して午前中，「鉱山附属汽船」を見学し，午後から五十鈴に乗り込んだ。その日程は，表4－1の通りである[14]。甲板の手入れ，艦内の掃除，海軍軍人からの講話を聞くといったことが主な内容だったことがわかる。

この他にも，釜石海洋少年団が軍艦五十鈴（1929年），軍艦木曽（1932年），軍艦潮（1934年）に，釧路海洋少年団が軍艦駒橋（1935年，1936年）に便乗している。さらに東京海洋少年団が1932（昭和7）年と1935（昭和10）年に，横須賀海軍航空隊の訓練場所で宿泊見学をするとの記録を確認できる[15]。第2章で触れた通り東京海洋少年団は発足直前の1925（大正14）年に軍艦高崎に便乗し，さらに1929（昭和4）年4月には軍艦五十鈴に便乗した。この，軍艦五十鈴に便乗した記録が『少年団研究』に以下の通り掲載されている[16]。

先づ艦内を見学し、本艦鎌田砲術長が案内説明せられ艦橋より艦底に至る諸器の装置から其用途や構造、取扱等一々細き説明を得た、そして団員の為めに合戦準備、戦闘操練を特に行はせられて距離測定儀、羅針灯、通信諸器魚形水雷の構造や操作等又飛行機に関する事や、機関運転の状況汽関の燃焼の模様、之等は到底陸上や他船に見る事の出来ない、最新のもので健児は見るもの聞くもの珍らしく、殊に距離測定儀に機関の運転する現状

表4－1 1928（昭和3）年　崎浜海洋健児団　軍艦五十鈴便乗

7月20日

（午前3時30分に集合し，「鉱山附属汽船」に乗り込んで「一等運転士」から「海図，羅針盤及クロルメーターに関する話」を聞き，機関長の案内で機関部を見学している—引用者）

午後2時	鉱山の短舟にて投錨地へ出発
同　3時15分	五十鈴艦入港、御紋章艦旗へ敬礼
同　3時25分	乗艦 後甲板にて山田副長に敬礼
同　3時35分まで	休憩（そのまゝにて）
同　3時40分より	釣床を兵隊さん達に手伝はれて準備。名称及納方練習
同　4時30分	最初の夕食
同　5時まで	休憩（健児の居住室は後部水雷砲台軍楽隊と同居）
同　5時15分	教官である後藤中尉に敬礼後引率されて大体見学
同　6時40分	軍艦旗後納式参列 後艦長鎮目大佐の閲兵並に点検を受く後、少年団と我が海軍及帝国の将来と少年の覚悟と云ふことにつき45分にわたり訓示あり
同　7時30分	釣床の準備をなし巡検を受ける用意をなす
同　8時	副団長は副長教官に従つて艦内の巡検をなす
同　8時10分より	1本2銭のラムネ、4銭8厘の菓子を酒保よりとて一同に試食せしむ
同　9時	就床

7月21日

午前4時45分	起床
同　5時	釣床を納め甲板手入及天幕を後甲板上に張るを教官に引率されて見学及手伝
同　5時40分	洗面
同　6時10分	朝食、後軍艦旗掲揚まで艦内細部見学
同　8時	軍艦旗掲揚式参列
同　8時10分より	機関細部見学
同　10時30分	点検場見学
正午まで	休憩及奏楽を聴く
午後0時30分	艦長の訓示及講演を聴き、在郷軍人の唱歌を合唱し帝国の万歳を三唱して後昼食（昼食は艦長の御馳走麦飯のライスカレー）
同　2時	士官次室にて分隊士國島少尉より話あり後蓄音機を聞きて休憩
同　3時	後艦橋にて信号訓練
同　4時より夕食まで	艦橋にて航海の話を聞く、それより甲板手入
同　5時30分	夕食

同　6時　6分	釣床用意
同　8時	巡検
同　9時30分	就床

7月22日

午前4時40分	起床
同　5時30分	上甲板にて10分間体操後甲板手入
同　6時	洗面
同　6時30分	朝食後、後甲板整列 艦長、副長、教官の別辞あり、杖門の礼をなし弥栄の三唱をなし各関係者に厚く礼をなし7時30分退艦
同　8時30分	港口まで見送り万歳三唱後釜石到着
同　10時	釜石到着
午後2時まで	随意行動
同　2時15分	集合
同　2時30分	出発波浪の為難航
同　5時30分	崎浜到着解散

崎浜海洋健児団「五十鈴艦々内生活日記」(『少年団研究』第5巻第11号, 1928年11月, 35-36頁）より筆者作成。

を見て不思議がつた。

崎浜海洋健児団が軍艦五十鈴に便乗した時と同じように，東京海洋少年団の軍艦五十鈴便乗も，軍艦内の細部にわたる見学，そして戦闘準備の状況を見学するという内容であった。軍艦便乗の目的は「海軍軍事教育」と「海事思想ノ普及」であり，日帰りから3泊程度の期間であった。海軍の記録としては，海洋少年団からの軍艦便乗の願い出と，それに対する許可のみが残っている。

ここで列挙した海洋少年団が，他の日程にも軍艦便乗を行っていたのか，別の海洋少年団も軍艦便乗を行っていたのかは，資料的な裏付けが得られていない。崎浜海洋健児団が6年間にわたって5回，釜石海洋少年団の3回，釧路海洋少年団が2年連続で2回，東京海洋少年団が2回など，特定の海洋少年団が複数回，軍艦に便乗した記録が残っていること，軍艦五十鈴と軍艦木曽に崎浜海洋健児団と釜石海洋少年団が便乗していることから，特定の海洋少年団が，ある程度限られた軍艦に便乗していることを指摘できる。

第3章で述べた通り，1931（昭和6）年と1933（昭和8）年の冬期合同訓練において，海軍の軍艦を使用した記録が海軍側にあることを確認している[17]。しかし，海軍兵学校で実施された海洋合同訓練や海洋指導者実修所に関する，海軍の記録を発見することはできなかった。

海軍の所有するカッターの払い下げも大正期に引き続き，以下の通りいくつか確認できる。1930（昭和5）年の徳山海洋少年団，1931（昭和6）年の米子市就将海洋少年団，1932（昭和7）年の東京海洋少年団，1936（昭和11）年の直江津海洋少年団に対するものである[18]。これら払い下げの理由としてはいずれも，海洋少年団には必要であるが，資金不足のため調達することができないと記され，海軍としても使い古したカッターを払い下げるとの回答がなされている[19]。

本項で引用した崎浜海洋健児団からの軍艦便乗の願い出を記載した史料には，続けて1928（昭和3）年7月26日付けで，鎮海要港部司令官から海軍大臣に対し，「海事思想普及及艦内諸作業見学ノ為左記ニ依リ第十七駆逐隊ニ部外者ノ便乗ヲ許可致候」として，5月27日には地方官公吏約150名，新聞記者4名，学生約1,200名が，7月12日には陸軍士官5名，教育関係者3名，新聞記者2名が便乗したとの記録がある。同じく1928（昭和3）年7月18日，「軍艦生活ノ体験並海事ニ関スル修養ノ目的ヲ以テ」，長崎県の小中学校教職員15名が軍艦早鞆に便乗することの願い出が出され，その中で「海軍思想普及上極メテ好機会ト認メラレ候」と理由を記述している。

軍艦に便乗する際には海洋少年団ではなくとも，海軍軍事思想の普及や軍艦生活の体験と海事に関する修養という文言が見られる。こういった表現は，軍艦に便乗する理由としては常套句であったと考えられる。

4. 海軍観艦式への参加

前年の大正天皇の崩御から丸1年が経たない1927（昭和2）年10月30日，昭和天皇「御親閲」の海軍大観艦式が横浜港外で行われた。忍路丸の，少年団練習船としてのデビューがこの大観艦式であった。少年団日本連盟の海軍出身者である小山武や原道太，もしくは1924（大正13）年コペンハーゲンで開催された国際ジャンボリーや国際ボーイスカウト会議に出席した少年団日本連盟顧問の佐野常羽海軍少将が，海軍に働きかけたとも考えられる[20]。なお，少年団日本連盟は10月8日付で，海軍に観艦式参列の願いを提出している[21]。

少年団日本連盟本部役員や，東京連合少年団と神奈川県下の少年団からの参加者は，観艦式の前日に集まり，当日の午前5時半に，300名の乗組員全員が浅野造船所に停泊していた忍路丸に乗船し，船を横浜に向けて出航させた。午前8時に始まった式では忍路丸の前方を静かに進む天皇が乗る軍艦陸奥に向かって敬礼し，その後は忍路丸船上で少年たちが少年団員で結成された音楽隊の演奏に合わせて「スカウトダンス」を楽しむなどして時を過ごした。

天皇が横浜に上陸して観艦式は終了し，参加した軍艦などの船舶はそれぞれの所属する港に向かって動き出した。忍路丸も抜錨して東京に帰ろうとしていたとき，船上では軍艦マーチが演奏され，少年たちが去りゆく船を見送っていた。忍路丸の少年団員が「おめでとう」と叫べば，軍艦の甲板にいる軍人からも帽子を振って応え，海洋少年団員が「我等は少年団員なり，敬意を表す」と軍艦に向かって信号を打てば，「御厚意を謝す」「少年団の発展を祈る」という返事が返ってきた。その時の少年たちの様子について，「軍艦と我等の船との間に極めて親しい空気が通ひ極めて愉快な気持ちを抱いて」いたとの報告がある[22]。

1928（昭和3）年12月4日の昭和天皇即位を祝う大礼特別観艦式に，忍路丸は前年に引き続き参加を許された[23]。この時の観艦式は国内外から軍艦209隻が集まり，更に空には飛行機が130機，飛行船2隻が展開していた[24]。

観艦式当日の未明に少年や指導者など約150名が忍路丸に乗り込み，式場となった横浜港外に向けて出航した。天皇が式場にいた午前9時45分から午後2時50分とその前後の時間を含めて忍路丸は所定の位置に停泊し，観艦式に参加していた。前年同様，少年たちは忍路丸から天皇乗船の軍艦に向かって敬礼などをするだけであったが，式後，原道太には天皇が忍路丸に目を留めたこと，さらに高松宮が少年団日本連盟理事長の二荒芳徳に対して，海洋健児部の現状について質問していたことが伝えられた[25]。

観艦式は滞りなく終わったが，その後に忍路丸にとって思いがけない事件が発生してしまう。悪天候のため予定通り港に帰らない忍路丸が行方不明になったと，新聞社が報じたのである。観艦式当日，昼から強かった風がその後風速 20 メートルに達し，強風とそれに伴う波浪のために人力では碇を上げることが難しくなり，抜錨できたとしても航海には危険が伴うと予想された。安全確保のためにも観艦式の所定位置について風と波がおさまるのを待つのが得策と原道太は考えた。忍路丸には手旗や旗流信号以外には通信設備がなく，外部との連絡が一切絶たれた状態となってしまった。原としては観艦式の所定位置から動かないことで，忍路丸の現在位置を示すことにもなるはずだった[26]。

波風が強いので忍路丸では日頃船に慣れない陸の少年団員や指導者たちが船酔いに苦しんでいた一方で，海洋少年団員や指導者は日本海軍の軍艦を観察し，夜には参加していた外国軍艦の電飾を見ることができた。海洋少年団員は海上で 1 泊するという予期せぬ出来事を楽しんでおり，原はその様子を次のように報告している[27]。

> 幼さき《ママ》若き海の子達が、甲板上に整列して、日没時より九時過ぎまで、国歌や、軍歌、其他の元気なる歓呼、唱歌に夢中になりて、眼前の不夜城に対して、寒風を厭はずわめき叫びつゝ、帝国海軍の為めに祝し、帝国海軍の将来の弥栄の為めに祈りたる、其勇ましき、気なげなる海の健児を見しとき、実に何んとも、彼とも名状し難き、愉悦の念に堪へなかつた《ママ》、

このように観艦式に出席することは，海洋少年団員が「帝国海軍」を強く意識し，海軍へのあこがれを強めることにもなったと想像される。

これら 2 回の海軍の観艦式に少年団日本連盟の練習船が参加したことは海軍の記録にも残っているが，そこには少年団日本連盟からの願い出によって参加を認めたとの記述である。海軍から参加するようにとの指示が出されたとの文面ではない。実際には後者であった可能性も否定できないが，海軍からの積極的な要請があったならば，これ以降，1930（昭和 5）年に神戸沖，1933（昭和 8）年に横浜沖，1936（昭和 11）年に阪神沖，1940（昭和 15）年に横浜沖で開催された観艦式にも引き続き参加したはずである。それらに少

年団日本連盟が参加したとの記録は，少年団側にも，海軍側にもない。

5. 練習船「忍路丸」の改造と「義勇和爾丸」への改称

1927（昭和２）年10月に北海道帝国大学から借用していた忍路丸は，1929（昭和４）年９月になって漸く少年団日本連盟へ1,200円で正式に払い下げられ，名実共に少年団の所有船となり，名称も忍路丸から義勇和爾丸へと変更した[28)]。この出費でも少年団日本連盟としては痛手であったが，その上に忍路丸の改造となると，とても予算を組むことはできなかった。そこで原は少年団日本連盟が改造費を支出するのではなく，資金を援助してもらえるよう関係機関に働きかけた。その結果，義勇財団海防義会から資金援助の約束を取り付けたのである。原が海軍で現役時代に，海防義会の理事長伊藤乙次郎海軍中将の副官をしていたことが有利に働いたと考えられる[29)]。

義勇財団海防義会とは，船級検定を行う帝国海事協会が，日清，日露の戦争の折，平素は海運に従事する商船を有事の際は武装して，軍艦の代用として組織する義勇艦隊をもくろんで組織したものがその前身であり，海防に貢献することを目的とした財団法人であった。当時400万円を超す資産を有し，水上航空機を海軍に献納し，あるいは造船，造機などの研究に補助金を出すなどの活動を展開していた[30)]。

1930（昭和５）年２月，少年団日本連盟の二荒芳徳理事長と海洋健児部長原道太は，義勇財団海防義会に次のような資金援助の願書を提出した[31)]。

> 今回連盟は、練習船忍路丸の船体機関を改装、改造して、海洋健児を本格的に教育し度きも、連盟は目下資力なきを以て、本会より費用の寄付を仰いで練習船を完備し一は以て、海防議会の目的とする海防思想を普及せしめ、一は以て、海洋健児が祖国に対する義勇奉公の精神を涵養せしめたい

この申し出に対して，海防義会は同年４月18日に臨時評議会を開催し，資金援助を決定した[32)]。

> 寄付行為第三号、第一項第五号ノ事業トシテ、海防ニ関スル思想ノ普及

ヲ図ル為メ、昭和五年度ニ於テ金壱万参千円ヲ支出スルコト

（理由）右金額ヲ少年団日本連盟海《マ》洋《マ》部ニ寄付シ、其ノ所属練習船忍路丸ヲ完備シ、以テ海洋健児ノ指導養成ニ資セントスルニ由ル。

少年団日本連盟と義勇財団海防義会の，「少年期からの海事思想の普及」という考え方が一致した。忍路丸の機関の取り替えに 8,500 円，船体の改造に 4,500 円がかかると見込まれたため[33]，その合計金額である 13,000 円が海防義会から援助された。北海道帝国大学から正式に忍路丸の払い下げを受けた際の金額が 1,200 円であったことを考えると，改造には，その 10 倍以上の資金が必要だった。

この改造を機に忍路丸の船籍港を小樽から東京に移すことになり，それと同時に船の名称を「忍路丸」から「義勇和爾丸」に変更した。北海道帝国大学の新しい練習船も同じ「忍路丸」を名乗っており，混同の恐れがあったのである[34]。変更後の新名称の，「義勇」は義勇財団海防義会に由来し，海防義会に敬意を表しての命名であった。「和爾」にはふたつの意味が込められていた。1 つは，「爾に和すことは船と人とが一心同体にならなければならぬ」[35] ことであり，もう 1 つは古事記の中の邇邇芸命《ににぎのみこと》の息子たちについて記述している「海幸・山幸」の話に出てくる，「一尋鰐魚」の鰐である。改造後の船尾には「義勇和爾丸」との文字が記された[36]。

第 2 節　海洋少年団の海軍に対する考え方

1. 海洋健児部長原道太の考え

原道太は海洋少年団と海軍の関係について，どのように考えていたのであろうか。ここでは，主に原の言説をたどることによって解明していきたい。

参加している少年にとっては訓練の方法が違うだけで，陸の少年団も海洋少年団も同じ少年団日本連盟という組織に属しており，同じスカウト運動の根本精神である「宣誓」と「おきて」を持っているという共通点があった。しかし，陸と海という活動場所の違いは，意識的にしろ無意識的にしろ，活

動の方針にギャップを生じさせていた。1925（大正 14）年 8 月，原道太は初めて海洋少年団の概要を説明した際，陸と海の関係について以下のことを述べている[37]。

> 海の日本の四囲の環境は経済上にも国防上にも将来我少年健児の発展すべき途は陸の方面には殆ど行き詰まりである関係上海の利用を第一とし今や健児の行くべき途は期せずして海に向けられつゝあるのである。

この考え方は，1928（昭和 3）年 4 月にも「今や陸に於て，行き詰まれる吾国は，海を越え，海を探り，海外に発展すべき運命に釘づけられた」という表現にも見られ，陸ではなく，海で活動する海洋少年団に存在意義を与えている[38]。

原はここで，「南進論」を意識していると考えられる。第 1 次世界大戦によって日本海軍がドイツ領ミクロネシアを占領して事実上の植民地としたことから，南進論の議論が高まった。南進論とは明治以降，東南アジアなど南方地域へ進出しようとする考え方や政策であり，特に 1940（昭和 15）年から 1941（昭和 16）年にかけての南北仏印進駐など，太平洋戦争の原因ともなった東南アジアの経済資源獲得のための施策をいう。既に第 3 章第 2 節第 2 項で述べたとおり，東南アジアへ軍事的な意図を持って進出する考え方は，1930 年代後半以降に見られるものである。原もこの時点では，海軍として武力によって東南アジアへ進出するべきとは述べていない。

「少年団訓練法は，軍事的目的又は実習を含まない」ことは，原を含めて少年団の指導者が一貫して述べてきた[39]。1926（大正 15）年には，当年夏の陸海合同の野営についての感想を述べる中で，次のような意見を発表している[40]。

> ［少年団と軍事訓練］少年団の訓練は軍事訓練とは異なるも其精神全く軍事訓練と同一なるものあり然るに中には稍もすれば絶対に軍事訓練の精神までも否定するものなきにあらず、是等は「あつもの」にこりて「なます」をは《マ》く《マ》の類で、思はざるの甚だしきものである、過般の対戦に際し幾多英米の健児《スカウト》が実際の軍事に抵りて国難に当り、又公衆の為めに軍事的に

奉仕し且つ家庭の生計を助けしやを思はゞ忽ち氷解するであらう。

少年団の訓練と軍隊の訓練は異なることを指摘しつつも，少年団の訓練において軍隊の訓練の精神までも否定するのではないとの意見である。ここでいう「軍隊の精神」とは，「公衆の為」に「軍事的に奉仕」すること，あるいは「家庭の生計を助け」ることであった。第１次世界大戦下の欧米のボーイスカウトの動きを踏まえて，「公衆の為」という大義名分によって軍隊に協力もすることを述べている。この文章を発表した翌月には，海軍に関して以下のようにも述べている[41]。

国民は我国は世界の三大海軍国だと威張り居るが、我国には未だに相当の知識階級、又は紳士と言はるゝ人にして商船と、軍艦との区別さへつかぬ人が相当に多いではないか、況んや八八艦隊だの、六四艦隊だのと騒いだ頃には、其当時相当物識りの代議士諸君でさへ、ずいぶん滑稽なる奇問を連発して、専門家連を寒心させたのではないか

（中略）

海洋少年は必ずしも海員ではないが、海国の公民としての十分なる義務を果たすの資格を持ち、一朝有事の際、国難に抵り得るの素質を有つ

（中略）

我国の海防問題は、専門軍人の専売品ではない、一たび国民国防の真諦に触れた以上、海国民たるもの、今日重要無比の国防は専門軍人のみに依頼するのあまりに危険（以下，略）

英国のシースカウトが第１次世界大戦中，「港湾内の監視，浮標設備のない水路での船の案内，味方の艦船に発火信号を送るなど，沿岸警備の危険な任務にもついた」ことを原は知識として持っていた[42]。「平和の斥候《スカウト》」としての英国のボーイスカウトやシースカウトが軍事訓練を目的としないものの，有事の際には軍隊の後方支援に当たっていることに着目し，日本でもそのような少年団の在り方を模索する考えは，海洋少年団の指導者としての原の文章に，しばしばみられるものである[43]。

自己尊重よりも他人を尊重する少年団教育の精神が若し列国間に正しく訓

練さるゝならば今日迄国際間に行はれ来つた様に自国尊重が極端になりて外国排斥、外国蹂躙の如き態度が改まるであらう。
（中略）
我少年団は、平和を愛好すると同時に国難が起つた場合、それに対する準備をして置かねばならぬ。

基本的には他者を尊重することを少年団の教育において重視しているが，世界が自国を尊重しすぎて戦争に突入することになれば，少年団として国を守る準備をする必要があるとする。そして，日本が国際連盟を脱退した後の 1934（昭和 9）年，世界情勢が不安定になると原における軍と少年団の関係は以下のようになる[44]。

殊に軍隊の第二次的勢力であるべき、青年団や、少年団の教育も相当に進歩して来た、がそれは陸の方面のみが、優れて好くなつて来たのみで、海の教育は、マダマダ殆ど、お話にならない程に後れている。

南洋遠航の計画を始めた頃の原の文章である。彼はこのとき，少年団を「軍隊の第二次勢力」と位置づけた。だが，南洋遠航の計画策定時における海軍の意向，そして南洋遠航の成果もあり，原はその後，少年団の平和的役割を忘れてはいなかった。次の文章には，そのような原の考えが表れている[45]。

我海洋健児は本年夏より秋に掛けて、東洋、南洋の各地の至純なる少年団や少年達と交歓をしました。然るに是等の国の中には往々我日本とは利害関係を異にするが故に、可成に感情の行き違や、利害の衝突もありました。が其国々の青少年は、我海洋少年団員とは、非常に親しみ合ひ、お互に敬意を払つて交り合ひ、そこには一切の政略もなければ又政策もない、素より反感もありません。其至純にして、公正なる親交振りは、神の世界の顕はれの如くにも感ぜられました。
（中略）
我海洋少年は、数年前の海洋少年とは、此危局（ロンドン軍縮会議のこと—引用者）に直面する点に於て、其訓練も、其修養も、余程心すべきであつて、一旦不幸にして国際的の親交の糸が切れたときの場合を想像すれば、英国の海洋少年団の如く、又は独逸の少年の如く、又は最近奉天時変のときの、我々長春少年団の如く、又は上海事変の時の我上海少年団の如く、少年の身を以て、砲煙弾雨の間をクグりて、軍隊の後方勤務を勤めた如く、海陸の少年団共に、決心したる態度を持つて居らねばならぬのは勿よりであります。

（中略）

海洋健児は第一世界平和の為め、世界文明を促進寄与すべき使命を有し第二には国家万一の場合には我海の生命線を守る第二次勢力たるべき重大なる使命を有し居ると申上ぐるのであります。

原は海洋少年団の役割として，世界平和に寄与することと，海軍の二次的勢力という，2つの役割を見出していた。この頃には，少年団が有事の際の後方支援を行うことを，具体的に表現するようになったのである。

2. 海洋少年団員の進路

原道太は海洋少年団員の将来的な職業として，海軍だけを考えていたのではない。そのことは，1934（昭和9）年の南洋遠航の直前に発表した次の文章が示している[46]。

海洋健児は必ずしも、海軍々人や貿易者のみではない。水産業者も居る農業移民者も居る。鉱山業者もあれば、航海業者、運輸業者も居る。

海洋健児は日本精神を以て、内地には素より主として将来海外に進展する素顔を有する者が多いと信ずる。

海軍軍人や貿易業者だけでなく，水産業者，農業移民者，鉱山業者，航海業者，運輸業者などを，原は海洋少年団員の将来の職業として想定していた。大正期からこの頃まで続く南進論を背景に，経済的な海外進出を想定していたと考えられる。

実際に海洋少年団の出身者が就いた職業について，東京海洋少年団に1924（大正13）年の発足当時，最年少の12歳で入団した堀久孝と岡村久雄が，原道太や田村喜一郎ら海洋少年団の指導者と座談会をしている。これは海洋少年団が独自の全国組織である大日本海洋少年団を立ち上げた後の，1940（昭和15）年11月18日に行われた。オランダ領ジャワの「ジャワ千代田百貨店」で働いていた堀が，同じく海洋少年団出身でジャワの農園で働いていた人物や，役人としてジャワに赴任していた人物についての仕事の様子を報告した後，座談会の話題が海軍に入った竹中に移った[47]。

原　竹中君は、山形屋の親類で、どうして海洋少年団にはいつたかきくと、「僕は将来水産の方をやりたいのです。」といつてゐました。

田村　さうでした。東京の方はもう行きづまつたから、朝鮮へ行つて、海苔の養殖をやらうと考へてゐたのです。ところが、少年団の、南洋遠航からかへると、海軍の第一期予備航空兵団の募集がありました。それでかへつてから、二日目に、その試験を受けたのですが、一ぺんでパスしてしまつたものです。海苔の養殖が、海軍の航空隊に変りましたが、いづれにせよ、その頃から海へ出るといふ希望を、しつかりと持つてゐたのです。

原　遠航中に大分考が変つたらしいですね。あれは、よく、隊長や先生の代理をやらされてゐました。それが、今南支で活躍してゐる、竹中中尉なのです。

海苔の養殖をしたいと考えていた竹中少年は，海軍に入ったが，これらの職業は「海へ出る」という点で一致していた。海洋少年団での活動を通して海や船についての知識と技術を身につけた子どもたちは，自らの将来を海に関わる様々な職業と結びつけて考えることができていたのである。

以上見てきた通り，海洋少年団としては団員の将来の職業に何かしらの制限や制約を課していることもなく，参加していた団員も特定の職業だけを希望していたわけでもなかった。

第3節　海洋少年団と社会教育・学校教育の関係

学校教育と少年団の教育の関係について，原は次のように述べている[48]。

何としても、本教育（少年団の教育─引用者）の如きは、其地方の環境其他に応じ、社会有志や、学校当事者が、学校教育と家庭教育の補足補充の為めに、之を実施し、実際実地の訓練を施し以て、多くは実行にまで達し得ない学校教育の多くの場面を本教育に依りて実際訓練、実地訓育を主眼として実施せらるゝときは、其効果は相当に顕著なりと信ずるのである。

学校や家庭で実践できない「実際実地の訓練」を，少年団の活動で補おうというのである。この「補足補充」を，どのように実践していたのであろうか。本節では海洋少年団と文部省，そして各種の学校との関係について考察する。

1. 社会教育行政との関係

文部省は1916（大正5）年に各国における青少年教育の実情を探る一環としてベーデン-パウエルの『スカウティング・フォア・ボーイズ』を翻訳した。その後，1921（大正10）年には少年の団体について本格的な調査を行い，翌年に『少年団体の概況』という小冊子にまとめた[49]。ここに，東京で発足した海国少年団，あるいは海洋少年団という文言は見られない。

1910年代，文部省は青年教育に対する関心からボーイスカウトに着目していた。中山弘之によると，1920年代には社会教育を管轄する文部省普通学務局第四課が，少年団に関心を寄せている。その中心となったのは，第四課課長の乗杉嘉寿と，同じく嘱託の片岡重助であった。第四課が少年団に着目した要因は，児童問題などの社会問題の深刻化，国力増強のための国民形成の必要性であったという。さらに第四課が打ち出した少年団論の特色は，学校批判としての少年団論（乗杉），学校を中心とした少年団の組織化論（片岡），青少年団体の統合を視野に入れた少年団論（乗杉・片岡），少年団の目的における児童・少年の生活・発達の重視（乗杉・片岡）であった。1922（大正11）年に少年団日本連盟が結成されると，乗杉と片岡は連盟の役員になり，さらに連盟が本部事務所を文部省内に置くなど，文部省と少年団日本連盟は密接な関係となっていた[50]。

既にいくつかの海洋少年団が発足していた1925（大正14）年頃，海洋少年団が不良少年の「善導」に積極的に関わるべきだという話が持ち上がっていた。司法省が内務省や文部省と調査研究した結果，「未だ不良児とは認められなくとも，其の環境から悲しい結果に向つてたどりつゝある者を救ひ，善導する最善方法」の１つとして，「海軍省の廃艦を貰ひ受け，半官半民の組織で海《マ》少年団《マ》を創め，家庭其他の環境から不良少年になりさうな者を収容して，船を家として海を教場に，思想の善導，学科の教授の外，他日社会に出て有能の者とすべく機関其他の職業を授ける計画」を立てているという。司法省はこの話を東京海洋少年団の小山武団長に持ちかけて，交渉したようである。海軍省も小山が乗り気なら，佐世保軍港に係留中の廃艦武蔵，大和の２艦を無料提供すると表明した[51]。だが，このような不良少年のための海洋少年団が実際に結成されたかどうかは，定かではない。

海洋少年団がその事務所を役所内に置いた事例[52]，あるいは地方の社会教育担当者がそれぞれの海洋少年団の発足式に出席していたことから，地方レベルの教育行政機関と海洋少年団にも何らかの関係があったと見るべきである。それは地方の社会教育行政が海洋少年団を積極的に囲い込もうとした現れであるのか，それとも社会教育団体としての海洋少年団が組織の人的もしくは財政的な運営上，有利であると考えた結果なのかは，推測の域を出ない。

2. 校外生活指導に関する訓令の影響

1932（昭和７）年11月，少年団日本連盟は第４回総会を開いた。参加者は陸軍の介入による「三指礼問題」に動揺していた。追い打ちをかけるように雑誌『社会教育』に文部省が学校を中心に少年団を組織するとの記事が掲載され，それについての質疑が行われた[53]。少年団日本連盟理事で文部省社会教育局青年課長の小尾範治は，文部省として児童生徒に対する校外生活の指導を奨励しており，新しい少年の組織を創設する可能性を表明した[54]。総会では文部大臣の諮問「時局に鑑み少年団として特に留意すべき事項如何」に対する答申と，宣言を採択した。ここで，少年団日本連盟が文部省と軍部の意向に添うことを示すと共に，文部省には連盟が「青少年社会教育団体の統制」の中心的存在となるように求めていた。しかし，文部省は少年団日本連盟の考えとは全く違う方向に向いていた。学校を基盤として，積極的に「校外生活指導」を行おうとしていたのである。

同年12月17日には文部大臣から訓令22号「児童生徒ニ対スル校外生活指導ニ関スル件」と，同じ表題の文部次官通牒が出された。文部省が直接関与できる学校において少年団を組織させる方針を打ち出したのである。この訓令と通牒により，各地の学校が少年団を組織し始めた。その影響は陸の少年団だけではなく，海洋少年団にも及んできたようである。

1934（昭和9）年3月に開かれた第65回帝国議会には，少年団宮城地方連合，少年団日本連盟加盟団広島代表，加納少年団長（岐阜県），金谷町少年団長（静岡県），清水市少年団長（静岡県），清水市海洋少年団長（静岡県）が「少年団日本連盟加盟団援助に関する件」（請願第501号）を提出し，以下のことを求めた[55]。

一、第五十議会両院の決議案の「少年団日本連盟助成に関する件」の通過せる少年団日本連盟を益々助成せられ度き事
二、少年団日本連盟加盟の地方少年団を援助せられたき事
三、文部省訓令による新設学校少年団員中現に少年団日本連盟加盟団員たるもの若しくは加盟団に入団せんとするものに対しては之が行動を自由たらしめ徒らに阻止防圧を加へざる様願ひ度き事
四、学校少年団と少年団日本連盟加盟団とは常に連絡提携する様取り計らはれ度き事

文部省訓令以来，小学校で強制的に少年団が組織され，学校や行政が既存の少年団に少年が参加することに対して圧力をかける実状があるという。その結果「新設学校少年団と既設少年団とは自然対立抗争の状態」になり，少年団の将来に不安があると訴えている。この請願に対して請願委員会は採択するのだが，委員として出席していた三島通陽は，この請願が海洋少年団から出されていることを強調した。海洋少年団には海軍が援助していること，練習船に昭和天皇が乗り込んだことを説明して，「さう云うやうに訓練して居る海洋少年団の子供を学校少年団がとると云うやうになると誠に残念と思ひ

ます」と述べた[56)]。

清水市海洋少年団にとって，新設されつつあった学校少年団に団員を取られることは団の存続に関わる重要問題であった。文部大臣の訓令と，文部次官の通牒は各地で学校を基盤とした少年団を生み出すことになり，少年団日本連盟に加盟していた少年団は団員や指導者を新設の学校少年団に横取りされるという問題に直面するのである。少年団日本連盟の機関誌『少年団研究』上においても，1933（昭和 8）年を通して，文部省の一連の動きに関する議論が交わされた。

ところが，全国の海洋少年団を統括している少年団日本連盟海洋健児部長の原道太は，海洋少年団と新設の学校少年団との関係を一切述べていない[57)]。原は海洋健児部として年中行事化した海洋合同訓練や海洋指導者実修所を，この 1932（昭和 7）年以降も引き続いて行っていた。訓令後，少年団日本連盟から脱退する海洋少年団も中にはあったが[58)]，海洋少年団の数は増加していた。

例えば 1935（昭和 10）年の海軍記念日（5 月 27 日）に結成された気仙沼海洋少年団は，学校関係者ではない指導者を擁し，結成時に 20 名，2 年目の 1936（昭和 11）年には 10 名，翌年の 3 年目には 15 名，少年団日本連盟海洋部が独立した 1938（昭和 13）年には 8 名が入団した[59)]。文部大臣の訓令によって結成される学校少年団の存在は，一部の海洋少年団にとって団員を横取りされる危険性があったが，道府県レベルや小学校単位における訓令への対応には温度差があったと考えられる。連盟の海洋健児部としては，特に対策をとっていなかったようである。

3. 北海道帝国大学から練習船の譲渡

全国で海洋少年団が次々に設立され，少年団日本連盟に海洋健児部が創設されたが，海上での活動を支える自前の練習船を所有していなかった。このため大きな船に乗るためには，商船学校に協力を求めるか，軍艦に便乗するかの選択しかなく，本格的な海洋での教育訓練活動ができなかった。海洋健児部長原道太は海洋少年団が船を持たないことを水のない水槽にいる金魚と例え[60)]，海洋少年団に不可欠な練習船を探して奔走していた。

写真４－１　忍路丸

船を所有するには購入費，維持費，人件費と莫大な費用がかかり，資金的に余裕のなかった少年団日本連盟としては，低いコストで高いパフォーマンスの船を探すことが至上命題であった。しかし，この希望にかなう船は簡単には見つからなかった。農林省が所有する船を廃船にする話を原が聞き，その払い下げの交渉をしに行ったが不調に終わるなど，官庁や民間企業からの協力を得ることは難しかった[61)]。

東京海洋少年団評議員の武富栄一が，北海道帝国大学水産専門部の新練習船建造費が議会を通過したので，それまで使用していた練習船忍路丸が廃船になり，払い下げられる可能性があることを原に伝えたのは，海洋健児部設置からほぼ 1 年経った 1926（大正 15）年 3 月 23 日であった[62)]。武富は農林省水産局の白鳳丸船長を務める傍ら，原が現役軍人の頃からの知り合いとして海洋少年団にも協力していた。

北海道帝国大学も忍路丸が第 2 の人生を海洋少年団の教育の場として送ることに好意的であった。1927（昭和 2）年 4 月に北海道帝国大学の佐藤総長から少年団日本連盟の二荒理事長に，忍路丸の貸与決定通知が送られた。この後，北海道帝国大学が示した貸与条件についての交渉や関係省庁の許可，忍路丸の改修工事などの諸整備に約半年の時間がかかった。あらゆる手続きを終え，忍路丸がそれまで停泊していた小樽港から東京に向けて回航する準備作業に入った[63)]。

10 月に入って忍路丸が少年団の手に渡り，東京に向かうことになった。10 月 3 日に原道太は札幌に行き，最終的な打ち合わせをしようとするが，海軍大演習に召集されたため急遽東京に帰らざるを得なくなった。そこで海洋健児部の田村喜一郎や田村金吾に，事務手続きと忍路丸の東京への回航を依頼した。

この頃，10 月 30 日の海軍大観艦式に少年団日本連盟の練習船が参加する内定が出た。忍路丸は 11 日午後に出航準備が整ったものの悪天候のため延期し，14 日の午前 0 時 30 分に小樽港を出航した。18 日には岩手県の崎浜に寄港，当地の崎浜海洋健児団の歓迎を受けた。21 日早朝，千葉県館山に到着して少年団日本連盟理事の小山武が乗船し，東京海洋少年団の団員 4 名も実習と手伝いのために乗り込んだ。24 日には東京に到着し，後藤総長や二荒理事長，三島理事等の出迎えを受けた。そして，すぐに海軍大観艦式の準備に取りかかることになる[64)]。

忍路丸は海洋少年団ではなく少年団日本連盟の所有船であったため，連盟に所属していた海陸の少年団が使用することができた。地方の少年団が上京の折に海上の宿泊所として使用していたこともある。原は忍路丸における少年たちの訓練を，以下のように想定した[65]。「和爾丸」とは，1930（昭和 5）年に忍路丸を改造すると同時に改称した，義勇和爾丸のことである。

（一）和爾丸が碇泊中の訓練
（二）補助機関を動かす汽船としての訓練
（三）風力を利用する帆船としての訓練

少年団員の訓練は，甲板の洗い方や船のあらゆる設備の維持方法，帆の取り扱い，通信伝達手段を覚えることを基礎としていた。碇泊中の忍路丸でこれらを学んだ後に，航海訓練を行った。団員たちの忍路丸に対する思い入れは測り知れず，次の文章に見られる通り，団員に対しては技術訓練と同時に規律訓練も重視していた[66]。

　是を往年、和爾丸なかりし時代に比すれば海陸の少年団員は和爾丸に対し異常の尊敬心を有し乗船するや、忽ち団員の態度は規律正しくなり、動作は機敏となり数倍の緊張を帯び、意気頗る溌剌となつた。
　又船艇に対する愛撫心の旺盛なるに至りしは驚く計りにて、借家住ひの人が自己所有の家住となつてさへ同様の感を抱くに至るものである、況んや此貴重なる所謂甘棠に於ておや何としても嬉しかつた。
　況して、碇泊中の練習船が、一旦煙を吐ひて、品川湾に乗り出し、連盟旗を檣頭高く翻えして、駛り出せば少年の顔色見る見る紅潮し、房相、豆駿の諸山を送迎し、快風起れば、直に一令の下に総帆を掛けて快走し、茲に健児の気宇は、彌々高くなりて、体位の向上と堅忍の気風は知らず、識らずの中に養はれた。

船や海の専門家を育成していた商船学校とは違い，むしろ海に出ることによって子どもの心が育まれていくことを期待した訓練が行われていたことがわかる。少年団日本連盟が練習船を所有したことによって，東京の商船学校や海軍に頼ることなく航海できるようになり，少年団の活動において練習船の占める位置は大きかったと言えよう。

4. 学校教育や社会教育関係団体などへの海上教育支援

少年団日本連盟が忍路丸を練習船として所有して以来，海や陸の少年団員はもちろんのこと，いろいろな団体や学校からも忍路丸に乗り込んで航海を体験したいという願いがあった。在郷軍人会や海軍同志会，青年団，四谷区教育会，日本女子商業学校，学習院，東京高等商船学校などの指導者や生徒が，忍路丸への乗船を希望したのである[67]。

学習院は 1928（昭和 3）年 6 月 10 日，在校生 200 名が忍路丸に乗り込んで東京湾の航海を体験した[68]。少年団日本連盟理事をしていた三島通陽がその出身者であることから実施したと思われる。四谷区の教育会は 1930（昭和 5）年 8 月 15 日から 2 日間，男子児童 300 名が少年団の練習船に乗り込み，横須賀の軍港を見学した。1929（昭和 4）年 6 月と 8 月には，それぞれ 210 名と 200 名の日本女子商業学校生徒が忍路丸に便乗して，東京湾を航海している[69]。日本女子商業学校の校長を務めていた嘉悦孝子は，東京連合少年団の理事であった嘉悦一郎と親戚関係であったと考えられる。

嘉悦一郎が理事をしていた東京連合少年団は海洋部を設置しており[70]，そ

写真 4－2　義勇和爾丸に便乗する日本女子商業学校の生徒

の海洋部が1928（昭和3）年2月から3月にかけて，毎週日曜日に海洋講習会を実施した。これは東京連合少年団に所属している少年団の青年以上の指導者や一般から希望者を募っての講習会であり，海と船に関する講義と実際に船に乗り込むプログラムを用意していた。その講義が行われた場所が嘉悦孝子の日本女子商業学校であった。嘉悦は海洋少年団などの少年団関係者や東京高等商船学校，水産講習所，日本郵船，東京市社会教育課長等が講義する，この講習会の事務等を担当したと思われる[71]。その翌年に，日本女子商業学校の生徒を忍路丸に乗船させている。原道太の著書『義勇和爾丸の一生と海洋少年団の発達』には日本女子商業学校の生徒が忍路丸に乗り込んでいる写真があり，女子生徒たちは制服を着て写真に収まっている。実際に練習船上で何らかの作業をしたのか，あるいは忍路丸船内の見学などの体験をしたのであろう。

1930（昭和5）年の第3回海洋指導者実修所には，神奈川県立厚木中学校職員生徒16名と静岡県立庵原中学校々長職員以下生徒23名も参加した。前年の1929（昭和4）年，海洋少年団を創設する計画が持ち上がった静岡県清水市を原が訪問して講演会を行ったとき，庵原中学校の校長が会場に来ており，「是非校内に海洋団を創設したい」と相談を受けていた[72]。同年に東京から練習船による航海が予定され，そこに庵原中学校の教職員と生徒が便乗して，訓練の体験をした。中学校生徒には海洋実習の経験がなかったものの，義勇和爾丸に乗って海洋少年団と同じ訓練を受けたのである[73]。

今回の合同訓練には神奈川県立厚木中学校職員生徒十六名と、静岡県立庵原中学校々長職員以下生徒二十三名と参加合同訓練を行ひ、互に切磋練磨し、社会教育の長所と学校教育の優所とを適当に配剤、混化して規律整然たる航海野営実習の一部を実習した。唯航海は実施の当初、中学生に船酔ひを生ずるもの相当多数に達し、其実習上の効果を揚ぐることは勿より、困難であつたが、荒海、荒浪上の航海の体験、実習を得たることは、其当時こそ殆んど堪へ難き苦痛であつたかも知れんが、是も亦、此種の練習でなければ到底得難き事で、十日間約五百浬の航海に、相模湾、駿河湾、伊豆大島、東京湾の要部も航駛せしことは、終生忘るゝことの出来ない或る種の収穫物のありしことは、中学健児より、別欄投書を見ても明かである。

別欄に掲載された「投書」によると，参加した中学生徒たちは海の苦しさや愉しさを知ると共に，規律ある海洋少年団員の動きを心に刻み込んだという[74]。

あの十日間は、実に僕等に、大なる海に対する確信と、生き手本とを、あたへました。それは、海上生活とは如何なるもので、それが少しも恐しき、《ママ》ものでなく、むしろ愉快なものである、との確信と海洋少年団諸君の、勤勉と親切の生き手本を、見た事であります。

少年団以外の参加者としては他に，静岡女子青年団員250名も清水港に停泊中の義勇和爾丸に乗り込んで沿岸を航海した[75]。前月，和爾丸への天皇の乗船がその背景にあったという。女子青年団員の乗船は，「聖上陛下，親しく御乗船あらせられし義勇和爾丸に乗船して，精神教育に資したき懇請ありしを以て社会奉仕作業の爲め」であった[76]。

海洋少年団はいくつかの団体や学校と接点を持っていたが，その中でも特に強い関係にあったのが東京高等商船学校であった。第2章第2節第2項で述べた通り，この学校の設備を借りて東京海洋少年団などが海上で訓練を行ったこともたびたびあり，学校側が練習船忍路丸を使用して航海したこともあった。例えば，1928（昭和3）年4月8日から2日間，「高等商船航海科第90期生」が忍路丸に乗り込んで航海訓練をしたが，その時に参加した生徒の1人が，老朽化した忍路丸を次のように表現した[77]。

「航海機関六学期六十の生徒は海洋少年団練習船其名も詩的の忍路丸にて、春陽うらゝかにして世は花に酔ふ四月八日、三ヶ年の薀蓄を実地に試み、且つは経験の為め、暁星未だ光を収めず東天紅にして残月淡く西空にかゝる時、早くもオールの響戞々として「ピンネース」は、忍路丸へと走る—忍路は幾年振りの返り咲きにや、老ひぼれたる手動揚錨機も、エッサエッサの勇ましき若人の掛声に跳つて錨鎖一尺一尺縮めらるる云々—《ママ》」

全速三節の骨董品、焼玉エンヂンも将来の大機関士によつて、今日はあらん限りの力を奮い起す—、春の海は夢の如く、羽田の灯台は模糊たる中に蠟燭と見ゆ　云々。

北海道で何度も航海を重ねた船だけに，商船学校生徒の目には忍路丸が時代遅れの「骨董品」として映ったのであろう。北海道帝国大学の中古船を少年団日本連盟の練習船として活用していたため，できるだけ新しい設備に改造しなければならないことを原は承知していた。この文章が書かれた 1928（昭和 3）年は，夏には東京海洋少年団の指導者が引率した丸ノ内青年訓練所員が乗った船が「遭難」し，暮れには観艦式後に忍路丸が「遭難」と報じられるなど，海洋少年団としては設備が十分に整っていないことに起因する不名誉な事件が相次いでいた。当然のこととして，原は海洋少年団としての設備の充実を図ることを考えたであろう。

ロープや蠟燭などの小さな備品ならば，資金のやりくりをして調達することも可能であったが，忍路丸という帆船に少しでも改造の手を加えることは，少年団日本連盟にとっては大きな出費であった。そこで，本章第 1 節第 5 項で述べた通り，海軍に関係する機関に援助を頼み，改造に至ったのである。

昭和天皇による和爾丸への乗船がきっかけの 1 つとなり[78]，文部省は全国の漁村青年訓練所の関係者から 30 名程度を選抜し，1932（昭和 7）年 8 月 4 日から 10 日の間，訓練所指導者のための海洋講習会を和爾丸で行った[79]。

航海は東京の水産講習所を出発し，横須賀港，神奈川県の三浦，静岡県の焼津，愛知県の清水港，和歌山県の勝浦港，兵庫県淡路島の福良に寄港して，広島県の呉江田島までであった[80]。各寄港地では漁村青年訓練所や水産学校，海軍の施設を見学した。和爾丸での航海の途中，海上で訓練を行うと共に「我国の漁村振興，海防問題と漁村青少年，太平洋沿岸の水産業，漁村の生活環境等」について，それぞれの専門家からの講義を受けた。講師は文部省社会教育局青年教育課長小尾範治，陸軍騎兵大尉小川団吉，水産講習所教授長棟暉友，少年団日本連盟の原道太や田村喜一郎や和爾丸船長上田一三らが務めた[81]。

第 2 章第 2 節第 3 項で触れたように，1926（大正 15）年に青年訓練所令が勅令として出され，1927（昭和2）年，文部省内に設置された丸ノ内青年訓練所は毎年数回，東京海洋少年団関係者から海洋訓練を受けていた[82]。文部省はその後，漁村に設置された青年訓練所の指導者を集めて行う訓練を原道太ら海洋少年団に依頼したのである。小尾範治自らが和爾丸に乗り込んでこの講習会の講師を務めるなど，主催者の文部省としても力を入れていた。

1931（昭和6）年頃から年に1回程度，千葉海軍同志会主催による和爾丸の航海が行われた。1936（昭和11）年は6月26日から3日間，千葉県立師範学校，女子師範学校，高等女学校の男女学生が乗船し，横須賀軍港に碇泊している艦艇や横須賀海軍工廠，記念艦三笠を見学した。その時の千葉と横須賀の往復の航海では，海洋少年団の組織や義勇和爾丸の船歴について海洋少年団関係者から講演があった[83]。ここでは海軍同志会の「海軍々事思想普及」という目的と，海洋少年団側の海洋少年団の宣伝と指導者確保という目的が，師範学校の学生たちを和爾丸に乗船させて横須賀へ見学に行くという行動で一致したと考えられる。

第4節　昭和天皇による練習船への乗船

1. 天皇による乗船の経緯

1930（昭和5）年4月18日，海防義会の臨時評議会が開かれて和爾丸の改造に対する資金援助が決定され，5月25日までの完了を目指して，改造が始まった[84]。和爾丸改造の工事が静岡県清水市の造船所で進んでいた5月5日，少年団日本連盟の二荒芳徳理事長に，宮内省書記官の木下行幸から電話があった。5月28日から6月3日にかけて昭和天皇が静岡の沼津御用邸に滞在し，その間の6月2日に天皇が伊豆の天城山を登山することになり，沼津から天城山の麓の重須まで少年団の練習船に乗り込んで移動したいとの打診であった。二荒は和爾丸が北海道帝国大学から払い下げを受けた古い船であるために安全性を考えて受諾をためらい，連盟海洋健児部長の原道太と相談の上返事をすると伝えた。翌日，和爾丸の機関改造のため清水に出張していた原道太に電話をして東京に戻るように伝えた[85]。原は横浜海事部の船体点検官と共に和爾丸の船体機関を点検している最中であったが，二荒の急な帰京の指示を受けて沼津から東京に特急で向かった。

宮内省からの申し出の詳細を教えられた原はこの日の点検の様子を二荒に伝え，受諾か否かの討議をした。天皇が練習船に乗船することは少年団としては名誉だが，公的な点検が未だ完了しておらず，さらに安全という点で不安がないわけではなかった。原はこのときの苦悩を以下のように述べている[86]。

> 一天万乗の大君の御召を承るは無上の光栄、少年団の為めには空前の盛事なれども、何分にも、船は相当の年月を経過して居るし、たとへ今回、多額の経費を投じて改造、改装、寧ろ或る意味にて新造当時よりも、強力なる点はあれども、公試運転も済まぬ今日、今俄にお承けは余り恐れ多し、茲に武士道、健児道に依りて、臣子の分を思ふとき、兎も角も此の無上の光栄をも拝謝することに決せられた、其時の理事長の心持は恐らくは他の何人にも想像が出来ない、あるものがあつたことを深くお察しする。

天皇の便乗は少年団としてとても名誉なことであるが，改造後の検査も不十分である今，便乗をお断りするしかない。宮内省からの依頼を断る二荒を気遣う文章である。二荒も少年団の練習船に天皇が乗船することについて，次のように述べている[87]。

> そうしてこの和爾丸が御召船に指定されたと云ふことは、そこに他の御召船たるべき船がなかつたのではない。現に静岡県水産指導船富士丸は我が和爾丸より遙に設備に於ても優秀な船であつた。それにも拘らず、御往航の御海上を特に我が和爾丸を御召船に御指定相成つたことは取りも直さず、この少年団の練習船に御乗遊ばさるべき畏い辱ない思召があらせられたからであると予は拝察する。假令、海軍省にお命じあつて、或る地点より他の地点に御航海遊ばされる場合でも「軍艦何々」を御召艦に御指定相成ると云ふことは未だその例を承はらない所である。

船の設備面で，少年団の練習船よりも優れた船は他にもあった。二荒と原は協議の結果，天皇の乗船を辞退することで意見が一致した。翌5月7日に二荒は木下主務官を宮内省に訪問し，前日の話し合いの結果，少年団日本連盟として宮内省からの打診を辞退することを伝えた。ところが木下は，「船体機関に危険のことさへなくば，船内の設備万端に質素なる位は心を労するに及ばず，少年団運動に対する深き御奨励の御思召なれば今一応考慮せよ」と伝えた。そこで二荒は受諾について再度少年団日本連盟に持ち帰って討議することにした。

5 月 8 日，少年団日本連盟の臨時理事会が開催され，「海事部の検査，其他専門家の意見を参酌して確定すること」を条件として受諾することを満場一致で決定した[88]。これを受けて原は清水に直行し，14 日に横浜海事部が天皇が乗船しても差し支えないと判断したことを二荒に伝えた。二荒はすぐ木下に報告し，天皇の乗船が確定した。21 日には試運転を行い，和爾丸は順調な仕上がりを見せた[89]。31 日，宮内大臣から二荒に正式な通達が渡された[90]。

　天皇陛下来ル六月二日沼津御用邸ヨリ天城山ニ行幸アラセラルルニ当リ同御用邸沖ヨリ内浦村重須マテ貴連盟海洋《ママ》部練習船義勇和爾丸ニ御搭乗遊ハサルヘキニ付此段申進候

　昭和五年五月三十一日　宮内大臣　一木喜徳郎

　少年団日本連盟理事長　伯爵　二荒芳徳殿

天皇乗船の前日，6 月 1 日には既に選抜されていた東京海洋少年団員 25 名と清水海洋少年団 10 名が和爾丸に乗船した。午前中は乗組員が健康診断を受け，午後からは船体の清掃と消毒をしたあと，沼津沖からやや離れた場所に停泊して翌日を迎えた[91]。

6 月 2 日の天皇乗船は午前 8 時 5 分から 8 時 50 分までであった。まず，沼津御用邸の海岸に特設された桟橋で，海軍大元帥の軍服を着た天皇を堀元美や野田忠雄ら東京海洋少年団員が出迎えた。天皇は和爾丸に設けられた「玉座」で義勇財団海防義会理事長伊藤乙次郎海軍中将，海軍教育局長大湊直太郎海軍中将や少年団日本連盟顧問，理事らによる説明を受けた後，船内を見学した。原の指揮の下，海洋少年団員による船の操縦や信号伝達などを見て回ったのである[92]。その時，原は和爾丸の機関長田村喜一郎を指名して，海洋少年団員たちに海洋少年団歌を天皇の前で歌うように指示した。天皇の前で突然，団歌を歌うことになり，指揮者としての田村はもちろんのこと，声を出して歌った団員たちは非常に緊張した。その時の様子を田村は次のように伝えている[93]。

思ひも及ばざる突然のことで、其瞬秒はハツト思つた。然し粗忽があつては恐れ多しと、心を落つかせ先づ隊を整へた、合唱に就て注意を重ね、愈々海、海、海を歌い出した。どうも平常より出来がかんばしくない、これではならぬと、声を張り上げれば、上げる程音声に変色が出る、団員一生懸命であるが常より下る感があつた、最後の海洋歓呼も不揃いで思はしくなかつたが余り緊張して堅くなり過ぎた為で万無得止、なんと申しても小さき船内で船橋直下で誠に恐れ多い極みで、一同又光栄にして終生の誉であつた。

団員の緊張の様子がよく伝わってくる文章である。感激の連続であった天皇の乗船は，45分程で終了した。天城山登山を終えた後の沼津御用邸への帰路は静岡県所有の富士丸に天皇が乗船した。和爾丸も富士丸の後をついて沼津に向かった。

6月7日，少年団の奉仕に対して天皇から金一封が与えられ[94]，更に7月27日には葉山沖で海洋合同訓練中の和爾丸に対して，葉山御用邸に滞在していた天皇から西園寺八郎，木下道雄御用掛らを通して菓子（饅頭）が与えられた[95]。

2. 天皇による乗船の意味

昭和天皇が少年団の練習船に乗船したことに関連して，昭和天皇が皇太子時代に英国を訪問し，当地のボーイスカウトを視察したことが想起される。1921（大正10）年，皇太子裕仁親王は欧州歴訪の途中にロンドンでベーデン-パウエルと会い，ロンドン近郊のクランフォードやエヂンバラ（エディンバラ）ではボーイスカウトの集会を視察している。ロンドンでベーデン-パウエルに面会したときの様子が，次のように伝えられている[96]。

(5 月 17 日─引用者）六時ロンドンに御帰還後、彼の少年斥候隊《ボーイ、スカウト》の創立者で、南阿戦争の勇者たるベーデン、《ママ》パウエル中将を御引見になつた。

同中将は殿下が少年斥候隊の運動について、御興味を持たせられてゐる事を感謝し、「少年斥候隊の運動は、少年を軍人に仕立てる予備教育のやうに考へるものがあるけれども、これは甚だしい誤解であつて、実は少年をして名誉と愛国との観念を信条化せしめ、精神・身体共に強壮なる人間に仕上げようとするものである。随つて其の訓練の如きは、日本武士道の真髄を採つてこれを行ふものである。詳しくは先日秘書官宛の書面に申上げてあるから、何卒殿下におかせられても、十分此の運動について御研究を願ひ上げたい。」と懇々申上げ、少年斥候隊の最高徽章の「銀狼牌」を献上した。

殿下には殊の外御喜びになつて、「自分も十分興味を以て、この運動を研究するであらう。」と仰せになり、同中将の紹介で、三人の少年斥候隊員に拝謁を差し許された。この三人は殿下が御著英以来御宿所に奉仕してゐたものである。

さらにエヂンバラで裕仁親王はスカウトたちに向けてスピーチをしたが，これは裕仁親王が少年団（ボーイスカウト）について述べたほとんど唯一の記録である[97]。

茲ニ予ガ、予テヨリ聞キ及ンデ居タエヂンバラ市少年斥候隊ノ盛大ナ会合ヲ見ルコトヲ得タノハ大ナル喜ビトスル所デアル。

先ニ予ガロンドンヲ去ラントスル前日、諸子ノ最モ尊敬スル少年斥候隊長ベーデン、パウエル中将ハ親シク予ヲ訪問シテ、此ノ運動ガ世界ノ人々ハ同胞デアルトイフ精神ヲ以テ興リ、而シテ此ノ運動ノ成功ハ、ヤガテ世界永久ノ平和ヲ建設スルニ貢献スルコトガ少ナクナイデアラウト告ゲタ。

予ハ此ノ如ク美シイ精神ヲ保持スル此ノ運動ガ、当然収ムベキアラユル成功ヲ贏チ得ルコトヲ切ニ祈ルト共ニ、最近日本ニ於イテ同ジ目的ヲ以テ起ツタ少年団運動が《ママ》、時ヲ逐ウテ今日此所ニ見ルヤウナ進歩ノ域ニ達シ、コノ運動ノ目的トスル貴イ使命ヲ実現スルニ協力センコトヲ望ムモノデアル。

終リニ今日諸子ガスコットランド少年斥候隊報ヲ予ニ贈ラレタ厚誼ニ対シテ、深ク感謝スル次第デアル。

裕仁親王が英国滞在中にボーイスカウトを見学するきっかけとなったのは，1913（大正 2）年頃，宮内省に勤めていた二荒芳徳が第 1 次世界大戦下の英国を調査するために渡英し，そこで外交官の澤田節蔵の助言を得てボーイスカウトに関する資料を収集したことであった。二荒にとってボーイスカウトは「全く初耳」であり，澤田の説明に興味を持って 2，3ヶ月の滞在中に情報を収集したようである[98]。この情報に基づいて，二荒は欧州歴訪にあたって，裕仁親王にボーイスカウトを紹介したと考えられる。その後，1916（大正 5）年，裕仁親王は静岡県の沼津で沼津少年団の大会に足を運んでいる。

英国からの帰国後は 1922（大正 11）年に，北海道の札幌で開催された北海道ジャンボリーを視察し，1924（大正 13）年には福島県の猪苗代湖畔で 1 週間前に開催された第 1 回全国野営大会の跡地を視察している。それ以降は，1930（昭和 5）年に少年団の練習船に乗船するのみであった。

天皇が少年団の練習船に乗ることは，海洋少年団を含めた少年団が天皇の認める組織であると世間に周知することになり，その後に天皇を筆頭とする皇族が少年団に関心を持つこと，そして公の金銭が少年団の活動に渡りやすくなること，国家機関や諸学校，社会教育関係団体，軍人組織など外部組織が少年団に関わるようになることなど，少年団のメリットは少なくなかったのである。各種団体や学校による，少年団日本連盟の練習船への乗船が，その事例として考えられる。

第 5 節　練習船のシャムへの譲渡案と処分

1927（昭和 2）年に北海道帝国大学から譲り受け，1930（昭和 5）年には義勇財団海防義会からの援助で改造して天皇が便乗し，さらに 1934（昭和 9）年には南洋遠航を成功させた義勇和爾丸も，1935（昭和 10）年頃からは資金不足に陥り，荷物を輸送するなどによって，運転資金を自ら稼ぐことになった[99]。

1935（昭和10）年，南洋遠航の返礼と，寄贈された象の返礼を兼ねて，新たにシースカウトを設立しようとしていたシャムに，和爾丸を譲ることに関する協議を，外務省と少年団日本連盟の原道太が行い始めた[100]。シャムも受け入れたいとの反応を示していた。同年2月6日，原は外務省に出向いて和爾丸をシャムに譲渡した後，少年団日本連盟として新たな船を購入する場合，外務省から少年団日本連盟に寄附が出るのか尋ねた。その回答は以下の通りであった。

> 日暹関係上結構ノコトナルヤニ存スルモ和爾丸ニ代ルヘキ船ヲ少年団側ニテ購入等ノ場合本省側ニ対シ寄付等申出ルコトナキヤト尋ネタル処戸ハ主トシテ海軍側ノ斡旋ニヨル次第ナルモ場合ニ依リテハ外務省ニ対シテモ願出ツルコトアルヤモ知ラサルモ右ハ全然別個ノ問題ト考ヘラレタキ旨述ヘタリ仍ツテ第一寄附等願出テラルルモ外務省トシテハ全然支出ノ途ナカルヘシト考フル旨述ヘタルニテカマワネハ是非本件取次カレタシト云ヘリ

今回の練習船のシャムへの譲渡は海軍が進めているのであり，外務省としては金銭的な援助はできないとした。

同年3月，シャムから非公式にバンコクの矢田部公使を通じて少年団日本連盟へ練習船譲渡の打診があった。それに対して原道太が予算を計算した。その結果，船の改造に6,700円，シャムへの渡航に15,000円を見積もった。この見積もりを知ったシャムは改造することなく，日本からシャムへの廻航には日本人を乗り込ませずにシャム側の乗組員だけで行いたいとの希望を持つに至った。シャムは練習船を欲しているものの，財政的に困難なため，なるべく人的にも金銭的にも負担をせずに譲ってもらいたいとの意向であった。

このようなシャムの希望に対し，少年団日本連盟は譲渡に難色を示した。和爾丸をシャムの乗組員だけでシャムに廻航することの危険性と，代わりの練習船を確保することの困難さが，その理由である。

結局，シャムから次のような連絡が来て，譲渡問題は白紙となった。

> 当国政府財政潤沢ナラス当国少年団ハ政府側ヨリ特別ノ補助金ヲ受クル事ハ望ミナク然リ迚民間ニ於テモ亦之ニ対シ必要ナル寄贈ヲ為ス程ノ援助者モ無ク結局暹羅側ニ於テハ我方ヨリ提議シタル和爾丸補強工事費及廻航費支出ノ途モ無キ為一応少年団側ヨリ其ノ旨ヲ述ヘテ遺憾乍ラ我方寄贈申出ヲ受諾シ難キ旨（以下，略）

実はこの件は，原が矢田部に「私信」として和爾丸のシャムへの譲渡を相談したところ，矢田部が外務省に報告し，国家として扱う外交問題へと発展してしまったという経緯があった[101]。それゆえに，和爾丸のシャムへの譲渡問題を日本側から中止することは，「国家ノ体面ニモ関スル」問題に発展していたのである。

この件に関して海軍から，「和爾丸ヲシヤムニ譲渡スルコト自体ニ反対」，「其問題ハ海軍ノ干知《ママ》スル所ニアラズ」，「和爾丸ヲシヤム譲渡シ其代船ノ問題ヲ海軍ニカツギ込ムコトハ不都合ダ」などの反対意見があった。外務省も海軍も，和爾丸の代わりとなる船を用意できないとの見解であった。原道太ら海洋少年団関係者としても，和爾丸をシャムに譲渡できない状況になったのである。少年団日本連盟理事の小山武はこの問題を解決しようと，連盟相談役の竹下勇海軍大将に相談をもちかけていた[102]。

シャムへの譲渡がなくなった後，和爾丸は日本にとどまって，自らの運転資金を自ら稼ぐことになった。

少年団日本連盟改め大日本少年団連盟が，海洋部の独立を決定した2日後の1938（昭和13）年3月27日，和爾丸は伊勢から遠州灘に向かう途中，暴風雨の避難のために三重県的矢港に入港しようとして座礁してしまった。直後の4月2日には地元の青年団や消防団の協力で離礁したが，損傷は大きく修理に要する費用を捻出する見込みは立たなかった[103]。

> 我連盟（大日本少年団連盟―引用者）は、大正十四年海洋部を創設して以来、和爾丸を海洋少年団教育の母体として、多年海洋訓練に尽くして以来、茲に十有三年、昭和十三年四月十五日、理事会を開き、一旦之を連盟の分身たる新設の大日本海洋少年団に譲渡するに決したのであるが、事情あつて同団は之を受諾せず、連盟自体としては、同船を練習船として保有

することを得ないので、百方苦心の結果、連盟自ら之を処置するに決し、其処置を海洋部長たりし原理事に一任し、原理事は、井原顧問と相談し、最後処置に至つては、理事長の命を受けたる米本理事と共に、最前の処置を為すことになつたのである。

新設の大日本海洋少年団が損傷を受けた和爾丸を引き受けなかったのは，大日本少年団連盟と同様にそれを修理するだけの資金調達のめどが立たなかったことが理由であろう。少年団日本連盟が長年にわたって所有し，多くの海洋少年たちを乗せた和爾丸をどう処分するかは海洋部長であった原道太を大いに悩ませたであろう。彼は和爾丸の売却後について，次のことを考えていた[104]。

（一）和爾丸の光栄を偲ぶ為に、和爾丸模型の製造と其保存
（二）和爾丸の記念品又は記念帖等を、和爾丸の為に尽されし方面に頒布
（三）和爾丸記念品の陳列室の建造
（四）海洋健児教育の教材の一部支援
（五）少年団教育資料蒐集と少年団奨励費の補助
（六）等々……。

大日本少年団連盟は 5 月に，和爾丸を製造した三重県大湊の市川造船に売却することを決めた。その後の和爾丸について，今泉章利の文章を引用する[105]。

市川造船では、翌昭和 14 年、この船を機帆輸送船として改造、三重県贄《にえ》の実業家に売却し、船名も「海勢丸」と命名され、東京、大阪、釜山方面等で主に材木、セメント、石油等の輸送に徒事《ママ》していた。開戦後は、軍の徴用船として遠く沖縄方面へも出掛けたこともあったが、昭和 18 年に海勢丸は更に三重県南牟婁郡の実業家に転売され、昭和 20 年 7 月 10 日、終戦の一カ月前に堺沖にて碇泊中のところ、米軍機の機銃掃射により炎上、沈没、36 年 5 か月（北海道帝国大学時代を含め―引用者）の波乱に満ちた生涯を終えた。

1909（明治42）年に竣工された忍路丸は，1927（昭和2）年から1938（昭和13）年の間，少年団日本連盟の練習船として活躍し，その後も終戦直前まで輸送船として稼働していたが，米軍の機銃掃射にあって炎上，沈没する。

小　括

本章では，海洋少年団に対する海軍，文部省と学校教育や社会教育など教育機関，昭和天皇，外務省などの外部機関の関与について検討した。そこから明らかになったことは以下の通りである。

第1節では，海軍は海洋少年団に対して積極的に関わろうとしていないことが明らかになった。個人としての海軍軍人も，そして組織としての海軍の各機関も，海洋少年団からの依頼に応じるという態度であった。海洋少年団員が軍艦に便乗することもたびたびあったが，それを実施した海洋少年団はいくつかの限られた団であったと考えられ，その便乗も，厳しい訓練というよりは楽しい経験といえるような内容であった。海軍の観艦式への参加も含めて，海洋少年団員がどのような経験をするのかが重視されていたのである。

第2節では，海洋少年団員の将来的な職業について，海軍軍人だけが想定されていたわけではないことが明らかになった。第1節で指摘した海洋少年団員にとっての経験重視という海洋少年団の姿勢は，その将来の職業について海軍だけを想定していたのではないことからも裏付けることができる。海洋少年団の活動を通して，海洋少年団員が将来，海苔の養殖業に就くのか，海外に移民するのか，化学工業に携わるのか，あるいは海軍に志願するのかは，海洋少年団員に任されていた。海洋少年団員の可能性を広げるために海洋少年団では海と船に関する様々な経験を積ませていたのである。原道太は海洋少年団と軍事訓練との関係について，少年団の活動が軍事訓練ではないことを述べつつも，「公衆の為」に有事の際は軍部に協力することを，第1次世界大戦下の英国の事例をひきつつ議論していた。

第3節では，まず文部省による少年団の全国組織に対する介入はあったものの，特に海洋少年団に限定した関与はみられないことを明らかにした。文部省が学校を基盤とする少年団を組織し始めると，団員の奪い合いが生じて，ある海洋少年団から状況を改善する希望が提出された。しかし，原が文部省と何かやりとりをした記録は見られなかった。次に，北海道帝国大学による練習船忍路丸（改称後の義勇和爾丸）の借用と譲渡，各種の学校や社会教育関係団体による練習船への乗船の状況を明らかにした。海洋少年団はそれだけで活動を行っていたのではなく，練習船への便乗を様々な教育機関に開放していた。

第 4 節では，昭和天皇が少年団の練習船に便乗した経緯とその背景を明らかにした。昭和天皇が皇太子時代に訪問した英国において草創期のボーイスカウトを見学し，その影響を受けた日本の少年団，海洋少年団を天皇として認知していることを，練習船への便乗によって広くアピールすることになった。天皇の乗船により，海洋少年団を含めた少年団に対して宮家が関心をもち，省庁からの補助金が得やすくなるなどのメリットが生じることに繋がると考えられる。

第 5 節では，少年団の練習船義勇和爾丸の運転資金の不足や，シャムへの譲渡問題の経緯を明らかにした。海軍の関係機関からの援助を得て改造し，財界からの援助を得て南洋遠航を行うなど，自転車操業の状態だった和爾丸も 1935（昭和 10）年にはついにその運転資金を捻出することが困難になり，運輸船として自ら稼がざるを得なくなった。シャムへの譲渡という案も出たが，資金的な面で折り合いがつかなかった。少年団日本連盟の手を離れた練習船は民間の輸送船となり，1945（昭和 20）年に機銃掃射により炎上，沈没する。

注

1）鹽谷猛・大瀧五郎「独逸練習艦『エムデン』と東京海洋少年団」『少年団研究』第 4 巻第 7 号，1927 年 7 月，39 頁。
2）後藤保吉「独逸練習艦『エムデン』と東京海洋少年団を読みて」『少年団研究』第 4 巻第 8 号，1927 年 8 月，10 頁。
3）英国のボーイスカウトや日本の少年団に関しては，田中治彦『少年団運動の成立と展開』（九州大学出版会，1999 年，63-65，326-331 頁），タイのボーイスカウトに関しては，圓入智仁「ボーイスカウト活動は軍事教練か？」（『アジア教育研究報告』第5号，2004年，3-14頁）がある。

4）JACAR（アジア歴史資料センター）Ref. C04015625000，公文備考・艦船5・巻34「古端艇下附の件」（防衛省防衛研究所）。JACAR:C04015127600，公文備考・艦船4・巻29，「短艇無償下付の件」（防衛省防衛研究所）。さらに，大正14年1月16日付で，海軍経理学校の「ギグ」を「海洋少年団ニ供用セシメ」る事が認められている（JACAR:C08051377100，大正14年・公文備考・巻26・艦船「配属(1)」（防衛省防衛研究所））。この海洋少年団が，具体的にどの団であるのか特定できないが，この時点で海洋少年団を名称として用いていたのは，東京海洋少年団だけであった。

5）JACAR:C08051409800（第13画像目から第22画像目），大正14年・公文備考・巻38・艦船「便乗2(6)」（防衛省防衛研究所）。

6）JACAR:C04015450700（第1画像目から第3画像目），公文備考・雑件1・巻124「軍楽隊派遣の件(3)」（防衛省防衛研究所）。

7）1922年の便乗は，JACAR:C08050455000（第59画像目から第60画像目），大正11年・公文備考・巻38・艦船6「便乗(2)」（防衛省防衛研究所）。

1923年の便乗は，JACAR:C08050721900（第21画像目から第29画像目），大正12年・公文備考・巻24・艦船「便乗(11)」（防衛省防衛研究所）。

1924年の便乗は，JACAR:C08050455100（第1画像目から第2画像目），大正11年・公文備考・巻38・艦船6「便乗(3)」（防衛省防衛研究所）。

8）JACAR:C08050721900（第14画像目から第16画像目），「便乗(11)」（前出）。

9）JACAR:C08050455500（第7画像目から第21画像目），大正11年・公文備考・巻38・艦船6「便乗(7)」（防衛省防衛研究所）。

10）日本ボーイスカウト大阪連盟『大阪ボーイスカウト運動史』1973年，60-68頁。なお，ここでは築港海洋少年団（清水潤団長）が五指礼支持派であると書かれている。ところが1933年に少年団日本連盟から除名処分を受けたのは五指礼支持派の中でも特に強硬な大阪築港少年団（樋口貞三団長）を含む9団であり，築港海洋少年団は含まれていない。

11）吉田喜久編『帝国少年団協会史』1942年。1932年の校外生活指導に関する文部省訓令の裏で動いていたとされる三六倶楽部には井上清純海軍大佐（海兵29期）がおり，帝国少年団協会に理事として参画していた。また倉賀野明海軍少将（海兵33期）も後に理事として同協会に関わった。しかし，彼らと海洋少年団との繋がりは確認できない。

12）神代延敏「衛生部を受持つて」『少年団研究』第2巻第9号，1925年9月，17頁。

13）JACAR:C04016233000（第1画像目から第4画像目），公文備考・艦船12・巻75「見学者艦内宿泊に関する件(1)」（防衛省防衛研究所）。JACAR:C04016664700，公文備考・E・教育・演習・検閲，巻14「五十鈴第217号の3部外者艦内宿泊の件」（防衛省防衛研究所）。JACAR:C05021575800（第1画像目から第3画像目），公文備考・昭和6年・E・教育，演習，検閲・巻3「第2424号 6.7.20 横鎮第43号の41の2艦内宿泊の件」（防衛省防衛研究所）。JACAR:C05022055800，公文備考・昭和7年・E・教育，演習，検閲・第9止「第2259号 7.6.14 艦内宿泊の件」（防衛省防衛研究所）。JACAR:C05022825300（第1画像目から第4画像目），公文備考・昭和8年・

Ｅ・教育（演習）・検閲・巻 3「第 1943 号 8.4.20 部外者宿泊の件」（防衛省防衛研究所）。

14）崎浜海洋健児団「五十鈴艦々内生活日記」『少年団研究』第 5 巻第 11 号，1928 年 11 月，35-36 頁。

15）釜石海洋少年団の軍艦便乗は JACAR:C04016665100，公文備考・Ｅ・教育・演習・検閲・巻 14「釜内海洋少年団軍艦五十鈴へ宿泊の件」（防衛省防衛研究所），JACAR:C05022050700，公文備考・昭和 7 年・Ｅ・教育・演習・検閲・巻 8「第 2729 号 7.7.19 艦内宿泊の件」（防衛省防衛研究所），JACAR:C05023501800，公文備考・昭和 9 年・Ｅ・教育（演習）検閲・巻 2「第 1661 号 9.4.16 艦船宿泊許可の件」（防衛省防衛研究所）。

東京海洋少年団の軍艦便乗は JACAR:C05022050100，公文備考・昭和 7 年・Ｅ・教育，演習，検閲・巻 8「第 1151 号 7.3.29 部外者隊内宿泊の件」（防衛省防衛研究所），JACAR:C05034211900，公文備考・昭和 10 年・Ｅ・教育（演習）検閲・巻 4「第 1237 号 10.3.27 部外者航空隊宿泊の件」（防衛省防衛研究所）。

釧路海洋少年団の軍艦便乗は JACAR:C05034212600，公文備考・昭和 10 年・Ｅ・教育（演習）検閲・巻 4「第 2323 号 10.5.28 部外者軍艦宿泊の件」（防衛省防衛研究所），JACAR:C05034876400，公文備考・昭和 11 年・Ｅ・教育，演習，検閲・巻 2「第 3244 号 11.7.2 軍艦駒橋実地教練見学の件」（防衛省防衛研究所）。

16）「光栄重なる海の子」『少年団研究』第 6 巻第 4 号，1929 年 4 月，26 頁。

17）JACAR:C05021577600，公文備考・昭和 6 年・Ｅ・教育，演習，検閲・巻 3「第 3974 号 6.12.23 横鎮第 43 号の 58 の 2 部外者軍艦宿泊並に見学の件」（防衛省防衛研究所）。JACAR:C05022827400，公文備考・昭和 8 年・Ｅ・教育（演習）・検閲・巻 3「第 5575 号 8.12.18 部外者軍艦宿泊の件」（防衛省防衛研究所）。

18）徳山海洋少年団は JACAR:C05021205000，公文備考・昭和 5 年・Ｆ・艦船・巻 11・雑役船徴傭船舶「第 2609 号 5.7.31 雑役船無償下付の件」（防衛省防衛研究所）。

米子市就將海洋少年団は JACAR:C05021636700，公文備考・昭和 6 年・Ｆ・艦船・巻 9「第 51 号 6.1.8『カッター』無償下附に関する件」（防衛省防衛研究所），JACAR:C05021637600（第 2 画像目），公文備考・昭和 6 年・Ｆ・艦船・巻 9「第 27 号 6.1.7 昭和 5 年呉鎮第 30 号の 80 の 2 公称第 407 号交通船兼曳船廃船処分に関する件(1)」（防衛省防衛研究所）。

東京海洋少年団は JACAR:C05022146600，公文備考・昭和 7 年・Ｆ・艦船・巻 11「第 1873 号 7.5.19『ランチ』無償下付の件 大東京海洋少年団」（防衛省防衛研究所）。

直江津海洋少年団は JACAR:C05035071300，公文備考・昭和 11 年・Ｈ・物品（除兵器）・巻 3「第 2467 号 11.5.22 短艇無償下付の件」（防衛省防衛研究所）。

19）徳山海洋少年団という名称の海洋少年団は，少年団日本連盟に登録されていなかった。実際に存在していたが少年団日本連盟には登録していなかったのか，あるいは準備段階でカッターの払い下げを希望したが，結成されなかったのか，いずれかであろう。

20）佐野は日本人として初めて英国のボーイスカウト指導者養成コースを終了し，日本の指導者訓練所初代所長として指導者養成の基礎を固めた。

21）JACAR:C04015779800，公文備考・演習2・巻68「忍路丸観艦式参列の件」（防衛省防衛研究所）。
22）「連盟所有の忍路丸で海軍大観艦式を拝観」『少年団研究』第4巻第12号，1927年12月，24頁。
23）原道太「御大礼特別観艦式と忍路丸拝観参列の光栄」『少年団研究』第6巻第1号，1929年1月，27-29頁。JACAR:C04016134200（第1画像目から第2画像目），公文備考・儀制26・巻45・大礼特別観艦式2「御大礼特別観艦式参列拝観願の件」（防衛省防衛研究所）。
24）外国船は英国3隻，米国，フランス，オランダ，イタリアから各1隻が参加していた（飯盛汪太郎『少年団日本連盟練習船義勇和邇丸と海洋少年団小史』DON海事研究所，1980年，とじこみ）。
25）原「御大礼特別観艦式と忍路丸拝観参列の光栄」（前出），29頁。
26）原道太「人騒がせの行衛不明の訛伝と無事平穏の忍路丸」『少年団研究』第6巻第1号，1929年1月，32頁。
27）同上，33頁。
28）今泉章利「海洋少年団練習船『義勇和爾丸』に就いて（その2の2)」船舶技術協会『船の科学』第44巻第9号，1991年，61頁。
29）ボーイスカウト日本連盟『日本ボーイスカウト運動史』，1973年，156頁。
30）今泉「海洋少年団練習船『義勇和爾丸』に就いて（その2の2)」（前出），61頁。
31）原道太『義勇和爾丸の一生と海洋少年団の発達』大日本少年団連盟，1939年，11頁。
32）同上，10頁。
33）改造についての詳細は，今泉章利「海洋少年団練習船『義勇和爾丸』に就いて（その2の2)」((前出)，61-63頁）を参照。
34）「忍路丸を和爾丸と変更」『少年団研究』第5巻第4号，1928年4月，15頁。なお，忍路丸が少年団に貸与されてから半年後の，1928（昭和3）年4月には既に，北海道帝国大学との交渉の末に新しい船名「和爾丸」が決定していた。
35）原『義勇和爾丸の一生と海洋少年団の発達』（前出），12頁。
36）「忍路丸を義勇和爾丸と改名」『少年団研究』第7巻第6号，1930年6月，9頁。
37）原道太「海洋少年団設立の手引き」『少年団研究』第2巻第8号，1925年8月，23頁。
38）原道太「海洋健児部の大体方針」『少年団研究』第5巻第4号，1928年4月，16頁。
39）原道太「健児教育発展には量よりも質か質よりも量か」『少年団研究』第2巻第10号，1925年10月，14頁。
40）原道太「夏の幕営訓練の思ひ出と反省」『少年団研究』第3巻第10号，1926年10月，31頁。
41）原道太「我国現状と海洋少年団の実況を説き天下同感の有志に諮ふ」『少年団研究』第3巻第11号，1926年11月，5-8頁。
42）原道太「我等の提唱する海洋健児訓練教育法」少年団日本連盟『我等の提唱する少年訓練法』1933年，77頁。ボーイスカウト日本連盟『日本ボーイスカウト運動史』

1974年，22頁。
43）原道太「少年教育と現代の要求」『少年団研究』第9巻第11号，1932年11月，18-19頁。
44）原道太「重大事局と海洋健児の奮起」『ジャンボリー』第13巻第2号，1934年2月，6-7頁。
45）原道太「海洋少年健児の使命」『少年団研究』第12巻第1号，1935年1月，7-8頁。
46）原道太「海洋健児南洋遠航」『少年団研究』第11巻第6号，1934年6月，13頁。
47）「海洋少年団　出身者を囲む座談会（続）」『海洋少年』第22号，1941年3月，22-23頁。
48）原道太「日本は世界一の海難国」『少年団研究』第6巻第11号，1929年11月，16頁。
49）文部省普通学務局『少年団体の概況』1922年，1-2頁。
50）中山弘之「1920年代前半期文部省における少年団論に関する一考察」『日本社会教育学会紀要』No. 35，1999年，90-92頁。
51）「廃艦で不良少年の善導　シースカウトを組織」『北海道少年団連盟団報』第3巻第1号，北海道少年団連盟，1925年5月，6頁。
52）以下の通りである。東京海洋少年団は発足当初の事務所を東京市社会教育課に置いた。新潟の直江津海洋少年団は昭和12年度の名簿まで，事務所を町役場に置いていた。また静岡の清水市海洋少年団は同時期，事務所を市役所の学務社会課（昭和5年度の名簿），学務課（昭和9年度），社会課（昭和12年度）としていた。
53）「全国少年団の一大統制実現案　所謂少年団連盟とは是れ」『社会教育』第32号，1932年11月，2頁。「評議委員会議事録要録」『少年団研究』第10巻第1号，1933年1月，35頁。
54）小尾範治「児童生徒校外生活指導に就て」『少年団研究』第10巻第2号，1933年2月，22頁。
55）「加盟団援助に関する請願」『少年団研究』第11巻第4号，1934年4月，20-21頁。
56）同上，22頁。
57）原は1933年1月に「模倣なりや創造なりや」と題する記事を『少年団研究』に掲載しているほか，同年8月には二荒芳徳，三島通陽と共に英国のボーイスカウトの影響を受けた少年団の在り方を紹介する『我等の提唱する少年教育法』を出版し，原はその中にそれまで『少年団研究』等に寄稿してきた海洋少年団の指導法に関する記事を整理した「我等の提唱する海洋健児訓練教育法」を載せている。
58）1932年から1937年の間に連盟を脱退した海洋少年団は3団であった。その具体的な理由は明らかではないが，これらの中には，五指礼問題や学校少年団問題と関係なく，財政的問題で行き詰まった団もあると考えられる。
59）「気仙沼海洋少年団団員名簿」気仙沼海洋少年団『結団十周年記念誌』，1986年，66-67頁。なお，気仙沼海洋少年団が学校少年団に組み込まれたという1941年以降は，入団者が毎年40名近くいた。
60）原『義勇和爾丸の一生と海洋少年団の発達』（前出），6頁。
61）原「我国の現状と海洋少年団の実況を説き天下同感の有志に諮ふ」（前出），5-8

頁。

62）原道太「忍路丸を得るまで」『少年団研究』第 4 巻第 12 号，1927 年 12 月，8 頁。北海道帝国大学での忍路丸の活動については，今泉章利「海洋少年団練習船『義勇和爾丸』に就いて（その 1）」（『船の科学』第 44 巻第 7 号，船舶技術協会，1991 年 7 月，83-90 頁）参照。

63）原「忍路丸を得るまで」（前出），9-10 頁。

64）田村喜一郎「忍路丸回航記」『少年団研究』第 4 巻第 12 号，1927 年 12 月，19 頁。

65）原『義勇和爾丸の一生と海洋少年団の発達』（前出），12 頁。

66）同上，13 頁。

67）同上，10 頁。

68）「海洋健児部事業　航海」『昭和七年版　少年団日本連盟事業概要』少年団日本連盟，1932 年，12 頁。

69）同上，12 頁。嘉悦孝子は 1867 年生まれ，嘉悦一郎は 1901 年生まれである。

70）「東京連合少年団各部事務分掌」（『東京連合少年団一覧　大正一五年六月』東京連合少年団，1926 年，19 頁）によると，嘉悦一郎は幼年健児部と海洋健児部の副部長を務めている。

71）「海洋講習会」『少年団研究』第 5 巻第 3 号，1928 年 3 月，31 頁。

72）原道太「関西各地方の海洋少年団巡礼」『少年団研究』第 7 巻第 1 号，1930 年 1 月，46 頁。

73）原道太「第三回三保海洋実修所と海洋合同訓練の経過とその特異性」『少年団研究』第 7 巻第 9 号，1930 年 9 月，19-20 頁。

74）厚木中学五年平田精一，厚木中学三年多田篤正「航海の感想」『少年団研究』第 7 巻第 9 号，1930 年 9 月，41-42 頁。

75）「野営日記　海洋訓練と，義勇和爾丸」『少年団研究』第 7 巻第 9 号，1930 年 9 月，22 頁。

76）原「第三回三保海洋実修所と海洋合同訓練の経過とその特異性」（前出），20 頁。

77）原『義勇和爾丸の一生と海洋少年団の発達』（前出），10 頁。

78）同上，20 頁。

79）原道太「誰れか時鐘を打つ」『少年団研究』第 9 巻第 10 号，1932 年，8 頁。この航海には東京高等商船学校学生 1 名，文部省練習船日本丸の卒業生 2 名が乗り込んだ。

80）田村喜一郎「本夏の訓練，千三百海里」『少年団研究』第 9 巻第 10 号，1932 年，11 頁。

81）原「誰れか時鐘を打つ」（前出），8-9 頁。

82）菅原亀五郎「八日間の航海」『少年団研究』第 9 巻第 9 号，1932 年 9 月，32 頁。

83）「海洋部情報」『少年団研究』第 13 巻第 8 号，1936 年 8 月，10 頁。

84）「練習船忍路丸の大改造」『少年団研究』第 7 巻第 5 号，1930 年 5 月，39 頁。

85）以上の二荒の動きについては次の文献による。二荒芳徳「日本連盟練習船義勇和爾丸　聖上御召船たるの光栄に浴して」『少年団研究』第 7 巻第 6 号，1930 年 6 月，7 頁。

86）これらの原の動きは，次の文献による。原道太「御召船義勇和爾丸を指揮して」『少年団研究』第 7 巻第 7 号，1930 年 7 月，12-13 頁。

87）二荒芳徳「聖恩の鴻大なるを拝して，静に内省せよ。」『少年団研究』第 7 巻第 7 号，1930 年 7 月，2 頁。
88）二荒「日本連盟練習船義勇和爾丸　聖上御召船たるの光栄に浴して」（前出），8 頁。
89）同上，8 頁。
90）「少年団日本連盟特報」『少年団研究』第 7 巻第 6 号，1930 年 6 月，付録。
91）奥寺龍渓「和爾丸の御召船奉仕経過」『少年団研究』第 7 巻第 7 号，1930 年 7 月，7 頁。
92）原「御召船義勇和爾丸を指揮して」（前出），13-14 頁。
93）田村喜一郎「光栄ある任務に浴して」『少年団研究』第 7 巻第 7 号，1930 年 7 月，16 頁。
94）「連盟広報」『少年団研究』第 7 巻第 7 号，1930 年 7 月，3 頁。
95）原道太「再び無上の光栄に浴せる海洋健児」『少年団研究』第 7 巻第 9 号，1930 年 9 月，4-6 頁。
96）澤田節蔵・二荒芳徳『皇太子殿下御外遊記』大阪毎日新聞社，1924 年，159-160 頁。
97）同上，171-172 頁。
98）澤田壽夫『澤田節蔵回想録――外交官の生涯―』有斐閣，1985 年，44，282-234 頁。
99）原『義勇和爾丸の一生と海洋少年団の発達』（前出），41-42 頁。
100）JACAR:B04012444200（第 81 画像目から第 108 画像目），本邦少年団及青年団関係雑件（I. 1），「本邦少年団及青年団関係雑件 2. 少年団関係(3)海洋少年団ノ南洋遠航関係 自昭和九年三月」（外務省外交史料館）。
101）1935（昭和 10）年の小山武から竹下勇宛て書簡。『竹下勇文書』国立国会図書館憲政資料室蔵。
102）同上。
103）原『義勇和爾丸の一生と海洋少年団の発達』（前出），43 頁。
104）原道太「練習船義勇和爾丸の生涯」『少年団研究』第 15 巻第 7 号，1938 年 7 月，14 頁。
105）今泉「海洋少年団練習船『義勇和爾丸』に就いて（その 1）」（前出），82 頁。

第5章

大日本海洋少年団としての独立と解散

1930年代中頃，国体明徴声明やロンドン海軍軍縮会議からの脱退，軍部大臣現役武官制の復活，日独防共協定，盧溝橋事件など，戦時体制が固まりつつあった。

1938（昭和13）年4月の国家総動員法公布と同じ頃，大日本少年団連盟（少年団日本連盟改称）傘下の海洋少年団が，独自の全国組織としての大日本海洋少年団を設立する。この大日本海洋少年団は1940（昭和15）年以降，文部省の主導による全国の青少年団体の統合問題に巻き込まれる。結果として大日本海洋少年団は1941（昭和16）年の大日本青少年団に加わらなかったが，その組織は文部省の管轄下に入ることになった。

本章では第2次世界大戦下の海洋少年団の組織と活動を検討する。その際，どのような活動が実施され，そこに海軍や文部省はどのように関わろうとしていたのか，大日本海洋少年団総長の竹下勇海軍大将は海洋少年団にどのような感情を持っていたのか，注目する。

第1節では，海洋部が少年団の全国組織から独立した理由を検討する。なぜ，海洋少年団は大日本少年団連盟から独立しなければならなかったのか，そこに，海軍は関与していたのだろうか。特に少年団日本連盟や大日本少年団連盟の総長に斎藤実，竹下勇という2人の海軍大将が就任したことに着目したい。

第2節では，新しい大日本海洋少年団の組織，そして海軍との関係を考察する。海軍は，海洋少年団からの依頼に応えるというそれまでの消極的な姿勢から，海洋少年団の組織や活動に積極的に介入し，海洋少年団を支える役割を果たすようになる。そこで，海軍の海洋少年団に対する動きを具体的に考察する。

第3節では，文部省による介入と海軍との関係に着目する。海洋少年団は終戦直前に解散するまで，文部省主導の青少年団の統合には参加しなかった。青年団，女子青年団，陸の少年団，学校少年団が参加する青少年団の統合に海洋少年団が参加しなかった背景には何があるのだろうか。そして，海洋少年団の独立組織を認めた文部省は，海洋少年団に対してどのような対応を取ったのであろうか。青少年団の統合を図ろうとする文部省と，それに抵抗する海洋少年団の態度を解明する。

第4節では，海洋少年団が海岸だけではなく内陸にも展開していった状況について考察する。1945（昭和20）年，戦前に始まる海洋少年団はその歴史に幕を下ろすのである。

第1節　海洋少年団が少年団の全国組織から分離独立する背景

1938（昭和13）年4月，大日本少年団連盟の機関誌『少年団研究』第15巻第4号に「海洋部独立と新団体」と題する短い文が掲載された[1]。

> 別項公表の通り本連盟より独立せる海洋部は新に大日本海洋少年団を組織し本連盟総長たる竹下勇海軍大将を総長とし事務所を東京市芝区芝公園水交社内に置き、本連盟とは緊密なる連絡を採り海洋少年団の普及発達に尽すものなり。

同じ『少年団研究』連盟公報には，以下の文章がある[2]。

> 海洋部独立ノ件
> 本連盟海洋部ハ昭和十三年三月二十五日ヲ以テ独立スルコトトナリ従ツテ
> 海洋部関係ノ
> 海洋指導者実修所規程
> 海洋健児種別等級規則
> 海洋健児同幹部員服制並ニ諸徽章規定
> 海洋健児等級及特技章考査規定

ハ之ヲ廃シ、且本連盟諸規程中海洋部ニ関スル条項ハ之ヲ削除ス

海洋部の独立について，これらの文章が発表される前後，大日本少年団連盟の機関誌『少年団研究』には記事が掲載されていない。この独立が伝えられた当時，全国に40団近くの海洋少年団があり，その団員数も3,500人近くあったことは大日本少年団連盟の名簿や『少年団研究』に発表されている加盟情報から推測できる[3)]。これらの海洋少年団に向けて，連盟海洋部が上で引用した文章以外にも独立についての通達を発したと考えられるが，その詳細は不明である。この独立により，大日本少年団連盟に所属していた全ての海洋少年団は，新しくできた大日本海洋少年団の傘下に入ることになった。

1. 陸と海の少年団における教育・訓練内容の乖離

なぜ，海洋部が大日本少年団連盟から独立したのであろうか。その理由の1つが，陸の少年団との活動形態の不一致であろう。戦後発足した海洋少年団連盟は，当時の事情について，次のように説明している[4)]。

財団法人大日本少年団連盟海洋部は、全国の各種少年団体と共に、少年期社会教育の場として、共通基盤のもとに活動してきたが、組織が大きくなるにつれ、海と陸との教育・訓練の内容が分離化し、両者が同一機構内に共存することが、互の伸びる力を抑制することとなり、昭和13年（1938年）3月の理事会で、海洋部の独立が認められた。

ここでいう「共通基盤」とは，英国の影響を受けたスカウト活動の方法論と理念である。東京海洋少年団が設立され，少年団日本連盟海洋健児部が設置された当初は，少年たちの海洋での教育活動にとってスカウト活動の方法論は魅力的なものであり，原道太をはじめとして全国の海洋少年団は英国のシースカウトをモデルにして，海洋少年団のあり方を模索してきた。そして海洋少年団を統括する海洋健児部は少年団日本連盟の中にあって独自の活動を行ってきた結果，海洋少年団が陸の少年団とは一線を画すようになってしまったのである。

少年団日本連盟の中にあって海洋少年団が独自の活動を展開してきたのであれば，どうしてそれまで独立しなかったのかという疑問が生じることになる。ここに想定されるのが，海軍の存在である。

独立の前年にあたる1937（昭和12）年，大日本少年団連盟海洋部長の原道太は，海軍省に提出した意見書の中で青少年団と軍部との関係について次のように述べている[5)]。

現今我ガ国ニテハ、民間ノ社会教育ハ、相当発達普及シ、其成績モ、亦見ルベキモノアリ、殊ニ青少年団体ノ陸上面ノ教育ト、陸軍ニ関スル教練ハ、山間僻地津々浦々ニ至ル迄、大ニ普及徹底シアルモ、独リ海上面、殊ニ海軍ニ関スル教育、並ニ其訓練ハ、陸ノソレニ比シ、遙カニ後レアル
（中略）
一般ノ漁村民ハ申スニ及バズ、軍隊以外ノ青少年層ニハ、端的ニ必要ナル海防知識ヲ、急速ニ普及セシムルノ要大ナルベシト察セラル。
之カ為メニハ、本省軍事普及部ニテ年来非常ニ力ヲ入レラレ、其民間一般ニ普及セル軍事知識ハ素ヨリ至大ナルモノアリ。目下ハ普及部ニテ唱ヘラルヽ教育ヲ、実地ニ応用シ之ヲ実顕《ママ》セシムベキ団体ヲ急造シテ、（中略）、実力団体ヲ有スルコトハ、（中略）、最モ大切ナリト思考セラル、是カ為メニハ、（中略）、全国各地ニ在ル小学校並ニ青少年団体、殊ニ海洋少年団教育ノ普及徹底ヨリ急ナルハナシト推セル。

「青少年団体の陸上面の教育」と「陸軍に関する教練」は全国に普及しているが，「海洋面」や「海軍」については遅れているため，海洋少年団を，海軍が「海防知識」を普及し応用する団体に位置づけようという考えである。ここに，海洋少年団から海軍への接近を読みとることができる。

海洋少年団が大日本少年団連盟から独立し，海軍を後ろ盾にしようとした背景には，海洋少年団が独自の活動や指導者養成を当初から展開してきたことの他に，東京海洋少年団を創設した小山武が大日本少年団連盟の二荒芳徳理事長の長期在任に対して疑問を呈していたこと，海洋での活動に対する資金調達方法の問題などの要因があった。

東京海洋少年団の初代団長にして少年団日本連盟理事の小山は，1937（昭

和12）年6月5日，既に大日本少年団連盟の総長に就任していた竹下勇海軍大将に書簡を送り，その中で「小生連盟へ勤務スルコト十数年，底ノ底迄能ク承知シテ居マシタ，連盟ハ従来極端ナル理事長ノ独裁テアリマシタ」などと述べている[6]。これに対して，二荒理事長は竹下に，「理事会は法人としての意志決定機関」であり，その決定を尊重すべきこと，「小山氏は時々俄に思附きて突如云ひ出さるゝ事」があると反論している[7]。

同じ頃の小山から竹下への別の書簡は，海洋少年団の独立を視野に入れた，海洋少年団の活動のための募金をする計画についても述べている。海洋少年団の独立に向けた連盟内部の工作も同時に行っていると報告している[8]。同年5月3日には，「海洋少年団資金募集計画私案」を，小山武と原道太の連盟で作成していたのである。総額25万円を目標に，三菱合資会社と三井合名会社から5万円，住友吉左衛門から4万円など，主に企業を対象に金額を設定していた[9]。

2. 海軍大将の少年団日本連盟総長就任

1935（昭和10）年6月2日，少年団日本連盟は臨時総会にて新総長に斎藤実海軍大将を推戴した。海軍大臣と二度の朝鮮総督を務めた斎藤は1932（昭和7）年5月26日，五・一五事件で暗殺された犬養毅の後を受けて内閣総理大臣に就任していた。彼の内閣では日満議定書の調印や，日本の国際連盟脱退通告を行った。斎藤は国内的，国際的に政治力に秀でた人物と少年団日本連盟は評価していた[10]。

少年団日本連盟理事長二荒芳徳は斎藤が総長に就任するに当たって，その海軍での功績や政治的な手腕については改めて紹介する必要はないとした上で，「新総長は如何に童心に満ち充ちた方であるか，又健児の大切なユーモアに富んだ方であるか」を，当時斎藤につけられた「スローモーション」というニックネームと斎藤自身の造語「須朗猛進」（スローモーションと読める）の逸話を交えて『少年団研究』に紹介している[11]。だが斎藤は就任後1年も経たない1936（昭和11）年2月26日，二・二六事件で暗殺されてしまう。

1932（昭和7）年5月から少年団日本連盟の相談役に就任していた竹下勇海軍大将が1937（昭和12）年2月11日，斎藤実の後を継いで第3代総長と

写真 5－1　少年団日本連盟第２代総長　斎藤実

なった。竹下は 1904（明治 37）年から２年間にわたる日露戦争時，海軍武官としてワシントンに駐在し，セオドア・ルーズベルト大統領と親しくなって彼からボーイスカウトのことを教えられていた[12]。1921（大正 10）年の皇太子（昭和天皇）の欧州歴訪にも随行し，英国のボーイスカウトを見学していた[13]。

顧ますれば大正十年　今上天皇陛下　御渡欧の砌、奈良閣下、二荒理事長などゝ共に供奉致したのでありますが、偶〻倫敦御滞京中チエスター・フイルドハウスに御滞泊遊ばされました時、二三の英国ボーイ・スカウトが電信、電話、郵便、買物など雑用に勤務奉仕したのでありますが、其勤め振りのキビキビした所を実見して大いに注意を惹き、又郊外クロムフオードに於て或る一少年団員の実修実演及エヂンバラーに於ける少年団大会の各種実演を陪観致しまして以来、少国民の社会教育に就て常に心に懸けて居たのであります。（中略）

私が実際少年団に関係を持ちましたのは昭和七年五月相談役となつて以来のことであります。其後五年間各地の実修所又は合同野営で指導者及健児諸君と起居を共にし、少年団に対する親しみを益〻深く感ずる様になりました。

竹下は少年団日本連盟の相談役に就いた後，日本各地を回って指導者実修所や全国合同野営に参加していたようである。連盟の理事長二荒芳徳は，竹下を紹介する中で次のように述べている[14]。

その後我が連盟の相談役となられて以後は、健児服を着けて、或は中央実修所に、或は地方実修所に、又健児の集会に臨まれて、童顔に莞爾たる笑を浮べて、全く健児の心に没入せられて精進されてゐたことは多くの同志の知る所である。

写真5－2　少年団日本連盟第3代総長，大日本海洋少年団初代総長　竹下勇

竹下は1929（昭和4）年に海軍を退役する際，「今後身を処する大方針」として4つの決意を固めているが，その第4が「青少年ヲ心身共ニ強健ナル人格者ニ向上セシムル教育ニ就テ研究スルコト」であった[15]。青少年の育成に強い関心を示していたのである。竹下は1941（昭和16）年の大日本青少年団の発足まで，大日本少年団連盟の総長の任にあった。

1934（昭和9）年の南洋遠航の成功の直後に文部省と同時に海軍省が祝辞を伝えたことに加え，翌年5月25日には改めて原道太ら南洋遠航参加者を海軍大臣が表彰した。海軍はこの頃から海洋少年団に関心を寄せ始めたと考えられる。その後，斎藤と竹下という2人の海軍大将が大日本少年団連盟の総長に就任した。これらの出来事により，海軍は少年団に対して関心を持ち，そして発言するようになったと考えられる。

第2節　大日本海洋少年団の独立と展開

1. 全国組織としての大日本海洋少年団の設立

1938（昭和13）年3月23日，海洋少年団の創立役員会があり，4月3日には海軍館で大日本海洋少年団の結団式が行われた[16]。大日本海洋少年団は本部を東京市芝区の水交社内に置いた。水交社は1924（大正13）年に東京海洋少年団が結団式を行った場所でもある。

総長には，大日本少年団連盟の総長竹下勇海軍大将が就任した。理事長には東京海洋少年団の初代団長小山武，理事には少年団日本連盟海洋部の設置から独立まで部長を務め，第2代東京海洋少年団団長の原道太や，この頃から海洋少年団に関わり始めた日暮《ひぐらし》豊年《としう》らが就任した[17]。彼らはいずれも退役海軍軍人である。

文部省社会教育局によると，大日本海洋少年団は「学校少年団と連繋し，各地に海洋少年団を結成し，或は連合体を組織し，講習会，講演会等を開催し，団報として『大海国公報』を発行して」おり，設立から1年後の1939（昭和14）年3月には全国に175団，55,096名の団員（同時期に大日本少年団連盟は1,388団，123,135名，帝国少年団協会は1,224団，501,809名）[18]，1940（昭和15）年3月には全国に315団，男53,220名，女17,627名の合計70,847名（同時期に大日本少年団連盟は1,446団，男122,797名，女16,350名，帝国少年団協会は1,370団，男283,499名，女282,384名）を擁する団体になっていた（表5-1）[19]。

大日本海洋少年団のこの数字は，1937（昭和12）年に大日本少年団連盟に所属していた海洋少年団が37団，3,025名であったことと比較すると，飛躍的な成長である[20]。

竹下は就任後，これら各地の海洋少年団の結団式に参加している。1938（昭和13）年だけでも，7月16日から19日までは大阪，7月30日から8月9日までは北海道，8月19日から9月10日までは台湾，10月4日から14日までは北九州，10月23日から11月13日までは鹿児島・熊本・長崎・福岡などに向かっていた。翌1939（昭和14）年以降も，竹下は各地の海洋少

表5－1　大日本海洋少年団加盟団数と団員数

	1939（昭和14）年3月		1940（昭和15）年3月		
	団体数	団員数	団体数	団員数	
				男子	女子
北海道	9	638	14	942	17
青森					
岩手	2	81	4	81	
宮城	3	106	3	106	
秋田					
山形			2		
福島					
茨城			1	43	
栃木					
群馬					
埼玉					
千葉					
東京	15	1,252	25	1,541	900
神奈川	2	277	5	339	142
新潟	3	347	31	1,177	
富山					
石川	8	605	8	667	508
福井	15	245	14	245	
山梨					
長野					
岐阜					
静岡	1	12	4	217	46
愛知	8	210	8	246	
三重	2	74	2	74	
滋賀					
京都					
大阪	13	2,334	15	2,185	357
兵庫	4	630	8	776	
奈良					
和歌山			2		
鳥取	4	1,016	4	766	533
島根					
岡山					
広島	1	80	1		
山口					
徳島	14	7,248	14	5,428	2,080

香川					
愛媛	1	43	3	166	50
高知	1	36	2	90	
福岡	44	38,336	85	34,651	12,994
佐賀					
長崎	19	1,271	29	1,656	
熊本					
大分					
宮崎			1	141	
鹿児島			18	539	
沖縄					
樺太・台湾・朝鮮・その他	6	255	12	1,144	
大日本海洋少年団　総計	175	55,096	315	53,220	17,627

文部省社会教育局『昭和十四年三月男女青少年団体概況』（1939年），同『昭和十五年五月男女青少年団体概況』（1940年）より筆者作成。

年団の結団式のため，全国を飛び回っていたのである[21]。

大日本海洋少年団が結成され，8月10日に制定された団則は，組織を次のように規定した[22]。

第五条　本団ハ本部ヲ東京ニ、支部ヲ道、府、県及六大都市ニ、群団ヲ郡、市（六大都市ヲ除ク）及区ニ置キ地方団ヲ町村、学校、宜《マ》公《マ》署、工場等ニ置ク

支部及郡団ノ管轄区域ハ当該行政庁ノ管轄区域ニ依ル

海洋少年団が少年団日本連盟に所属していたときから活動している，地域を基礎にした団，1932（昭和7）年の校外生活指導に関する文部省訓令の普及を踏まえて学校単位で組織される団，官公庁や工場で組織される団の加盟を想定している。それら地方の団体の上部組織として群団，支部を設けたのである。

団員の年齢階梯について，11歳以下の男子で入団を希望する者を「予科団児」，11歳以上18歳以下の男子の団員を「正団児」，正団員の課程を修了した19歳以上25歳以下の男子の団員を「青年団児」，女子の団員を「女子

団員」とした[23]。女子を団員として迎えたことを除き，年齢の下限を11歳，上限を18歳として参加させたのは，少年団日本連盟海洋部の規則と同じであり，それより下の年齢の子どもたちを予科団児，上の年齢の子どもたちを青年団児として活動に参加させたのは，かつての少年団日本連盟と同じ発想である。

この頃の海洋少年団の特徴として，海洋少女団に着目したい。東京目黒の日出高等女学校が，1939（昭和14）年10月19日に日出高女海洋少女団を結成した様子は，次のように伝えられている[24]。

かねてから、防空演習に活躍したり、各種の海軍関係の催しに少女鼓笛隊を出動させたりして、国防に深い理解をもつた女学校として知られてゐた、東京市目黒区の日出高女の一、二年生六百十三名は、いよいよ正式に海洋少年団に加はることとなり、十月十九日午前十時から、同校の校庭で盛大な結団式を行ひました。

（中略）

この新しく生まれた海洋少女団は二年生の第一班、一年生の第二班に分かれ、別に四十六名の鼓笛隊が第三班となつてゐますが、第一班は山城、第二班は伊勢といふやうに、それぞれ戦艦の名があたへられてゐます。

当時の日出高等女学校の生徒数を確認できないので，どれくらいの割合の生徒が海洋少女団に参加していたのかを指摘できないが，1，2年生合わせて613名が参加していたようである。

高等女学校の生徒からなる海洋少女団は，1940（昭和15）年の呉の事例も報告されている[25]。「呉市の六高等女学校（公私立を合せて）上級生徒，計約一千名より成る，呉海洋少女群団は，七月二十四日，水野市長を団長として結団式をあげ」たという。

以上から，学校を基盤とする海洋少女団の存在や，1つの団の規模が200～300人に及んでいたことを確認できる。この団の規模は，男子の海洋少年団でも同様だったようである。

東京市荒川区日暮里で，1940（昭和15）年3月10日に日暮里海洋少女団が結成された[26]。「町会や警防団の役員」を務めていた中村藤七が中心となり，区会議員，方面委員，町会の顧問などが役員を務めるというこの団は，結成を紹介する文章の文脈から，学校ではなく，「町村」を単位として結成したと考えられる[27]。団員は100名程度であった。

また，東京海洋少年団や崎浜海洋健児団などのように，従来からある海洋少年団も活動していたようである[28]。

2. 海軍による積極的な関与

大日本海洋少年団が独立を果たし，8月10日の理事会で団則を制定したことを受けて，翌月の9月には海軍省副官が次のような文書を発している[29]。

官房第四六九〇号

昭和十三年九月十四日　　　　海軍省副官

各鎮守府副官
各要港部副官
各艦隊副官
駐満海軍部副官
各地方海軍人事部長
京城在勤海軍武官
台北在勤海軍武官
南洋在勤海軍武官　宛

大日本海洋少年団ニ関スル便宜供与ニ関スル件申進

大日本海洋少年団ハ本年三月二十日大日本少年団連盟ヨリ分離独立シ、竹下海軍大将ヲ総長ニ推戴シ、四月三日結団式ヲ挙行シ、更ニ今回別紙団則ヲ制定シ目下団勢ノ拡張事業ノ遂行ニ着手致居候処海軍当局ニ於テハ本海洋少年団ノ性質ニ鑑ミ其ノ健全ナル発展ヲ企求《ママ》シ居ル次第ニ有之候條同団ノ実修等ニ関シ海軍当局ノ援助方申請アル場合ニ於テハ差支ナキ範囲ニ於テ便宜供与方可然取計相成度

これは全国的な組織としての大日本海洋少年団が発足したことを知らせると共に，各地の海洋少年団が海軍の施設を使うことに対して便宜を図るように

指示するものである。海軍省からこのような文章が発せられること自体，新しい大日本海洋少年団が海軍省からの全面的な支援を得ていることを物語り，少年団日本連盟の海洋部であった時には消極的な援助にとどまっていた海軍側の姿勢が積極的になったことを示している。

この内容は10月15日に大日本海洋少年団理事長の名で全国の各海洋少年団にも通知された。海軍省は続けて同年12月に内務省に向けても次のような依頼を出している。

官房第六〇八六号
昭和十三年十二月五日　　　　　　　　　　海　軍　次　官
内　務　次　官　殿
大日本海洋少年団ニ関スル件依頼
大日本海洋少年団ハ結団以来極メテ順当ニ発展シ逐次全国各地ニ地方団ノ結成ヲ見、団員已ニ六万ニ達スル現情ニ有之候処最近一層之レガ指導統制ヲ強メ教化ノ徹底ヲ期スル目的ヲ以テ団則ヲ改定シ支部制ヲトルコトト相成着々整備ニ努メ居リ候
海軍当局ニ於テハ海国日本ノ伝統ト使命ニ基キ青少年男女ヲシテ海洋ヲ道場トシ心神ヲ鍛錬シ海事思想、海防観念ノ徹底ヲ図リ海洋発展ノ基礎ヲ確立セシムルコトハ海国民特ニ第二国民ノ教育トシテ最モ緊要ナルモノト思考シ創立以来之レカ指導後援ニ意ヲ致シ其ノ健全ナル発展ヲ普及シ居ル次第ニ有之候條同団支部等ノ設立其他ニ際シテハ各地方長官ニ於テ特別ノ御配慮ヲ得ル様御取計ヲ得度

大正期以来，少年団を管轄していたのは文部省であった。少年団は18歳前後を区切りとして少年と青年を分け，20歳前後の青年も活動していた。一方で内務省は主として青年団の青年に着目していた。新しくできた大日本海洋少年団は25歳以下の青年も団員として認めており，中学校や女学校など中等学校以上の学校も海洋少年団を設立していた[30)]。海軍省は全国的に中等学校以上の学生による海洋少年団が増えることを見越して，文部省と共に内務省にも支援を求めているのである。

3. 大日本海洋少年団全国大会の開催

1940（昭和15）年8月15日から4日間，鹿児島市を中心に大日本海洋少年団全国大会が開催された。この大会には台湾，青島，旅順，大連，岩手，東京，神奈川，静岡，愛知，石川，福井，広島，福岡，長崎，熊本の計23の海洋少年団から260名あまりの団員と，鹿児島県内の約1,300名の団員が参加した[31]。総長の竹下や理事の原と日暮も東京から参加していた。大日本海洋少年団単独での全国的な催し物はこれが最初であり，最後でもあった。

8月15日に鹿児島に集合した参加者は，16日に「官幣大社霧島神宮社」に参拝して高千穂登山を行った。17日，県外からの参加者は鹿児島県内の神社や御陵を次々と参拝したほか，県内の参加者は佐世保鎮守府に所属する艦船に乗り込んで軍事訓練を見学した。この日の夕方には全参加者が集まって「海洋少年の夕」が開催され，参加各団の出し物が披露された。最終日の18日は島津斉彬をまつる「別格官幣社照国神社」に参拝した後，参加者全員は海軍軍楽隊などの先導により鹿児島市内をパレードした。さらに海軍の艦船に分乗して海上訓練に参加し，その後解散式を行った[32]。

4日間にわたる大会は，神社参拝と海軍の艦船便乗，そして市内パレードにそのほとんどの時間を費やした。少年団日本連盟海洋部として開催した海洋合同訓練では，海軍兵学校や商船学校などの施設を利用しながらも，少年の海上における訓練がその主たる目的であった。今回の全国大会では，実際に海洋訓練を実施するよりも，全国の海洋少年団員が集まること，神社への参拝，そして海洋少年団の存在をアピールすることを重視していたようである。この時の大会での少年たちは海上で訓練を受けず，海軍の軍艦に便乗して軍事演習を見学し，鹿児島県の「皇祖発祥に関する由緒ある聖跡」や「神社参拝」を重視したのである[33]。

沿道の人々、あるひは手をふり、あるひは万歳を叫び、鹿児島全市、しばらくは全く海洋少年団の都と化した感がありました。

この行進終つて、本隊は○○《ママ》艇に分乗して海上訓練に参加、この模様は、ラヂオを通じて全国に放送されましたから、皆さんの中にも、御承知の方がおありのことと思ひます。

パレードの様子を雑誌『海洋少年』はこのように伝えている。この大会について全国に向けてラジオでも放送していることから，今回の大会は鹿児島のみならず全国に向けて海洋少年団の活動を紹介し，宣伝する目的であったと考えられる。

第３節　大日本海洋少年団に対する海軍と文部省の統制

1. 男女青少年団の統合に参加しなかった大日本海洋少年団

1940（昭和15）年７月22日に第２次近衛内閣が成立すると，同年10月に大政翼賛会を発足させるなど挙国一致体制を押し進めた。その一環として文部省は８月以来，大日本青年団と協議を行って青少年の統合組織の設立を画策し始めた。９月15日，文部省に大日本青年団，大日本連合女子青年団，帝国少年団協会，大日本少年団連盟，大日本海洋少年団の代表者が集まり，「強力なる一元的青少年訓練体制の確立を図る目的を以て」，文部省から提出された「大日本青年団組織試案」について意見を交換した[34]。この組織試案は「大日本青年団」という表現からもわかるように，青年団を基本として男女青少年の団体を文部省が一元的に管轄することを目的としていた。

この統合について大日本青年団以外の団体には，その名称の変更が余儀なくされることや，組織が解散することへの不満があった。その中でも大日本少年団連盟と大日本海洋少年団の総長竹下勇は，統合には強硬に反対していた。戦後ボーイスカウト日本連盟の理事を務めた村山有は，当時の橋田邦彦文部大臣が竹下を訪問したときの様子を次のように述べている[35]。

一九四〇年の秋のこと、筆者が高輪の泉岳寺前のお宅に竹下提督をおたずねしていたとき、当時の文部大臣橋田邦彦氏が提督をたずねてきた。近衛第二次内閣のときで、橋田文相は軍部からの圧力もあって、青少年団体の統合問題に手を出していた。竹下提督が玄関に出迎えると、橋田文相は大日本少年団も他の団体と合流させてもらいたいと要請しにやってきたのだった。

これを聞くと、平生は微笑をもって人に接する提督もたちまち怒りの声を上げ、橋田文相とはげしくやり合っていたが、やがて

「お前ら小役人に大切な少年団が渡せるか。帰れ…」

とどなった。そして文相が玄関からスゴスゴ帰っていくと、提督はいつものもの静かな態度にもどって応接間に帰ってきた。その顔には微笑が浮かんでいた。そして筆者にこういわれた。

「ベーデン・ポーエルは、青少年は官吏や政治家の手に委ねるべきではないと書いている。官吏や政治家は正しい精神で育成を援助すればよいのであって、彼等がこの運動に参画したり、またはコントロールするようなことがあると、非常に危険だ。青少年の運動は正しい無私の精神をもって指導すべきであって、自分はベーデン・ポーエルの正論を支持している」

しかし老提督の反対にもかかわらず、日本の青少年団体の統合は着々と進められて、大日本少年団も一九四一年、すなわち太平洋戦争がぼっ発した年の春には、解散の運命にあってしまった。

（中略）

ただ大日本少年団の一翼だった海洋少年団だけは、竹下総長がどうしても解散を承諾せず、太平洋戦争下にもそのまま活躍していた。

村山氏は別の著作で，竹下総長が橋田文相を追い返した時の様子を次のようにも伝えている[36]。

竹下邸に於て橋田文相が、少年団の解散を要請したときであった。

『文部省の役人に青少年の訓育が出来るか。少年団は世界連盟につながる国際団体であるから役人の支持は受けない』と断乎とはねられた。

竹下は日露戦争の時に米国で駐在武官を務めた際，ルーズベルト大統領からボーイスカウトのことを教えられ，大正期に皇太子（昭和天皇）の随行員として英国を訪問した時に本場のボーイスカウトを見聞していた。この時のことを回顧する中で，竹下は次のように述べている[37]。

（欧州歴訪から帰国後―引用者）“スカウティング・フォア・ボーイズ”を読んで、若き日の訓練がいかに大切であるかを悟った。後に大日本少年団

の総長となるに及んで、このときのベーデン・ポーエルと親しく語った印象がよみ返ってきて、山野を跋渉する生活を通じて人格を養成し訓練していくことの意義を、いまさらのように痛感したことであった

竹下は文部省が少年団に直接関与することで，ボーイスカウトやシースカウトの影響を受けた少年団の姿がなくなることを危惧している[38]。竹下の発言の背景には，少年団に対する省庁間の縄張り争いがあったと考えられる。海軍出身の竹下が，大日本少年団連盟と大日本海洋少年団という２つの少年や少女の全国組織の長にある立場を考えると，文部省が主導して陸軍も関与する新しい青少年団に，これらの組織を譲ることについて抵抗することは当然のことであろう。竹下による抵抗の理屈付けとして，少年団の起源は英国のボーイスカウトであるとの考え方をもちだしたと考えられる。

結果として，大日本少年団連盟は男女青少年団の統合に参加するが，大日本海洋少年団は独立を維持することになった。このことを受け，文部省は次のような見解を示している[39]。

海洋少年団その他の特科的少年団は、その目的が局限されてゐるだけに、その部面に関する限りは、一般少年団運動が到達してゐる段階に較べてより深い実践と施設を有して居るので、これを機械的に統合することは、一時的にでもその実践を停滞させる恐れがあるので、新生少年団の組織や事業の充実整備を待つて統合するやう、諸種の申合はせも出来て居り、現にその過渡的形態として文部大臣の下に統轄されてゐるのである。

「その他の特科的少年団」とは，引用文の続きには「航空少年団」を指すとあるが，この団体の詳細は不明である。文部省としての体面を保つために，海洋少年団や航空少年団が統合に参加しなかったことを，それまでの「実践を停滞させる恐れ」があるためと説明している。確かに海洋少年団は文部省の管轄下に入ったが，これ以降も海洋少年団は，青少年団の統合に参加する動きを見せなかった。

文部省としては，次の文章に見られる通り，海洋少年団の経費を考慮していたようである[40]。

少年団の経費のみについて見ても、訓練が特種なだけに、うつかりすると、一特殊少年団が、大日本青少年団の全経費を凌駕する位のものがあることからも、完全な統一の問題は、相当慎重に考慮されねばならない。

陸上ではなく，海上での活動を展開する海洋少年団，あるいは航空機を使用していたであろう航空少年団といった「特殊少年団」は，経費がかかる団体であることは容易に想像できる。青少年団体の統合問題以降，文部省から海洋少年団に統合への打診がなされていない背景に，その経費にまつわる問題が絡んでいた可能性もある。

なお，大日本海洋少年団は，大政翼賛会にも参加していない[41]。

2. 海軍と文部省の思惑

文部省が提示した「大日本青年団組織試案」に対して，統合に関係する各団体が協議を重ねたが，特に海洋少年団に関して 12 月 14 日に文部次官と海軍次官が次の了解事項を交した[42]。

文部海軍両次官諒解事項

一、要綱

海洋少年団ハ成ルベク速ニ今次文部省計画ニカカル青少年団体統合体ニ統合スルヲ目的トスルモ、其ノ性質上差当リ之ニ統合セズ、相互密接ナル連繫ヲ保持スルモノトス

二、組織

海洋少年団ハ概ネ現組織ノ侭文部大臣ノ統制下ニ置ク

（一）各地区ニ於ケル団長ハ当該地区ニ於ケル青少年団長ヲ以テ之ニ充ツ

（二）単位団は学校単位ニ之ヲ組織シ、当該学校長ヲ以テ団長トス
但シ数校ノ児童中ヨリ選抜シタル団員ヲ以テ単位団ヲ組織スル場合ニ於テハ団長ハ関係学校長ノ中ヨリ之ヲ選任ス

（三）其ノ他

(1) 海上訓練ニ関シテハ海軍ハ出来得ル限リ援助協力スルモ、補助金ニ関シテハ文部大臣ハ青少年団体統合体ト同様ニ考慮スルモノ

トス

(2)　海洋訓練ハ学校教科ノ課外ニ於テ之ヲ行ウ《ママ》

海洋少年団は文部省の提案した統合に参加せず，その名称を残すことが可能となった。しかし，文部大臣の統制下に入ることを認めたため，学校とは無関係であった海洋少年団も，全て学校長を団長とする学校単位の学校海洋少年団へと改変することとなった[43]。

1940（昭和15）年12月19日に開催された，青少年団の統合に向けた会議の席上，帝国少年団協会は独自の修正意見を提出した。名称を「青少年団」とすること，少年団を学校単位に組織すること，少年団員を試案の尋常小学校4学年以上ではなく，同3学年以上とすることなど，そのほとんどが認められた[44]。こうして，地域を基盤として成り立っていた陸の少年団は原則的に，学校少年団へ移行することになったのである。

同年12月25日，統合に関係する各団体の長が集まって，各団体の解散と1941（昭和16）年1月16日の大日本青少年団の発足に関する「申合」，「大日本青少年団則」，「大日本青少年団地方団則」に合意した。

大日本海洋少年団も文部海軍両次官の合意に基づいて，大日本青少年団が発足する1月16日に合わせてその団則を改定した[45]。そこには大日本青少年団の影響が見られる。例えば，改定後の団則における，大日本海洋少年団の「目的」は次の通りである[46]。

第三条　本団ハ皇国ノ道ニ則リ且ツ帝国ノ有スル特殊地勢ニ鑑ミ男女青少年ニ対シ海洋ヲ道場トシ心身ヲ鍛錬シ共励切磋確固不抜ノ海洋国民性格ヲ錬成シ以テ負荷ノ大任ヲ全クセシムルヲ目的トス（傍点と下線は引用者）

この文章について，改定前は次の通りであった[47]。

第三条　本団ノ目的ハ帝国ノ有スル特殊地勢ト使命トニ鑑ミ海洋ヲ道場トシ少青年ノ心身ヲ鍛錬シ健全ナル海洋健児ヲ養成セントスルニ在リ（下線は引用者）

さらに，大日本青少年団において制定された団の「目的」は，次の通りであった[48]。

第二条　本団ハ皇国ノ道ニ則リ男女青少年ニ対シ団体的実践鍛錬ヲ施シ共励切磋確固不抜ノ国民的性格ヲ練成シ以テ負荷ノ大任ヲ全クセシムルヲ目的トス（傍点は引用者）

改定された大日本海洋少年団の団則による「目的」は，明らかに従来の「目的」と大日本青少年団の「目的」を掛け合わせたものである。このほかにも団の行う行事に関する条項など，大日本青少年団と同じ文言を用いている部分が見られる。

大日本青少年団は組織の長を団長とし，文部大臣がそれに就任するとした。大日本海洋少年団は組織の長を文部大臣が委嘱した総長とし，総長は文部大臣の統制下に海洋少年団を総理することになった。大日本海洋少年団は団則第５章で，大日本青少年団は同団地方団則で地方における団組織を規定しているが，その文章も重要なところは同じである。道府県海洋少年団と道府県青少年団は共に地方長官が団長の職に就き，副団長の１名は道府県学務部長が任ぜられることになっている。市町村海洋少年団と市町村青少年団は市町村長が団長となり，海洋少年団と大日本青少年団の少年団は学校単位に組織して当該学校長が団長となるよう規定されている。東京市，京都市，大阪市，横浜市，神戸市，名古屋市には市の団の下にそれぞれ区海洋少年団と区青少年団を設置することも共通している。郡海洋少年団長の資格についての規定はないが，郡青少年団長は道府県町職員や学校職員がその役に就くことになっている。

大日本海洋少年団，道府県海洋少年団，（郡海洋少年団），市町村海洋少年団，（区海洋少年団），学校海洋少年団というピラミッド型の構図が，実際にどれだけ組織されたのかは注意を要する。各地での設立状況は当時の雑誌『海洋少年』に逐次報告されているが，ここから，東京を例に挙げよう。大日本海洋少年団が団則を改定した直後の 1941（昭和 16）年４月３日，東京市海洋少年団結成式が行われているが[49]，東京都海洋少年団が結成されたのは 1943（昭和 18）年 12 月７日であった[50]。海洋少年団の団数の少なさ，特に内陸部への海洋少年団の普及の遅れが原因と考えられる。

大日本青少年団にはない，大日本海洋少年団の団則で特異な点は，道府県海洋少年団に海軍関係者で組織する指導本部を設置すると定めたことである。同団々則は，指導本部について以下のように述べている[51]。

第十九条　道府県海洋少年団ニ指導本部ヲ置キ指導本部ニ指導本部長及指導本部員ヲ置ク
指導本部長ハ地方海軍人事部長、海軍人事部第三課長ノ職ニ在ルモノニ大日本海洋少年団総長之ヲ委嘱シ団ノ教育指導ヲ掌ル
指導本部員ハ指導本部長ノ命ヲ受ケ団ノ教育指導ニ当ル

この条文によって，海軍が海洋少年団を通して子どもたちを直接指導することが明文化された。大日本海洋少年団は，各地方海軍人事部長と各海軍人事部第三課長に宛てて，総長竹下勇の名で「海洋少年団指導ニ関スル件依頼」を出し，それぞれに対して道府県海洋少年団における指導本部長の委嘱を受諾するように協力を求めた[52]。

大日本海洋少年団は，海洋少年団が学校に組み込まれたことで，組織構造としては文部省の統制下に入ったが，本部役員のほとんどが海軍軍人であり[53]，実際の教育指導は海軍が行っていた。海軍は子どもたちを直接指導する場として海洋少年団を認識していたのである。

大日本青少年団では 1941（昭和 16）年の発足当初から竹下勇と有馬良橘の両海軍大将が顧問を務めるなど，既に数名の海軍関係者が役員に就いていた[54]。ところが大日本海洋少年団では 1942 年 8 月現在，その役員に陸軍軍人の名前がない[55]。1942 年 6 月，大日本青少年団は大政翼賛会の傘下に入り，同時に，鈴木孝雄陸軍大将が団長に就任したことから[56]，海軍軍人を受け入れつつも，陸軍が大日本青少年団の指導面で主導権を握っていたと考えられる。海軍は竹下勇海軍大将が総長である大日本海洋少年団を青少年団に統合させると，子どもたちに対する直接的な影響力が低下することを懸念したのであろう。

大日本海洋少年団本部が各地で海洋少年団を設立する際の参考資料として作成した「海洋少年団結成ノ栞」では，各学校に設置された校長を団長とする海洋少年団と海軍，そして大日本青少年団との関わりについての指示を出

している[57]。団の設立に当たっては「道府県市町村当局，学務委員，社会教育委員，青年団関係，学校当局，後援会，保護者会，海軍人事部，地方海軍人事部，海軍協会，海軍有終会，艦橋会，呉桜会，宣洋会，鶴洋会，男女青少年団，婦人会幹部，其ノ他教化団体ノ幹部及有力者」に予め「諒解」と「協力」を取り付けなければならないとする。教育関係者と並んで，海軍の承認なしには海洋少年団を作ることはできず，さらに設立後の指導には海軍関係者が当たることを暗に想定している。役員には在郷軍人を含めることを求め，指導者は「学校職員殊ニ海軍短期現役兵修了訓導ヲ適当トスルモ，在郷軍人等校外有志」の援助も必要であるとしている。海洋少年団と大日本青少年団傘下の団体との違いについては，以下のように述べている。

大日本海洋少年団ハ其ノ名称ノ示ス如ク、他ノ各種団体ノ如キ連合体ニアラズ、青少年団ニ協力スルモ教育指導ニ関シテハ本団総長ノ下ニ統制セラル

海洋少年団は大日本青少年団傘下の青少年団とは違って総長竹下勇の統制下にあることを主張し，海洋少年団としての存在意義を述べている。

1941（昭和16）年は，大日本海洋少年団も団則を改定して大日本青少年団に準じる少年団として再出発した年であり，大日本海洋少年団について文部省と海軍省は頻繁に連絡を取っていた。2月20日には文部省社会教育局長が県知事に向けて，大日本海洋少年団が大日本青少年団に準じた団則に改定したことと，総長は文部大臣が委嘱することを伝えて便宜を図るように伝えた[58]。

5月28日，海軍省教育局の島大佐が海洋少年団に関係する海軍省や文部省などの「関係各部」に，海軍省教育局と道府県学務部長との海洋少年団に関する打ち合わせを報告しており，大日本海洋少年団と大日本青少年団の合意事項を示している[59]。この中で，両団の海洋訓練に関する役割分担や人的関係について言及している事項を引用する。

（三）海事思想ノ一般普及ハ大日本青少年団之ニ当リ海上訓練ノ如キ高度ノ実地訓練ハ海洋少年団之ニ当ル而モ両団ノ分担ニ就テモ互ニ協力援助

ス
就キマシテハ地方長官又ハ学務部長ハ両団ノ団長又ハ副団長ヲ兼務セラレ居ル実状デアリマスカラ右方針ニ依リ可然御指導ヲ希望致シマス
（四）両団ノ諸役員ニハ海軍ノ現役又ハ予備士官ヲ相互ニ依嘱ス
（五）両団ニ於ケル海事ニ関スル指導者ノ養成ハ現在特ニ緊急ナルヲ以テ之ガ講習等ニ対シテハ相互ニ協力ス

陸と海の少年団が少年団日本連盟に所属していたときから，陸の少年団も水泳訓練や軍艦便乗など海洋少年団的な活動を行っていた。大日本海洋少年団の独立後も大日本青少年団の本部が指導する青少年団経営研究会は「航空隊」,「機甲隊」,「通信隊」,「衛生隊」,「防護隊」と並んで「海洋隊」を提案している[60]。その中で,「我等は訓練によつて心身を錬り，国民学校高等科を修了したら海軍を志願し，或は中学校にはいつて卒業すれば，兵学校や機関学校に入学し，先人の芳勲香る大海へ征かうではないか」とも述べている。海軍側としては，大日本青少年団参加の青少年団でも簡単な海洋訓練をすることは避けられないと考えていた。その上で海洋に関する「高度ノ実地訓練」を海洋少年団が行うとして，陸の少年団との差別化を図っている。

大日本青少年団の指導者養成には，陸軍が関わっていた。1941（昭和16）年6月20日から29日まで日本青年館と千葉県志津栗山陸軍廠舎で行われた「国防訓練指導者錬成講習会」には道府県，六大都市青少年団で国防を担当する指導者が受講したが，講師は陸軍軍人であった[61]。「国防」とは言え，陸軍に関することだけを扱う講習会であった。海軍に関することは，海軍省教育局と道府県学務部長の合意に基づき,「海洋訓練指導者講習会」として，同年7月から9月にかけて佐世保，舞鶴，横須賀，呉の各鎮守府と大湊要港部において，それぞれ4泊5日の日程で実施した。青年学校と国民学校の職員で海軍短期現役修了者が，各道府県や6大都市から選ばれて受講したのである[62]。9月には海軍省が大日本青少年団に対して「海洋教練実施要綱案」を示し，その後の海洋指導の指針となった[63]。陸軍と海軍の大日本青少年団の指導者に対する講習会には陸海軍の軍人の交流は見られず，それぞれの棲み分けがあったと考えられる。

3. 海洋道場と大日本学徒海洋教練振興会の設置

上で引用した1941（昭和16）年5月28日の海軍省教育局島大佐の報告は，海洋少年団を教育する場としての「海洋道場」の設置についても言及していた。全国に海洋道場の設置を促進するため，文部，逓信，農林，厚生，商工，海軍の各省からなる海洋道場建設委員会が結成されたという。

道場建設要綱によると，道場では「海洋精神ノ錬成」,「海洋知識並ニ技能教育」,「海防訓練」を行い，その対象者を9歳から13歳の少年部，14歳から25歳の青年部，26歳以上の壮年部の男子としていた。女子も適宜受け入れるとしている[64]。海洋道場の発案当初は，海洋少年団の指導者を養成することを目的としていたようである。その目的は後に「全日本ノ青少年ニ遍ク海洋訓練ヲ課スル為メノ道場ニ迄ニ発展」した[65]。

1941（昭和16）年6月3日付読売新聞によると，既に「岩手県六波羅道場」と「横須賀真證高女」に海洋道場が設置されている。さらに東京市が皇紀2600年事業として建設を計画し，他にも大阪，神戸，京都，名古屋，横浜，長崎，香川，三重，熊本，広島，仙台，室蘭，福岡に建設する予定であって敷地を決めている。香川県屋島の道場は1941（昭和16）年7月末に完成する予定であるという。東京の海洋道場の場合，湾岸に実物大の軍艦長門の模型を建設して約1,000人の宿泊ができるようにして，「帆船，カッター，機動艇，ボート，ヨットから水上飛行機，高角砲，機関銃もあれば探照灯，水雷発射管，世界海図，信号マスト，天測計器，落下傘まで設備され，海のつはものに鍛へ上げる設備万端至れり尽くせり」だと報じている[66]。

1942（昭和17）年3月15日付の読売新聞では，各地の海洋道場が「駆逐艦型」(100名収容),「軽巡型」(200名収容),「軍巡型」(400名収容),「戦艦長門型」（1,200名収容）の，いずれかの軍艦の「艦型」を採用することになったと報じている[67]。

海洋道場建設委員会は，1945（昭和20）年8月6日に文部大臣に宛てて解散の申請をして，8月14日に認可を受けている[68]。その文章には,「全国ニ渉リ三十三箇所ノ道場建設ヲ完了シ当初予定計画ノ約八割ヲ実施致シ候」とあり，今後新たな建設は困難であるために解散することとしたとある。この文書に添付してある「海洋道場建設概況表」（昭和20年5月末現在）によると，52ヶ所の計画がある海洋道場のうち，「新築完成」や「新築寄贈」となっているのは6ヶ所であり，その他は「旅館借用」，「寺院借用」，「民家借用」などであった。また収容定員はおおむね100人から200人で，2ヶ所だけが400人であった。

1942（昭和17）年1月17日，文部大臣官邸において「大日本学徒海洋教練振興会」の発足式が行われた。これは大日本海洋少年団の傘下にあった中等学校以上の海洋少年団を再編成し，文部大臣を会長，海軍次官と文部次官を副会長として，本部を文部省内に置く組織であった。大日本海洋少年団理事の出光海軍中将が振興会の常務副会長兼指導本部長を務め，大日本海洋少年団の役職員が全員，新しくできた振興会の役職員を兼務した[69]。この振興会が設立されたことにより中等学校以上の学校海洋少年団は分離して，「海軍ノ責任ニ於テ」海洋教練を実施することになり，大日本海洋少年団は国民学校の児童を主に指導と訓練の対象とすることとなった。大日本海洋少年団理事長の小山武は，海軍の指導の下に海洋訓練を行うことについて，次のように述べている[70]。

> 本件ハ過去二十年ニ亘リ民間団体タル本団ガ担任シ来リタル青少年ノ海洋教練ヲ国家機関タル海軍ノ責任ニ移行セル画期的発展ニ有之、今更改メテ申上グル迄モナク海洋教練ノ如キ特定ノ指導者ト膨大ナル設備ヲ要スル教練ハ国家機関就中海軍ノ責任ニ於テ行ハルルニ非ザレバ完璧ヲ期シ今回右ノ決定ヲ見タルハ青少年海洋教練ノ飛躍的発展ヲ見ルモノトシテ御同慶ノ至リト存候

1924（大正13）年12月に東京海洋少年団を発足させたときから海洋少年団の活動に参加している小山の文章である。海洋少年団の活動はこの時点まで国家機関ではなく民間団体が行ってきたこと，そして今回，中等教育以上の訓練を国家機関としての海軍が担当することになったと述べている。中等学校以上の海洋少年団の活動を海軍が担当することを「御同慶の至り」と評価している。

ただ，以上の海洋道場や学徒海洋教練振興会に関して，実施状況に関する

具体的な史料を入手できていない。

4. 大日本海洋少年団における訓練項目

大日本海洋少年団の教育綱領と目標は，その成立から解散に至るまで変わることなく，以下の通りの文言で示していた[71]。

教育綱領

聖旨ヲ奉体シ海国日本ノ伝統ト使命ニ基キ、青少年男女ヲシテ海洋ヲ道場トシテ心身ヲ鍛錬シ、皇国精神ヲ体得セシムルト共ニ、海事思想、海防観念ヲ普及徹底セシメ一致団結、海洋発展ノ基礎ヲ確立セシムルコトヲ本旨トス

目標

我等ハ海ノ子ナリ

海ニ生キ、海ニ死スル覚悟アリ

大洋ヲ心トシ、アラ浪ニ身ヲ鍛ヘ

互ニ手ヲ取リ、心ヲ併セ

御国ノ光輝カサン

「教育綱領」と「目標」のいずれも，シースカウトの影響を受けた少年団日本連盟傘下の海洋少年団とはかなり異なっている[72]。実際的な指導としては「清潔整頓」，「時間励行（五分前）」，「迅速確実　静粛」，「注意周到」，「不言実行」，「臨機応変」，「一致協力（一船一心）」，「鍛心錬技（一発必中）」の8つの「海訓」を定めていた[73]。さらにこれらの「海訓」を身につけさせるために，次のような躾に関する項目を設けている[74]。

一、海洋少年団員としての自尊心を抱かしめること。

二、人のお世話にならぬやう、人のお世話をするやうに。

三、体の整頓と心の整頓。

四、言葉の使ひ方。

五、礼式（挨拶の仕方）

六、歩行中の心得

七、乗物の注意
八、電話の心得
九、清潔の習慣
十、物品の整理
十一、時間の励行（「五分前」の励行）
十二、体位の向上

少年団や学校だけでなく，家庭の場面をも想定した行動の規範集である。例えば「乗物の注意」には，「乗る時は降りる人の邪魔をせずに先着順に，速かに動作すること。少年団員はいつも他に譲り一番後から乗る。誰か立たねばならなければ，己が立たうといふ心持でありたい。」と文章がつけ加えられている。このほかの項目でも同様の語り口で，子どもたちに模範的な行動を示している[75]。

大日本海洋少年団には，活動内容を提示した「海洋少年団教程」が存在した[76]。この教程によって1941（昭和16）年に発足した国民学校で海洋少年団に所属する児童は，学年に対応して進級することとした。入団できる学年とされた国民学校初等科5年の4級に始まり，国民学校高等科2年の1級に至る制度である。「教程」では「精神修養」,「海事研究」,「海技訓練」,「一般訓練」,「奉公実践」の各々の項目について，級毎に細かく学ぶ項目を定めていた。

具体的に表にした「表5-2　大日本海洋少年団教程（昭和17年)」をみると，学年と級を一致させている点が特徴的である。これは少年団日本連盟傘下の海洋少年団にはないものであった。現在でもボーイスカウトが学校教育における教科の1つとして位置づけられているタイでは，小学校から中等教育において学年と級が一致する仕組みとなっている。1学年で身につけるべき知識と技術を設定し，国語や算数（数学）のように，テストの成績点こそつくものの，基本的には全員が進級していくのである。

同時期の1942（昭和17）年に出版されたと思われる『僕等は海洋少年団』によると，大阪府布施市の海洋少年団では新入団員は3級となり，3級として1年以上活動して所定の訓練を受けると2級となり，2級として1年以上

表5－2　大日本海洋少年団教程（昭和17年）

要項	要目		四級	三級	二級	一級
精神修養	勅語		教育ニ関スル勅語、奉読、謹解	謹写		
			青少年学徒ニ賜リタル勅語、奉読、謹解			
			詔書、奉読、謹解			
	御製御歌		奉唱、謹解、謹書			
	国旗		国旗ノ意義	国旗ノ由来		
			正シキ国旗	国旗ノ取扱注意徹底		
			国旗ノ取扱注意			
			国旗掲揚降納ニ対スル礼法			
			軍艦旗ノ意義	軍艦旗ノ由来		
			軍艦旗掲揚降納ニ対スル礼法			
			軍旗ノ意義			
			団旗ノ意義			
			外国旗ノ取扱			
	国歌「君ガ代」		奉唱			
			国歌ノ意義			
			国歌ニ対スル礼法			
	敬神崇祖		宮城遙拝	宮中御儀式ト国民儀礼		
			皇太神宮遙拝	皇太神宮ト我皇室及国民トノ関係		
			我ガ国体ト外国ノ国体	我国固有ノ諸行事		
			御陵聖蹟参拝			
			家庭ニ於ケル朝夕神仏礼拝、神社仏閣礼拝			
			忠魂碑、戦死者墓碑礼拝、展墓			
			偉人傑士敬仰			
	訓話講話		祝祭日ニ関スル挙式、訓話			
			記念日ニ関スル訓話			
			偉人傑士ニ関スル訓話			
	礼法		国民礼法			
			海軍礼式			
	情操陶冶	音楽	唱歌			
			器楽（吹奏楽、喇叭鼓笛）			
			鑑賞及聴音			
		美術				
		其ノ他				
海事研究	海洋	海ノ地理	海洋ノ状態	海洋ノ生物	海洋ノ諸現象	
		海ノ歴史	海洋探究史、海ノ開拓者、先覚者	船及ビ航海術ノ発達史	日本海軍史、世界海軍史	現代ノ造船、海ト文明

海事研究						日本及ビ世界ノ通商貿易、水産ノ歴史
		海ト日本	食料其ノ他ノ天産	海洋性気候ノ恩恵	国防上ノ有利	海洋立国ノ理想、抱負
			海ト伝説、海ト音楽	海ト美術	海ト文学	
				海ノ心身ニ及ボス影響	伝統的民族性ト将来ヘノ鍛錬	
				交通運輸ノ地利		
	船舶	運用	舟艇ニ関スル一般予備知識及種別用途	船舶ノ構造、保存設備		
				海上衝突予防法		
				索具、錨		
		航海知識	航路標識、灯台及其ノ種類	航海用具	海図使用法	測量ノ概念
			方位、天文、星座、潮汐	海流		測深、測流、測程（船ノ速力）
			海図ノ見方			
		通信	ラジオ	国内通信		国際通信
			通信要具			
			通信任務			
		機関電気	燃料（石炭、重油、軽油、ガソリン、ガス）	艦船機関	艦船ノ電気機器	
	海軍		艦艇ノ種類及各性能任務		艦隊編成及其ノ任務	鎮守府、軍港、警備府、部隊、地方人事部、諸学校
			兵種、等級ト其ノ識別			
	海運		船舶ノ種類及各性能任務	通商貿易	列国海運ノ趨勢	税関港務部、水上警察署、商船学校、海員養成所
			海員ノ等級ト其ノ識別	海陸交通ノ比較		
			主要港湾			
	水産		魚貝類、海藻類ノ名称	漁撈船舶ノ種類及漁具	水産学校、同講習所、同試験所	
			漁場、漁港	漁撈法、水産加工及貯蔵法		
	航空		航空機ノ種類及其ノ性能任務	空運	海洋航空ノ特異性	空運ノ国際情勢
			航空兵器、防空兵器			
			空路			
海技訓練	信号	手旗	原画			
			記号			
			交信			
		旗旒			信号	
		手先	各個動作			
			部隊教練			
		一般防空	一般信号、防空信号			
		モールス		信号		
		其ノ他	形象			
			号笛（聞キ方）			
			喇叭（聞キ方）			
			記号			
			発煙	音響		

要項	要目	四級	三級	二級	一級
海技訓練	結索	止結、本結、膝折結一重接、二重接、引解結	蛇口、索端止メ、返リ止メ、クリート止メ、クリート捲止メ		
			錨結、大綱接、腰掛結		
		引掛結、縮結、八字結	垣根結、箱結、括結		
		巻結、天蚕結、一結	荷作リ結		
		二結、払結、舫結			
	操艇	艇内整頓法 短艇繋留法 短艇乗降心得 乗艇中ノ心得 短艇各部ノ名称 撓漕法	短艇一般取扱及注意 短艇降シ方揚ゲ方 短艇員心得 撓漕法 操舵法 短艇保存手入法	帆式各部ノ名称 帆走法 指揮法	舟艇機関一般 機走法
			櫓艇一般取扱及注意	投錨揚錨ノ注意	
			櫓漕法		
	水泳	遊泳　三分 自由型　一〇〇米 ノ中一種	遊泳　一〇分 自由型　五〇〇米 ノ中一種	遊泳　二〇分 自由型　一〇〇〇米 ノ中一種	遊泳　四〇分 自由型　二〇〇〇米 ノ中一種
		速泳　二五米 平泳　二五米 伸泳　二五米 ノ中一種	速泳　五〇米 背泳　五〇米 平泳　一〇〇米 伸泳　一〇〇米 ノ中二種以上	速泳　一〇〇米 背泳　一〇〇米 平泳　二〇〇米 伸泳　二〇〇米 ノ中二種以上	速泳　一〇〇米 背泳　一〇〇米 平泳　二〇〇米 伸泳　二〇〇米 ノ中三種以上
		潜水一・五米ノ深サノ物ヲ拾フ	潜水一五米ノ距離	潜水二〇米ノ距離	潜水二五米ノ距離
		跳込(逆跳)〇、七五米ノ高サ	跳込　一米ノ高サ	立泳一〇秒	立泳二〇秒
	登檣	登檣			
	測深法	投鉛法			
	模型標本	各種艦船 滑空機 飛行機 其ノ他			
	保存手入	木工 金工 帆縫 塗粧			
一般訓練	海上生活	艦船便乗	軍隊生活、海兵団其ノ他ノ部隊生活	艦船勤務（当直、見張、伝令等）	商船、漁船生活
	巡航	短艇基本訓練	短艇	練習船	
	見学	軍港、警備府、商港、漁港、漁場、塩田、各種艦船、飛行場	無電局、灯台	造船所、各種工場、天文台、気象台、測候所	海洋関係ノ学校、官衙、海洋関係ノ参考施設
	国防	防諜、通信連絡、見張、水上防空	防火、防水、防毒	水上救護	
	閲団式	視閲、分列			
	閲艇式	要具点検、艇隊運動			

一般訓練	体錬	体操	大日本国民体操、建国体操、海洋体操			
			歩及走			
		武道 相撲	柔道、剣道、仗道			
		陸戦教練	各個教練（徒手、執仗）	分隊、小隊教練（徒手、執仗）	中隊教練（徒手、執仗）	
		競技遊戯	縄跳、手旗、方位、結索、実測、投擲等、 競争遊戯及其ノ他各種	国防競技 水上競技（競技、跳込、水球、短艇競漕）		
		登山遠足	登山心得並ニ注意 低山登山 慰安遠足 自然研究遠足	中級山岳登山、沢歩キ（遡行） 登山衛生、読図法 見学遠足 鍛錬遠足	高山登山 渓谷、雪渓、岩場、野営等ノ注意	山岳縦走
		強歩行脚	正常歩法（一六粁三時間）	正常歩法ニ急歩型、競歩型、緩歩型ヲ加味ス（二〇粁、三、五時間）		
			想定ニヨル行脚			
		衛生救急	衛生法心得、救急法心得 衛生急救手当ノ大要 (1)負傷(2)骨折(3)窒息（毒ガス）(4)病気	負傷 (1)傷ノ処置(2)出血ノ処置(3)出血ノ種類ト徴候(4)止血法(5)繃帯法、三角巾	骨折(1)骨折ノ処置(2)三角巾使用法 窒息(1)窒息（毒ガス）ノ処置 患者運搬法(1)手運ビ法(2)担架ニヨル方法	病気救急法 其ノ他一般救急法 人工呼吸
	海浜生活	幕営	幕営心得、天幕張方手伝	設営及撤収、飯盒ノ使用法、飯ノ炊キ方、カマドノ作リ方	献立作成、刃物ノ扱ヒ方及手入法、調理実習（カマド、ナガシ、調理所、食器棚、貯蔵庫、手拭掛、物干場、食卓、薪入小屋掛ケ、便所、塵捨）等製作	
			食器洗ヒ、薪アツメ、飯盒炊事、営火、リユツクサツク整理、設営及撤収			
		合宿道場	合宿ノ心得			
			合宿訓練一ケ年間三日以上実施	一ケ年間五日以上実施	一ケ年間七日以上実施	一ケ年間七日以上実施
奉公実践	祭典奉仕	境内清掃	参道、境内清掃	樹木花卉ノ枯枝落シ、簡単ナル剪定法	建築物ノ清掃	器具什器ノ清払
		境内警戒	樹木、花卉ノ害虫駆除			
			立入禁止区域ノ立哨警戒	混雑時ノ交通整理	不法、不敬行為ノ制止	
		篝火奉仕	早朝ノ篝火奉仕			
			灯籠点火、消火及見張			
	銃後生活	出征軍人 戦没軍人	労力奉仕（手不足ニ対スル援助万般）	飼料蒐集、植樹	慰問学芸会等ヲ催ス	
		遺家族 慰問奉仕	墓参、命日供香華 墓所ヲ清ム			

要項	要目		四級	三級	二級	一級
奉公実践		傷病軍人慰問	病院（家庭）慰問、慰安会開催 慰問品（学校成績品）贈呈			
		出征帰還軍人送迎	出征帰還軍人ノ歓送迎 忠霊出迎			
		戦没軍人	合同葬参列、葬儀参列			
		葬儀慰霊祭参列	慰霊祭参列			
		軍役奉仕			軍役奉仕	
		献金	国防献金、恤兵献金			
		戦線慰問	慰問文、慰問袋			
		資源愛護 廃品回収	廃品活用、廃品蒐集 木ノ実、貝殻、海藻ノ蒐集			
		節約貯金	節約貯金、労力奉仕ニヨル報酬ノ貯金			
	美化清掃	河川沿岸	河川沿岸ノ清掃 砂浜ノ清掃	沿岸ノ植樹	漂流物除去	
		其ノ他	公園清掃、街路樹愛護 記念物（銅像、忠霊塔、忠魂碑、記念碑）払拭 公共物（掲示板、道標）		施肥 道普請 公共物修繕	
	災禍作業	防火 防水 警戒 伝令 救護				
	交通整理	水上				河川航路浮標見廻リ
		陸上	立哨警戒	混雑時ノ交通整理 交通障害物除去		

（備考）この教程に基いて、団員の教育を実施する場合には、学校と家庭の教育と最も密接な関係を保たしめること。又、地方の情況、季節、団員の環境や能力等を考慮に入れること。

なほ、本表において、四級、三級、二級、一級とあるは、それぞれ国民学校初等科五年、同六年、同高等科一年、同二年に相当するものである。

植松尊慶『写真・海洋少年団』（1942年）より筆者作成。

活動して所定の訓練を受けると1級になると定めていた[77]。身につけた知識と技術によって進級する制度を取っているのである。この方法論は，戦前の海洋少年団を含むボーイスカウトの影響を受けた少年団のあり方に近いものである。

またこの表を，第2章で検討した少年団日本連盟時代の海洋少年団の海洋二級健児，海洋一級健児，海洋青年健児の考査細目と比較すると，以下のことを指摘できる。第1に，海軍に関する知識を求めていることである。もちろん，少年団日本連盟時代にも，船に関する知識を求めてはいたが，ここで示されているような「艦隊編成」や「鎮守府，軍港，警備府，部隊，地方人事部，諸学校」など具体的な軍関係の用語は求めていなかった。第2に，第1とも関連することであるが「銃後生活」に関する項目が設定されていることである。それは「出征軍人」，「戦没軍人」，「遺家族」，「慰問奉仕」，「傷病軍人慰問」などである。戦争を前提とし，「銃後」において子どもたちが何をするべきなのか具体的に示されている。

次に，1944（昭和19）年度の「東京都海洋少年団訓練計画」から，実際の年間訓練計画を見ることにしたい。「表5－3　昭和19年度東京都海洋少年団訓練計画」は，「大日本海洋少年団教程」をふまえて作成されたと考えられる。この訓練計画にも「海軍」の文字があり，明らかに，海洋少年団が海軍を意識していることが読み取れる。

5. 少数精鋭主義の学校海洋少年団

このころの海洋少年団は，少数精鋭主義を採っていた。このことは，1941（昭和16）年3月28日，海軍省軍務局長が文部省社会教育局長に送った海洋少年団の結成に関する文書の中に記述が見られる[78]。今後，新たに海洋少年団を結成しようとする際，「概ネ国民学校初等科第五学年以上ノ青少年団員中将来海上訓練ニ適スル性能及体位ヲ有スル者」を入団させることとした。青少年団が国民学校初等科三年以上を団員としているのに対し，海洋少年団は青少年団員でおおよそ初等科五年以上の子どもを選抜して入団させていた[79]。例えば東京都における海洋少年団の場合は以下の通りであった[80]。

隊員の選出は海軍の精兵主義に倣ひ、数を制限し、前からある百団一万

表5－3　昭和19年度東京都海洋少年団訓練計画

<table>
<tr><td colspan="4"></td><td>初　五</td><td>初　六</td><td>高　一・二</td></tr>
<tr><td colspan="3" rowspan="2">躾</td><td>海　訓</td><td>清潔整頓
注意周到
一致協力</td><td>時間励行
不言実行
鍛心錬技</td><td>迅速、確実、静粛
臨機応変</td></tr>
<tr><td>海軍礼式</td><td colspan="3"></td></tr>
<tr><td rowspan="9">教養訓練</td><td colspan="2" rowspan="5">海洋精神涵養</td><td rowspan="2">海国日本ノ地理及歴史</td><td>地勢、海上交通</td><td>気象、海流及潮流</td><td>海上権力ノ消長ト国家ノ盛衰</td></tr>
<tr><td>神代ヨリ戦国時代マデ</td><td>安土桃山時代ヨリ現代マデ</td><td>海洋制覇ノ世界的使命</td></tr>
<tr><td>参拝及見学</td><td colspan="3">靖国神社、東郷神社、三元帥墓所、海軍館、東京高等商船（明治丸）、東京水産講習所</td></tr>
<tr><td>映画及訓話</td><td colspan="3"></td></tr>
<tr><td>海軍々歌</td><td colspan="3">国歌、軍人勅諭、軍艦行進曲、艦船勤務、楠公父子、日本海々戦、海ハ故里</td></tr>
<tr><td colspan="2" rowspan="4">海事研究</td><td>海　軍</td><td>船艇ノ種類及其ノ任務
兵種ノ等級ト其ノ識別</td><td></td><td>海軍志願兵ノ兵科及ビ任務</td></tr>
<tr><td>海　運</td><td>船舶ノ種類及其ノ任務
主要港湾</td><td>通商貿易</td><td>列国海運ノ趨勢海員ノ任務</td></tr>
<tr><td>水　産</td><td>漁場及漁港</td><td>漁　撈</td><td>水産加工及冷蔵法・養殖</td></tr>
<tr><td>航　空</td><td colspan="3">航空機ノ種類及其ノ性能ト任務</td></tr>
<tr><td rowspan="11">海技訓練</td><td rowspan="9">陸上訓練</td><td rowspan="2">陸戦</td><td>徒手教練</td><td colspan="3">各個教練
部隊教練</td></tr>
<tr><td>執仗教練</td><td colspan="2">各個教練
部隊教練</td><td>戦闘教練</td></tr>
<tr><td rowspan="4">信号</td><td>手　旗</td><td>原画記号</td><td>送受信（一分間三〇字）</td><td>送受信（一分間三五字）</td></tr>
<tr><td>手　先</td><td>各個動作
部隊動作</td><td>一般作業動作</td><td>防空動作</td></tr>
<tr><td>電　信
（モールス）</td><td>記号</td><td></td><td>送受信</td></tr>
<tr><td>旗　旒</td><td colspan="2"></td><td>記　号</td></tr>
<tr><td>結索</td><td></td><td colspan="3">止結、本結、立結、膝折結、二重結、一重結、引掛結、巻結、天蚕結
一結、二結、捩結、八の字結、舫結、縮結、腰掛結、垣根結</td></tr>
<tr><td>海軍体操</td><td></td><td colspan="3">海軍体操教範参照</td></tr>
<tr><td>陸上漕法</td><td></td><td>基本橈漕法</td><td>基本櫓漕法</td><td></td></tr>
<tr><td rowspan="2">水上訓練</td><td>操艇</td><td></td><td>橈漕</td><td>櫓漕</td><td></td></tr>
<tr><td>遊泳</td><td></td><td colspan="3">国民学校体錬科教授要項ニ依ル</td></tr>
</table>

注　女子隊員ニハ衛生救急法ヲ課ス

相原永一『海洋少年隊記録』より筆者作成。

七千余に及ぶ団員は、そのまま各学校の中心となり、新たに結成するところでは、その数を初等科五、六年は全級の一割、高等科は二割、女子は高等科、初等科共に五分といふ割合として、健康者中から選ぶこととしました。

このように，それまで地域の子どもたちを集めていた海洋少年団も，学校を単位とし，選抜された子どもたちが入団するという，少数精鋭主義に衣替えしたのである[81]。海洋少年団の少数精鋭主義に関して，坪内廣清は1945（昭和20）年当時国民学校高等科1年生男子の作文を次のように紹介している[82]。

海のない岐阜県に海洋少年団ができました。岐阜市内の国民学校では各学校の高学年の各クラスから一～二が選出され編成されました。岐阜市の海洋少年団は一つで、団員は五十名ぐらいでした。服装は海軍の錨のついた帽子とセーラー服でした。格好が素晴らしいのであこがれの的でした。

作文には続けて，具体的な活動として行進の練習，手旗信号の訓練，カッター訓練，宿泊訓練などについて言及している。海洋少年団に入団を許された一部の子どもたちは，その他の子どもたちから「あこがれの的」として見られるようになった。海洋少年団員として選ばれ，その制服の着用を許されることが，海洋少年団員という，エリート意識を生み出すことになったと想像される。

1941（昭和16）年11月30日付読売新聞には，山梨県の勝山国民学校に海洋少年団が結成され，「海軍出身の」訓導が指導して，河口湖で「水上訓練」を行い，手旗信号，ボート漕ぎ，水泳などを行ったという記事がある[83]。「山国の山梨県に海洋少年団が生れたといふと驚くかも知れませんが」と前置きして，海に接していない山梨に海洋少年団が結成されたことを驚きと共に伝えている。

このように海軍を強く意識する海洋少年団であるが，海洋少年団と海軍の接続に関する史料は，海軍の側からも，少年団の側からも見出されない[84]。例えば，海軍省海軍軍事普及部と大日本海洋少年団本部が関与していた子ども向けの雑誌『海洋少年』53号（1943年10月）には，「海軍志願兵の知識」という記事がある[85]。海軍が海洋少年団員に特に着目していたのであれば，この記事でそのことを明記すると想定されるが，そういった記述はなく，少年電信兵や少年水測兵などの概要や志願の方法が一般論として述べているだけである。海洋少年団が，海軍だけの予備的組織ではなかったことは，1944（昭和19）年6月に出された，海洋少年団の目標にもみることができる[86]。

皇国青少年をして建国の大精神に基く《ママ》海国日本の使命を正しく認識せしめ、海洋国民たるの真面目を発揚し、時局の解決はもとより、国防に、産業に、交通に、世界的飛躍の基をなす海洋要員の育成に資する

海洋少年団はその活動によって，「国防」だけでなく，「産業」や「交通」も視野に入れた「海洋要員」の育成を掲げていた。海洋少年団は少数精鋭の海軍という理念型を持ちながらも，海洋少年団員が海軍軍人になる道筋が明確に存在していたわけではないようである[87]。

海洋少年団員の将来について，別の冊子に次のような記述がある[88]。

ところで、海洋少年団に入れば、海軍にとられるかとか、船員になれるかとか尋ねる人がゐる。

我が日本が、徹頭徹尾、海洋立国の国であることは、屢言した如くである。従つて、団は、団員中から優秀な海軍軍人を出し、同時に、団自体が、海軍の有力な予備兵力たらんことを期してゐることは確かである。船員についても同様である。

しかし、団は、国民の全部が、海軍軍人と船員にばかりならなければならない、と考へてゐるわけでないことも無論である。団の意図するところは、それよりもはるかに雄大である。団は、全小国民に、海洋精神を吹きこみ、海洋人的に錬成することを念願する。そして全日本人を、真実の海洋国民的国民たらしめることを意図する。

そのために、今まで述べてきたやうな、各種の指導訓練を実施するのであるが、これは決して、直接海に出、海事に関係する人間にとつてのみ有意義なのではないのである。

（中略）

従つて、海洋少年団は、海浜、河畔は勿論、山間にも、農村にも結成されなければならない必然的な理由を持つ。

海洋少年団において海軍軍人を養成することだけが意図されているわけではなかったのである。海洋少年団員にとって海軍も将来の職業の選択肢の1つであるが，それだけではないという。だからこそ，農山村にも結成されるべきであるとの論理である。

第4節　第2次世界大戦末期の大日本海洋少年団

1. 終戦直前の海洋少年団

日中戦争が勃発して1年が経った1943（昭和18）年，大日本海洋少年団総長の竹下勇は北海道，本州，四国，九州，朝鮮の海洋少年団を視察して回った。竹下はその結果を報告した後で次のように述べている[89]。

海洋少年団は、このやうにして、日本全国に発展しつゝある。現在団数三千余、団員数五十三万で、日々その数はふえて行く。

しかし、海洋国家としての使命を考へるならば、決して、これで十分といふわけには行かない。ほんたうに、全国の津々浦々、山村僻地にも、海洋少年団が設けられねばならぬ。何故なら、今更いふまでもなく、我が海洋少年団は、我が日本の少国民を、海国日本の完全な国民たらしめるための錬成機関だからである。戦局がいよいよ深刻となり、当然長期戦となるべき大東亜戦争の将来を思ふ時、全国の指導者、父兄、又少国民自身の理解と奮起とを切望する所以である。

竹下は海洋少年団が満州の牡丹江市にも設立されたことを受け，海洋少年団は必ずしも海に接した土地だけで結成されることではなく湖や池，川があれば活動することができることを述べている。海洋少年団は「日本の完全な国民たらしめる錬成機関」としての役割を担っていることも強調して，海洋少年団と団員の増加を希望している。

これに対し，帝国少年団協会の設立に関わって以来，学校少年団の実質的な指導者であった大沼直輔（大日本青少年団審議員）は，全ての少年団体が大日本青少年団に加わることを主張し続けていた[90]。

> 現状は海洋少年団、機械化国防協会の機甲団、航空少年隊等が夫れ夫れ独立して居つて大日本青少年団とは別箇《ママ》に訓練してゐる（尤も一部の大都市例へば大阪府の如きは所謂六隊訓練として布施市の各団は特別訓練班として実施してゐる）。理想を言へば、これ等の特別訓練団体は大日本青少年団と、その青少年指導組織及び指導機関を統合して一体となり、大日本青少年団の全国一元的組織内に於て、本部内に特別訓練指導の一部局を設け、全国各単位団に於て行ふ特殊訓練班の訓練をその指導下に置くことである。

1944（昭和19）年，東京都青少年団は大日本海洋少年団と合議の上，海洋少年団とは別組織として大日本青少年団の単位団に海洋少年隊を組織した。東京都教育局は新しく設置された海洋少年隊の指導者のために，2日間にわたる「海洋少年隊中心指導者錬成講習会」を同年2月に8回，6月に2回，7月には5回開催した[91]。大日本青少年団としても「青少年海洋挺身錬成運動として，全国各都道府県団に於て併せて一万名の志望者を募り，各都道府県毎に海洋訓練を行い，その中より希望者を選んで海員たらしめんとする」ことになった[92]。7月31日から5日間，東京高等商船学校を会場として青少年海洋指導者中央錬成会が開催され，各都道府県の大日本青少年団事務局員と代表指導者約70名が参加した。大日本海洋少年団が大日本青少年団に参加する意向を示さないため，大日本青少年団は独自に海洋訓練を行う方針を採ったのであった。

現実的には海洋少年団の結成は1944（昭和19）年になっても相次いでいた。大日本海洋少年団の『団報』には新規登録団が毎号掲載されており，その第6巻第1号（1944年1月1日）には福岡県嘉穂郡の国民学校7校や同県朝倉郡の国民学校32校など福岡県，熊本県，佐賀県を中心に全国の国民学校で新しく結成された海洋少年団が112団（登録番号は2388から2499），掲載されている[93]。第6巻第5号（1944年5月1日）では香川，愛媛，愛知，神奈川県を中心に204団（登録番号は2581から2784）が新規登録された[94]。具体的な校名は章末の表5－4を参照されたい。この頃の団員数は明らかではないが，団数は2,800近くあることになる。大沼の考えとは裏腹に海洋少年団は全国的に増加の一途をたどっていたのである[95]。

1944（昭和19）年当時，全国の学校に組織された2,800団近くの海洋少年団に約53万人が所属していたとする竹下の議論について，数字の面から検討しなければならない。これでは1つの団（学校）に約180人の海洋少年団が存在することになるが，この数字は妥当なのであろうか。第2次世界大戦後，1950（昭和25）年2月に文部省が編集した1944（昭和19）年度の全国の学校に関する統計『文部省第七十二年報』に基づいて，検討したい。この統計には，当該年度4月30日現在の国民学校をはじめとする学校数，学級数，児童数などが掲載されている。

1944（昭和19）年度，師範学校附属・市立・町村立・私立の国民学校や，準国民学校の本校は，北海道から沖縄に21,100校あった[96]。本校とは別に，記載されている分教場の数は4,789校であった[97]。本校と分教場を合計すると25,889校となる。仮にこの時点で海洋少年団が2,800団あったとしよう。本校を母数とすると，国民学校における海洋少年団のその組織率は約13.3％となり，本校と分教場を合計した数を母数とすると，約10.8％となる。

同年度，同じく北海道から沖縄までの国民学校初等科第5学年から高等科第2学年に在籍する児童の数は，男女合わせて5,781,380人であった[98]。この数字に「初等科五，六年は全級の一割，高等科は二割，女子は高等科，初等科共に五分」を当てはめてみると，海洋少年団員になることのできる人数は，最大で557,834人となる[99]。北海道から沖縄までの全ての該当児童が，提示された割合で海洋少年団員として選抜されてはじめて，約55万人という数字となる。

国民学校初等科第5学年から高等科第2学年の男女の合計5,781,380人を，本校の数21,100校で割って算出される，1校当たりの当該学年の人数は約274人となる。本校と分教場を合計した25,889校で割ったとしても，1校当たりの当該学年の人数は約223人となる。当該学年で海洋少年団になることのできる人数の合計 557,834 人を本校の数で割ると 1 校当たり約 26 人となり，本校と分教場を合計した数で割っても約 22 人となる。およそ 1 校当たり平均して 25 人前後の児童が海洋少年団員になることができるのである。ここで，1 校当たり約 180 人という海洋少年団員の数とは 1 桁の違いが生じることになる。

以上の検討から，竹下の主張する全国で 53 万人という海洋少年団の数字は，実際には 1 桁少なく，約 5 万人だと考えることができる。約 5 万の海洋少年団員が約 2,800 の海洋少年団に所属していたのであろう。実際に，雑誌『海洋少年』の 1943（昭和 18）年 5 月号には，海洋少年団が「現在では団数約 2000，団員数約 4.0000《ママ》に達してゐる」との記述がある[100]。1 団当たり約 20 人の計算となる。

上で検討した国民学校の数は北海道から沖縄までに限定している。竹下の言う 53 万人という海洋少年団員数，あるいは全国で 2,800 団という海洋少年団数は，第 2 次世界大戦中の日本が支配していた満州，朝鮮半島，台湾，そして可能性としては南洋諸島までを含めたものである。これらの土地で海洋少年団がどれくらい組織されていたかによって，第 2 次世界大戦中の国民学校の総数に対する海洋少年団の組織率は，もっと下がることになる。

竹下の言うように，あるいは福岡県嘉穂郡や朝倉郡に海洋少年団が結成されたという事実が示すように，なぜ，内陸部にも海洋少年団が組織されたのだろうか。当時，福岡県朝倉郡で「手旗の訓練をしていた」との証言が得られているが，近くに筑後川があるだけでは，水泳や船を用いた海洋活動に限界があったであろう[101]。さらに対外的には，「（学校に海洋少年団を組織して—引用者）朝倉教育会が軍部に良い印象を与えようとしたのではないか」との指摘もある[102]。対内的には，学校に少数精鋭のエリート組織として海洋少年団を結成し，海洋少年団員としての自意識や，それになることを目指させることによって，戦時下における子どもたちの訓練意識を高めようとしたとも考えられる。

2. 大日本海洋少年団の解散

1944（昭和 19）年になると本土空襲の激化に伴い，都市の国民学校児童を集団的に疎開させ始める。日本はこの年の6月にマリアナ沖海戦に敗れ，7月にはサイパン島の日本守備隊が全滅し，10月にはレイテ沖海戦で日本海軍が敗北，神風特別攻撃隊が出撃し始めた。翌1945（昭和20）年3月，硫黄島の日本守備隊が全滅し，東京が大空襲に遭い，4月には米軍が沖縄に上陸する。

1945（昭和20）年3月18日，小磯内閣は「決戦教育措置要綱」を出して「全学徒ヲ食糧増産，軍需生産，防空防衛，重要研究其ノ他直接決戦ニ緊要ナル業務ニ総動員ス」と決定した。そのために「国民学校初等科ヲ除キ学校ニ於ケル授業ハ昭和二十年四月一日ヨリ昭和二十一年三月三十一日ニ至ル期間原則トシテ之ヲ停止ス」とした。「本要綱実施ノ為速ニ戦時教育令（仮称）ヲ制定スルモノトス」とも述べている。この5日後に国民義勇隊編成が公式発表されるが，これら一連の児童や生徒，学生に関する決定事項のいずれも，青少年団については述べていない[103)]。

「戦時教育令」が公布されたのは5月21日であった。これにより，大日本青少年団を含めて大政翼賛会は解散することとなり大学，高等専門学校，中等学校，青年学校，国民学校などの学生，生徒，児童は文部大臣の統制の下に学徒隊を編成した[104)]。

大日本青少年団本部の解散式は6月16日午後1時半から，日本青年館で行われた。太田耕造文部大臣をはじめ，団の役職員など関係者が出席して，今後は一切を学徒隊に移行することとなった[105)]。その前日に大日本海洋少年団も解散式を行っていた。この解散式について，村山有は次のように伝えている[106)]。

ついに二十年の六月十五日、竹下総長は目黒の筆者の家で「大日本海洋少年団解散式」を行うにいたった。日章旗と海洋少年団旗をかかげ、軍装に威儀を正し、勲一等の略章を胸にした竹下総長は、戦局は切迫を告げ、これ以上海洋少年団を継続することは困難になってきたから——と解散を宣言し、君が代を斉唱した。そして将来機会があったら、直ちに海洋少年団再建の運動を開始しようと誓い合ったのである。この日の解散式に参加したのは次の人々であった。

総長竹下勇夫妻、長沢長太郎、小山武、原道太、日暮豊年、角永勝美、橋本哲之助、安藤良治、田村秀麿、勝川利一郎、山内勝次、加勢谷喜美、渡辺幸子、重村力、村山有

最後に竹下総長の発声で「天皇陛下万歳、海洋少年団弥栄」を唱えて式は終わった。

「戦時教育令」の公布と学徒隊の編成により，海洋少年団としての活動は最早できなくなっていた。こうして，神戸のシースカウトが結成された1923（大正12）年に始まる戦前日本の海洋少年団の歴史は，およそ22年間で幕を下ろしたのである。

小　括

本章では，1938（昭和13）年に全国の海洋少年団が，少年団の全国組織から独立して結成された大日本海洋少年団に着目し，その設立の背景，海軍や文部省の介入，訓練項目，少数精鋭主義の学校海洋少年団，そして農山村にも結成された事実を明らかにした。各節で明らかにした点は，以下の通りである。

第1節では海洋少年団が少年団日本連盟（大日本少年団連盟）から分離し独立した背景を検討した。海軍大将が少年団に関与し始めたこと，そもそも海と陸の少年団の訓練内容が違っており，海洋少年団は陸の少年団と比べて遅れを取っているという事情があった。そこに，南洋遠航の成功を受けて海軍が海洋少年団に注目し始めた。2人の海軍大将が少年団の全国組織の総長となり，さらに原道太による海軍への意見もあり，海軍が海洋少年団に関与をし始めるのである。

第2節では，大日本海洋少年団が海軍からの支援を全面的に受け入れている様子を明らかにした。戦前の海洋少年団に対する態度と比較すると，例えば軍艦便乗や物資の払い下げについて，戦前の海軍は依頼があれば受けるという姿勢だったのが，戦中は海軍省から各部署に対して援助をするようにと

の指示が出されるようになった。各地の海洋少年団の組織には必ず，海軍の関係者が関与することにもなった。鹿児島で開催された海洋少年団の全国大会も，戦前のように海洋少年団員の活動を中心に据えるという形態から，海洋少年団のパレードやラジオ放送を利用して，海洋少年団のアピールに重心が置かれる形態へと変化したのである。

第3節では，文部省が全国の男女青少年団の統合を画策していたことに対し，海洋少年団が統合に参加しなかった経緯と，海軍と文部省の海洋少年団に対する関与の仕方を明らかにした。大日本少年団連盟と大日本海洋少年団の総長竹下勇は少年団を男女青少年団の統合に参加させることに抵抗し，海洋少年団だけは独立を守った。竹下には，英国や米国でボーイスカウトを見聞きした経験があり，少年団を役人に渡すことで，少年団（ボーイスカウト）としての理念が損なわれると考えていた。その一方で海洋少年団は中等教育以上の部門の教育訓練を海軍に渡すことも決定した。大日本学徒海洋教練振興会の設置である。ただ，海洋道場や振興会の設置運営についての具体的な事実は確認できていない。海洋少年団の訓練項目は，戦前のそれと比べて海軍を意識した内容が多く取り入れられていた。海洋少年団は陸の青少年団の上位組織として学校教育に組み込まれることになったが，その少数精鋭主義の組織ゆえに，子どもたちのあこがれの存在となっていったことも明らかにした。

第4節では，1945（昭和20）年の第2次世界大戦終戦直前まで，海洋少年団がその団数と団員数を増やしており，それは海岸の町や村に限らず，内陸部の農山村にまで急速に広がっていたことを明らかにした。第3節で検討した少数精鋭主義という位置づけが，海洋少年団の海洋という枠組みを超えて，全国津々浦々に結成される要因となったと考えられる。そして「戦時教育令」が公布されると子どもたちは学徒隊を編成して海洋少年団としての活動ができなくなった。1945（昭和20）年6月15日，戦前から戦中にかけての海洋少年団は，およそ22年間で解散することになったのである。

注

1)「海洋部独立と新団体」『少年団研究』第15巻第4号，1938年4月，36頁。なお，

1935 年 6 月 2 日臨時総会にて新総長に斎藤実海軍大将を推戴し，連盟を少年団日本連盟から大日本少年団連盟に改称した。また，全国の海洋少年団を統括する海洋健児部は 1936 年 5 月 10 日に海洋部に改称している。

2)「海洋部独立ノ件」『少年団研究』第 15 巻第 4 号，1938 年 4 月，37 頁。

3) 大日本少年団連盟『昭和十二年版　大日本少年団連盟加盟団名簿』1937 年 4 月，裏表紙。

4) 伊藤昭臣「海の少年団史」日本海洋少年団連盟『三十年のあゆみ』1981 年，247 頁。

5)「大日本少年団連盟通信」昭和 12 年 7 月 23 日『竹下勇文書』国立国会図書館憲政資料室蔵。

6) 1937（昭和 12）年 6 月 5 日付の小山武から竹下勇宛て書簡。『竹下勇文書』国立国会図書館憲政資料室蔵。

7) 1937（昭和 12）年 6 月 4 日付の二荒芳徳から竹下勇宛て書簡。『竹下勇文書』国立国会図書館憲政資料室蔵。さらに二荒は，「連盟成立後同一人の理事長理事に引続在る関係より種々情実生じ今や，連盟は更正の必要を切実に感じました」と述べ，「私はこの数年何回と無く之（理事会のこと—引用者）の改造を企てましたが，殆皆成功しません。（中略），三島子と二荒と共に辞し，全く新しい理事によつて連盟を運行するよう御裁断」を竹下に願い出ている。1937（昭和 12）年 8 月 22 日付の二荒芳徳から竹下勇宛て書簡。『竹下勇文書』国立国会図書館憲政資料室蔵。

8) 1937 年 5 月 31 日付の小山武から竹下勇宛て書簡。『竹下勇文書』国立国会図書館憲政資料室蔵。

9) 小山武，原道太「海洋少年団資金募集計画私案」『竹下勇文書』国立国会図書館憲政資料室蔵。

10) 田中治彦『少年団運動の成立と展開』九州大学出版会，1999 年，276 頁。

11) 二荒芳徳「斎藤新総長を迎へて」『少年団研究』第 12 巻第 7 号，1935 年 7 月，4-5 頁。

12) 村山有『終戦のころ』時事通信社，1968 年，80-81 頁。

13) 竹下勇「総長就任に際して」『少年団研究』第 14 巻第 3 号，1937 年 3 月，2 頁。

14) 二荒芳徳「竹下勇総長を迎へて」『少年団研究』第 14 巻第 3 号，1937 年 3 月，4 頁。

15) 黒沢文貴「第三章　軍令部次長から予備役編入まで」波多野勝ら編『海軍の外交官　竹下勇日記』芙蓉書房出版，1998 年，70 頁。

16) 櫻井良樹「第四章　現役引退後の諸活動」波多野ら編『海軍の外交官　竹下勇日記』（同上），90 頁。

17) 伊藤「海の少年団史」（前出），247 頁。

18) 文部省社会教育局『昭和十四年三月男女青少年団体概況』1939 年，43，56-58 頁。なお，『大海国公報』は入手できていない。

19) 文部省社会教育局『昭和十五年五月男女青少年団体概況』1940 年，47-49 頁。

20) 大日本少年団連盟（前出），裏表紙。1936 年 12 月現在と 1939 年 3 月現在の，全国組織に加盟する海洋少年団の数と団員の数を比較して，顕著な違いを指摘できる県は，以下の通りである。北海道（1936 年：2 団 133 人→ 1939 年：9 団 633 人），福井（1936 年：1 団 52 人→ 1939 年：15 団 245 人），大阪（1936 年：1 団 30 人→ 1939 年：

13 団 2,334 人)，徳島（1936 年：0 団 0 人→ 1939 年：44 団 7,248 人)，福岡（1936 年：1 団 57 人→ 1939 年 44 団 38,336 人)，長崎（1936 年：3 団 56 人→ 1939 年：19 団 1,271 人)。なぜ，このように団数と団員数が飛躍的に伸びたのかは不明である。

21）櫻井「第四章　現役引退後の諸活動」(前出)，91 頁。

22）文部省社会教育局『昭和十四年三月男女青少年団体概況』(前出)，110 頁。

23）同上，111 頁。

24)「日出高女の結団」『海洋少年』第 1 巻第 7 号，1939 年 12 月，46 頁。

25)「呉少女群団結成」『海洋少年』第 2 巻第 9 号，1940 年 9 月，48 頁。

26)「日暮里海洋少女団誕生」『海洋少年』第 2 巻第 5 号，1940 年 5 月，14 頁。

27）雑誌『海洋少年』第 2 巻第 8 号（1940 年 8 月，59 頁）には，「海洋少年団（少女団）に入団致したいのですが手続お知らせ下さい」という読者からの問い合わせに対して，「龍野川にお住ひでしたら，近くの日暮里少女団に申出ればよろしい」との回答が掲載されている。

28）雑誌『海洋少年』が「海洋少年団めぐり」として，以下の通り歴史と現況を紹介している。東京海洋少年団（第 1 巻第 3 号，1939 年 8 月，47 頁)，崎浜海洋少年団（第 1 巻第 4 号，1939 年 9 月，53 頁)，鎮海海洋少年団（第 1 巻第 5 号，1939 年 10 月，43 頁)，南葛海洋少年団（第 1 巻第 6 号，1939 年 11 月，45 頁)，直江津海洋少年団（第 1 巻第 7 号，1939 年 12 月，47 頁)，王子海洋少年団（第 2 巻第 1 号，1940 年 1 月，57 頁)，就将海洋少年団（第 2 巻第 3 号，1940 年 3 月，49 頁)。

29）櫻井「第四章　現役引退後の諸活動」(前出)，90 頁。また，海軍省の各副官と内務省に向けての公文書は，日暮豊年『大日本海洋少年団紀要』大日本海洋少年団，1942 年，47-49 頁。

30）雑誌『海洋少年』の「海洋少年団ニュース」(後に「海洋少年団だより」) には中等学校以上の学校も含めて各地の海洋少年団の設立状況が報告されている。

31)「海洋少年だより　大日本海洋少年団全国大会」『海洋少年』第 2 巻第 10 号，1940 年 10 月，48 頁。なお参加した団の出身県について，本文では長崎ではなく長野とあるが，1940 年 3 月の時点で長野には海洋少年団は組織されておらず，また長崎では当時 29 団があることと，県名の順番からして長野が間違いで長崎が正しいと考えられる。

32）同上，48-51 頁。

33）同上，51 頁。

34）日本青年館『大日本青少年団史』1970 年，136 頁。『社会教育』第 11 巻第 10 号（1941 年 10 月，70 頁）によると，この「大日本青年団組織試案」に含まれていた「大日本青年団組織要綱」には本部組織として総務部，企画部，指導部，国防訓練部，海事訓練部，女子部，少年部が設けられていた。だが海洋少年団が統合に参加しなかったため，発足後の大日本青少年団の「大日本青少年団事務局総則」では，本部は総務部，企画部，訓練部，文化部，青年部，女子部，少年部となり，海事訓練部は設けられていなかった（日本青年館『大日本青少年団史』(前出)，180 頁)。

35）村山『終戦のころ』(前出)，90-92 頁。

36）村山有『三島総長と二十年』(草稿)。

37）村山『終戦のころ』(前出)，94-95 頁。

38）1940年の大連や旅順における海洋少年団の活動の様子を報じた『満州グラフ』1940年7月号（Vol. Ⅷ：No. 7）には，大連海洋少年団の英語表記として‘Sons of the Sea（Sea Scouts of Dairen）’との記述がある。海洋少年団がシースカウトとして認知されていたことの証である。

39）熊谷辰治郎・松永健哉『少年団精講』第一出版協会，1942年，12頁。松永は文部省の立場から少年団の統合に積極的であった。

40）同上，264頁。

41）大政翼賛会には1942年6月までに，大日本翼賛壮年会，大日本産業報国会，農業報国連盟，商業報国連盟，大日本婦人会，日本海運報国会，大日本青少年団が傘下に入った。

42）日本青年館『大日本青少年団史』（前出），197頁。

43）「海洋少年団　出身者を囲む座談会」（『海洋少年』第21号，1941年2月，49-54頁）では，東京海洋少年団の設立から関わっていた田村喜一郎が当時を振り返って「団員も，今のやうに学校制度ではなく，希望者をつのつて，一々体格検査をし，メンタル・テストをやり，ずゐぶんげんぢゆうにえらんだものです」と述べている。また，1928（昭和3）年7月に少年団日本連盟に加盟登録した，横浜YMCAを母体とする横浜海洋少年団は，市内各地の中学生以上を対象として入団させていたが，1941（昭和16）年以降は横浜市立商業学校の海洋班になっていた（日本ボーイスカウト神奈川連盟『神奈川のボーイスカウト発展史』1985年，17頁）。

44）吉田喜久編『帝国少年団協会史』1942年，18-31頁。

45）この年の3月には国民学校令が公布されて4月から小学校は国民学校に改称し，子どもたちが学校や少年団を通して戦時体制に組み込まれた。

46）「大日本海洋少年団々則」日暮『大日本海洋少年団紀要』（前出），5頁。

47）「団則」文部省社会教育局『昭和十四年三月男女青少年団体概況』（前出），110頁。

48）「大日本青少年団則」日本青年館『大日本青少年団史』（前出），157頁。なお，「練成」は「錬成」の誤りであると思われる。

49）「海洋少年団だより」『海洋少年』24号，1941年5月，54-55頁，同第3巻第6号（通号25号），1941年6月，68頁。

50）「東京都海洋少年団は起つた」『海洋少年』56号，1944年1月，12頁。

51）「大日本海洋少年団々則」（前出），5頁。

52）竹下勇「海洋少年団指導ニ関スル件依頼」日暮『大日本海洋少年団紀要』（前出），58-59頁。

53）「大日本海洋少年団本部役員及職員」日暮『大日本海洋少年団紀要』（前出），75-78頁。なお，本部の理事や監査には，文部省から唯一，社会教育局青年教育課長が名を連ねている。

54）日本青年館『大日本青少年団史』（前出），172-176頁。

55）「大日本海洋少年団本部役員及職員」（前出），75-78頁。

56）日本青年館『大日本青少年団史』（前出），496-500頁。

57）日暮『大日本海洋少年団紀要』（前出），39-44頁。

58）文部省社会教育局長「大日本海洋少年団ノ指導統制ニ関スル件」日暮『大日本海洋少年団紀要』（前出），49-50頁。

59）海軍省教育局島大佐「道府県学務部長打合ニ関スル件送付」日暮『大日本海洋少年団紀要』（前出），55-58頁。
60）「海洋隊」青少年団経営研究会『青少年団必携』盛運堂，1943年，1-18頁。
61）日本青年館『大日本青少年団史』（前出），291頁。
62）同上，291-292頁。
63）同上，292頁。
64）「道場建設要綱」日暮『大日本海洋少年団紀要』（前出），62-65頁。
65）「全国海洋道場計画概要（付）新聞記事抜萃」『竹下勇文書』国立国会図書館憲政資料室蔵。
66）「海洋道場きまる」読売新聞，1941年6月3日付朝刊，3頁。
67）「すべて軍艦型」読売新聞，1942年3月15日付朝刊，3頁。
68）「社会及び通信教育総規」国立公文書館文書（1-3A-032-07 昭59文部-02532-100）。
69）小山武「学徒海洋教練振興会ニ関スル件通報」日暮『大日本海洋少年団紀要』（前出），67-68頁。
70）同上，68頁。
71）文部省社会教育局『昭和十四年三月男女青少年団体概況』（前出），109頁。
72）1941年前後には「我等の誓詞」が制定された。それは「海行かば水漬く屍／山行かば草むす屍／大君のへにこそ死なめかへりみはせじ」である（「二　大日本海洋少年団」熊谷・松永『少年団精講』（前出），267頁）。
73）同上，269-270頁。
74）同上，271-276頁。
75）2つ目の「人のお世話にならぬやう，人のお世話をするやうに」は元々，少年団日本連盟初代総長後藤新平の言葉であり，これに「そして報いを求めぬよう」が続く。
76）「二　大日本海洋少年団」（前出），277-278頁。
77）伊東浩三『僕等は海洋少年団』出版社と出版年不詳，120-121頁。
78）海軍省軍務局長「大日本海洋少年団結成ニ関スル件」日暮『大日本海洋少年団紀要』（前出），50-51頁。
79）しかし，これについては徹底されておらず，気仙沼海洋少年団には1941（昭和16）年以降も小学校4年生が入団している。「気仙沼海洋少年団団員名簿」気仙沼海洋少年団『結団十周年記念誌』1986年，67-68頁。
80）「東京都海洋少年団は起つた」（前出），12頁。
81）1943（昭和18）年12月2日付読売新聞夕刊（2頁）に，「征くぞ，僕らの海へ」と題する記事があり，「従来の大日本海洋少年団が各個人の希望で組織されてゐるのに反し」て，各学年から一定数の子どもを組織することが述べられている。
82）坪内廣清『国民学校の子どもたち』彩流社，2003年，94-95頁。
83）「山国の山梨に海洋少年団」読売新聞，1941年11月30日付朝刊，4頁。
84）1938（昭和13）年の海軍省海軍軍事普及部による文章でも，海軍として海洋少年団に海軍軍人の育成を期待しているのではないとの記述が，以下の通り見られる。内閣情報部編輯『週報』第115号，1938年12月28日，35頁（JACAR（アジア歴史資料センター）Ref.A06031027700（第21画像目），昭和13年12月28日「週報 第115

号」（国立公文書館））。

海洋少年団は海軍の軍人を作るのを目的としない。運輸、水産あらゆる方面に働く立派な国民を養成し、また全国民が皆海に対する認識を正しくして、名実共に海国民に恥ぢないことを望むのであるから、あらゆる方面の海に関係ある方々の協力を仰ぐと共に、教材も大いに整備する必要がある。

85）編輯部「海軍志願兵の知識」『海洋少年』53 号，1943 年 10 月，11-13 頁。

86）「決戦的少年団の新発足」『都政週報』第 43 号，1944 年 6 月 10 日，東京都立公文書館蔵。

87）少年（志願）兵徴募体制についての事例研究にも，陸海の少年団と陸海軍へのリクルートに関する史料はみられない。例えば，鈴木貴『少年（志願）兵徴募体制の確立過程と志願動機』上越教育大学修士論文，2001 年。

88）植松尊慶『写真海洋少年団』東亜書林，1942 年，136-137 頁。

89）竹下勇「決戦下の海洋少年団」『海洋少年』第 54 号，1943 年 11 月，6 頁。

90）大沼直輔『少年団とその錬成』三省堂，1944 年，315-316 頁。なお布施市の「六隊訓練」とは防護隊，海洋隊，衛生隊，通信隊，航空隊，機甲隊だと思われる（日本青年館『大日本青少年団史』（前出），679 頁）。

91）相原永一『海洋少年隊記録』。これは 1944 年の東京都永田町国民学校海洋少年隊の記録集である。

92）日本青年館『大日本青少年団史』（前出），798-799 頁。

93）大日本海洋少年団『団報』第 6 巻第 1 号，1944 年 1 月，2-4 頁。

94）大日本海洋少年団『団報』第 6 巻第 5 号，1944 年 5 月，3-6 頁。

95）文部省が主導する大日本青少年団への統合問題が生じる前後の 1940 年には，全国に海洋少年団が 315 団あり，団員数が 70,847 名であった。この時点で海洋少年団は基本的に地域を基盤として結成されており，翌 1941 年以降に学校を単位とする団へと変わった後の数字と単純に比較することはできない。

96）内訳は，「初等科のみ」5,451 校，「初等科及高等科」15,272 校，「初等科高等科及特修科」114 校，「高等科のみ」249 校，「高等科及特修科」14 校であった。

97）内訳は，「初等科のみ」1,050 校，「初等科及高等科」3,696 校，「初等科高等科及特修科」42 校，「高等科のみ」1 校であった。

98）内訳は以下の通り。

初等科第 5 学年	男子 873,422 人	女子 850,931 人	合計 1,724,353 人
初等科第 6 学年	男子 900,163 人	女子 888,775 人	合計 1,788,938 人
高等科第 1 学年	男子 631,038 人	女子 567,340 人	合計 1,198,378 人
高等科第 2 学年	男子 569,534 人	女子 500,177 人	合計 1,069,711 人

99）内訳は以下の通り。

初等科第 5 学年	男子 87,342 人	女子 42,547 人	合計 129,889 人
初等科第 6 学年	男子 90,016 人	女子 44,439 人	合計 134,455 人
高等科第 1 学年	男子 126,208 人	女子 28,367 人	合計 154,575 人
高等科第 2 学年	男子 113,907 人	女子 25,009 人	合計 138,916 人

100）「海洋少年団の錬成」『海洋少年』第 48 号，1943 年 5 月，表紙裏。

101）2004 年 11 月 19 日，福岡県朝倉郡内の町の元教育長からの聞き取りによる。

102）同上。
103）日本青年館『大日本青少年団史』（前出），879-880頁。
104）同上，896-901頁。
105）同上，906頁。
106）村山『終戦のころ』（前出），92-93頁。なお長沢氏の名は直太郎であると思われる。

表5－4－1　大日本海洋少年団登録団（団報第6巻第1号，1944年1月1日版）

登録番号	団　名	所　在　地
2388	宮野海洋少年団	福岡県嘉穂郡 宮野国民学校
2389	大隅海洋少年団	福岡県嘉穂郡 大隅国民学校
2390	碓井海洋少年団	福岡県嘉穂郡 碓井国民学校
2391	上山田海洋少年団	福岡県嘉穂郡 上山田国民学校
2392	山田町中央 海洋少年団	福岡県嘉穂郡 山田町中央国民学校
2393	泉河内海洋少年団	福岡県嘉穂郡 泉河内国民学校
2394	千手海洋少年団	福岡県嘉穂郡 千手国民学校
2395	宮野海洋少年団	福岡県朝倉郡 宮野国民学校
2396	三ヶ山海洋少年団	福岡県朝倉郡 三ヶ山国民学校
2397	福田海洋少年団	福岡県朝倉郡 福田国民学校
2398	江川海洋少年団	福岡県朝倉郡 江川国民学校
2399	鼓海洋少年団	福岡県朝倉郡 鼓国民学校
2400	小石原海洋少年団	福岡県朝倉郡 小石原国民学校
2401	久喜宮海洋少年団	福岡県朝倉郡 久喜宮国民学校
2402	寶珠山海洋少年団	福岡県朝倉郡 寶珠山国民学校
2403	志波村海洋少年団	福岡県朝倉郡 志波村国民学校
2404	夜須中央海洋少年団	福岡県朝倉郡 夜須中央国民学校
2405	大福海洋少年団	福岡県朝倉郡 大福国民学校
2406	金川海洋少年団	福岡県朝倉郡 金川国民学校
2407	三並海洋少年団	福岡県朝倉郡 三並国民学校
2408	大行司海洋少年団	福岡県朝倉郡 大行司国民学校
2409	東小田海洋少年団	福岡県朝倉郡 東小田国民学校
2410	松末海洋少年団	福岡県朝倉郡 松末国民学校
2411	上秋月海洋少年団	福岡県朝倉郡 上秋月国民学校
2412	田代海洋少年団	福岡県朝倉郡 田代国民学校
2413	黒川海洋少年団	福岡県朝倉郡 黒川国民学校
2414	三奈木海洋少年団	福岡県朝倉郡 三奈木国民学校
2415	秋月町海洋少年団	福岡県朝倉郡 秋月町国民学校
2416	馬田海洋少年団	福岡県朝倉郡 馬田国民学校
2417	安川海洋少年団	福岡県朝倉郡 安川国民学校
2418	三輪海洋少年団	福岡県朝倉郡 三輪国民学校
2419	立石海洋少年団	福岡県朝倉郡 立石国民学校
2420	甘木海洋少年団	福岡県朝倉郡 甘木国民学校
2421	佐田海洋少年団	福岡県朝倉郡 佐田国民学校
2422	蜷城海洋少年団	福岡県朝倉郡 蜷城国民学校
2423	朝倉海洋少年団	福岡県朝倉郡 朝倉国民学校
2424	杷木町海洋少年団	福岡県朝倉郡 杷木町国民学校
2425	中牟田海洋少年団	福岡県朝倉郡 中牟田国民学校
2426	上寺海洋少年団	福岡県朝倉郡 上寺国民学校
2427	西尾海洋少年団	愛知県幡豆郡 西尾国民学校
2428	米野岳海洋少年団	熊本県鹿本郡 米野岳国民学校
2429	岩野海洋少年団	熊本県鹿本郡 岩野国民学校
2430	米田海洋少年団	熊本県鹿本郡 米田国民学校
2431	千田海洋少年団	熊本県鹿本郡 千田国民学校

登録番号	団　　名	所　在　地
2432	御嶽海洋少年団	熊本県鹿本郡 御嶽国民学校
2433	廣見海洋少年団	熊本県鹿本郡 廣見国民学校
2434	山内海洋少年団	熊本県鹿本郡 山内国民学校
2435	大道海洋少年団	熊本県鹿本郡 大道国民学校
2436	植木海洋少年団	熊本県鹿本郡 植木国民学校
2437	嶽間海洋少年団	熊本県鹿本郡 嶽間国民学校
2438	山東海洋少年団	熊本県鹿本郡 山東国民学校
2439	櫻井海洋少年団	熊本県鹿本郡 櫻井国民学校
2440	川邊海洋少年団	熊本県鹿本郡 川邊国民学校
2441	田底海洋少年団	熊本県鹿本郡 田底国民学校
2442	平小城海洋少年団	熊本県鹿本郡 平小城国民学校
2443	山本海洋少年団	熊本県鹿本郡 山本国民学校
2444	六郷東部海洋少年団	熊本県鹿本郡 六郷東部国民学校
2445	六郷西部海洋少年団	熊本県鹿本郡 六郷西部国民学校
2446	稲田海洋少年団	熊本県鹿本郡 稲田国民学校
2447	内田海洋少年団	熊本県鹿本郡 内田国民学校
2448	八幡海洋少年団	熊本県鹿本郡 八幡国民学校
2449	中富西部海洋少年団	熊本県鹿本郡 中富西部国民学校
2450	中川海洋少年団	熊本県鹿本郡 中川国民学校
2451	吉松海洋少年団	熊本県鹿本郡 吉松国民学校
2452	菱形海洋少年団	熊本県鹿本郡 菱形国民学校
2453	田原海洋少年団	熊本県鹿本郡 田原国民学校
2454	三玉海洋少年団	熊本県鹿本郡 三玉国民学校

登録番号	団　　名	所　在　地
2455	浦代海洋少年団	大分県南海部郡 浦代国民学校
2456	大島海洋少年団	大分県南海部郡 大島国民学校
2457	福江海洋少年団	長崎県南松浦郡 福江国民学校
2458	大里海洋少年団	愛知県中島郡 大里国民学校
2459	野母海洋少年団	長崎県西彼杵郡 野母国民学校
2460	奈良尾村海洋少年団	長崎県南松浦郡 奈良尾村役場
2461	形埜海洋少年団	愛知県額田郡 形埜国民学校
2462	三谷海洋少年団	岡山県小田郡 三谷国民学校
2463	山野上海洋少年団	岡山県後月郡 山野上国民学校
2464	福谷海洋少年団	岡山県吉備郡 福谷国民学校
2465	日立市大雄院 海洋少年団	茨城県日立市 日立市大雄院国民学校
2466	御祓海洋少年団	石川県七尾市 七尾市御祓国民学校
2467	伊波海洋少年団	沖縄県中頭郡 伊波国民学校
2468	西尾町第二 海洋少年団	愛知県幡豆郡 西尾町第二国民学校
2469	上江海洋少年団	宮崎県兒湯郡 上江国民学校
2470	新津海洋少年団	新潟県中蒲原郡 新津国民学校
2471	結海洋少年団	新潟県中蒲原郡 結国民学校
2472	市之瀬海洋少年団	新潟県中蒲原郡 市之瀬国民学校
2473	月野海洋少年団	鹿兒島県唄喩郡 月野国民学校
2474	米田海洋少年団	青森県上北郡 米田国民学校
2475	日之津町第一 海洋少年団	長崎県南高來郡 日之津町第一国民学校
2476	日之津町第二 海洋少年団	長崎県南高來郡 日之津町第二国民学校
2477	日之津町第三 海洋少年団	長崎県南高來郡 日之津町第三国民学校

登録番号	団　名	所　在　地
2478	小濱海洋少年団	長崎県南高來郡 小濱国民学校
2479	多比良町海洋少年団	長崎県南高來郡 多比良町国民学校
2480	羽野木澤海洋少年団	青森県羽野木澤 国民学校
2481	白石町海洋少年団	佐賀県杵島郡 白石町国民学校
2482	福富村海洋少年団	佐賀県杵島郡 福富村国民学校
2483	六角村海洋少年団	佐賀県杵島郡 六角村国民学校
2484	北有明村海洋少年団	佐賀県杵島郡 北有明村国民学校
2485	龍王村海洋少年団	佐賀県杵島郡 龍王村国民学校
2486	須古村海洋少年団	佐賀県杵島郡 須古村国民学校
2487	南有明村海洋少年団	佐賀県杵島郡 南有明村国民学校
2488	錦江村海洋少年団	佐賀県杵島郡 錦江村国民学校
2489	豊椋海洋少年団	滋賀県愛知郡 豊椋国民学校
2490	旗屋海洋少年団	名古屋市熱田区 旗屋国民学校
2491	一日市海洋少年団	秋田県南秋田郡 一日市国民学校
2492	大濱海洋少年団	長崎県南松浦郡 大濱国民学校
2493	臼杵町深江 海洋少年団	大分県北海部郡 臼杵町深江国民学校
2494	臼杵町南海洋少年団	大分県北海部郡 臼杵町南国民学校
2495	臼杵町板知屋 海洋少年団	大分県北海部郡 臼杵町板知屋国民学校
2496	大在村海洋少年団	大分県北海部郡 大在村国民学校
2497	佐賀關海洋少年団	大分県北海部郡 佐賀關国民学校
2498	小原村第一 海洋少年団	愛知県西加茂郡 小原村第一国民学校
2499	小濱海洋少年団	鹿兒島県始良郡 小濱国民学校

表5-4-2　大日本海洋少年団登録団（団報第6巻第5号，1944年5月1日版）

登録番号	団　名	所　在　地
2581	御厨海洋少年団	長崎県北松浦郡 御厨国民学校
2582	星鹿海洋少年団	長崎県北松浦郡 星鹿国民学校
2583	青島海洋少年団	長崎県北松浦郡 青島国民学校
2584	大崎海洋少年団	長崎県北松浦郡 大島国民学校
2585	田代海洋少年団	長崎県北松浦郡 田代国民学校
2586	荒濱海洋少年団	新潟県刈羽郡 荒濱国民学校
2587	國府海洋少年団	愛知県豊川市 國府国民学校
2588	八南海洋少年団	愛知県豊川市 八南国民学校
2589	千兩海洋少年団	愛知県豊川市 千兩国民学校
2590	平尾海洋少年団	愛知県豊川市 平尾国民学校
2591	豊川海洋少年団	愛知県豊川市 豊川国民学校
2592	牛久保海洋少年団	愛知県豊川市 牛久保国民学校
2593	河合村海洋少年団	岐阜県吉城郡 河合村国民学校
2594	三本松海洋少年団	香川県大川郡 三本松国民学校
2595	白鳥本町海洋少年団	香川県大川郡 白鳥本町国民学校
2596	小田海洋少年団	香川県大川郡 小田国民学校
2597	津田海洋少年団	香川県大川郡 津田国民学校
2598	鶴羽海洋少年団	香川県大川郡 鶴羽国民学校
2599	志度海洋少年団	香川県大川郡 志度国民学校
2600	長尾海洋少年団	香川県大川郡 長尾国民学校
2601	大部海洋少年団	香川県大川郡 大部国民学校
2602	熱田海洋少年団	愛知県名古屋市 熱田国民学校
2603	野立海洋少年団	愛知県名古屋市 野立国民学校
2604	今津村海洋少年団	徳島県那賀郡 今津村国民学校
2605	吉井海洋少年団	徳島県那賀郡 吉井国民学校
2606	和田島海洋少年団	徳島県那賀郡 和田島国民学校
2607	新野東海洋少年団	徳島県那賀郡 新野東国民学校
2608	松枝海洋少年団	愛知県名古屋市 松枝国民学校
2609	椿海洋少年団	秋田県南秋田郡 椿国民学校
2610	西川登村海洋少年団	佐賀県杵島郡 西川登村国民学校
2611	住吉村海洋少年団	佐賀県杵島郡 住吉村国民学校
2612	武内村海洋少年団	佐賀県杵島郡 武内村国民学校
2613	橘村海洋少年団	佐賀県杵島郡 橘村国民学校
2614	東川登海洋少年団	佐賀県杵島郡 東川登国民学校
2615	若木村海洋少年団	佐賀県杵島郡 若木村国民学校
2616	中通村海洋少年団	佐賀県杵島郡 中通村国民学校
2617	武雄町海洋少年団	佐賀県杵島郡 武雄町国民学校
2618	横須賀海洋少年団	愛知県知多郡 横須賀国民学校
2619	大口村北海洋少年団	愛知県丹羽郡 大口村北国民学校
2620	足助海洋少年団	愛知県東賀茂郡 足助国民学校
2621	千鄉海洋少年団	愛知県南設樂郡 千鄉国民学校
2622	福井海洋少年団	徳島県那賀郡 福井国民学校
2623	西濱海洋少年団	香川県高松市 西濱国民学校
2624	川島海洋少年団	香川県木田郡 川島国民学校

登録番号	団　　名	所　在　地
2625	白方海洋少年団	香川県仲多度郡 白方国民学校
2626	土居海洋少年団	愛媛県宇摩郡 土居国民学校
2627	第二土庄海洋少年団	香川県小豆郡 第二土庄国民学校
2628	淵崎海洋少年団	香川県小豆郡 淵崎国民学校
2629	大鐸海洋少年団	香川県小豆郡 大鐸国民学校
2630	池田第一海洋少年団	香川県小豆郡 池田第一国民学校
2631	池田第二海洋少年団	香川県小豆郡 池田第二国民学校
2632	二生海洋少年団	香川県小豆郡 二生国民学校
2633	三都海洋少年団	香川県小豆郡 三都国民学校
2634	西村海洋少年団	香川県小豆郡 西村国民学校
2635	草壁町海洋少年団	香川県小豆郡 草壁町国民学校
2636	安田第一海洋少年団	香川県小豆郡 安田第一国民学校
2637	安田第二海洋少年団	香川県小豆郡 安田第二国民学校
2638	苗羽村海洋少年団	香川県小豆郡 苗羽村国民学校
2639	坂手海洋少年団	香川県小豆郡 坂手村国民学校
2640	福田海洋少年団	香川県小豆郡 福田国民学校
2641	北浦海洋少年団	香川県小豆郡 北浦国民学校
2642	四海海洋少年団	香川県小豆郡 四海国民学校
2643	豊島海洋少年団	香川県小豆郡 豊島国民学校
2644	唐櫃海洋少年団	香川県小豆郡 唐櫃国民学校
2645	上分海洋少年団	愛媛県宇摩郡 上分国民学校
2646	志川海洋少年団	愛媛県周桑郡 志川国民学校
2647	三芳海洋少年団	愛媛県周桑郡 三芳国民学校
2648	庄内海洋少年団	愛媛県周桑郡 庄内国民学校
2649	楠河海洋少年団	愛媛県周桑郡 楠河村国民学校
2650	鴨部海洋少年団	香川県大川郡 鴨部村国民学校
2651	相生海洋少年団	香川県大川郡 相生国民学校
2652	小海海洋少年団	香川県大川郡 小海国民学校
2653	引田海洋少年団	香川県大川郡 引田国民学校
2654	福榮村海洋少年団	香川県大川郡 福榮国民学校
2655	白鳥海洋少年団	香川県大川郡 白鳥国民学校
2656	譽水海洋少年団	香川県大川郡 譽水国民学校
2657	丹生海洋少年団	香川県大川郡 丹生国民学校
2658	松尾海洋少年団	香川県大川郡 松尾国民学校
2659	富田海洋少年団	香川県大川郡 富田国民学校
2660	五名海洋少年団	香川県大川郡 五名国民学校
2661	石田海洋少年団	香川県大川郡 石田国民学校
2662	神前海洋少年団	香川県大川郡 神前国民学校
2663	造田海洋少年団	香川県大川郡 造田国民学校
2664	前山海洋少年団	香川県大川郡 前山国民学校
2665	多和海洋少年団	香川県大川郡 多和国民学校
2666	第二津田海洋少年団	香川県大川郡 第二津田国民学校
2667	鴨庄海洋少年団	香川県大川郡 鴨庄国民学校
2668	四阪島海洋少年団	愛媛県越智郡 四阪島国民学校
2669	椋名海洋少年団	愛媛県越智郡 椋名国民学校
2670	乃万海洋少年団	愛媛県越智郡 乃万国民学校

登録番号	団　名	所　在　地
2671	富田海洋少年団	愛媛県越智郡 富田国民学校
2672	龜岡海洋少年団	愛媛県越智郡 龜岡国民学校
2673	瀬戸崎海洋少年団	愛媛県越智郡 瀬戸崎国民学校
2674	下朝倉海洋少年団	愛媛県越智郡 下朝倉国民学校
2675	井口海洋少年団	愛媛県越智郡 井口国民学校
2676	小西村海洋少年団	愛媛県越智郡 小西村国民学校
2677	伯方海洋少年団	愛媛県越智郡 伯方国民学校
2678	上朝倉海洋少年団	愛媛県越智郡 上朝倉国民学校
2679	日高海洋少年団	愛媛県越智郡 日高国民学校
2680	鴨部海洋少年団	愛媛県越智郡 鴨部国民学校
2681	福田海洋少年団	愛媛県越智郡 福田国民学校
2682	岩城村海洋少年団	愛媛県越智郡 岩城村国民学校
2683	櫻井海洋少年団	愛媛県越智郡 櫻井国民学校
2684	波止濱海洋少年団	愛媛県越智郡 波止濱国民学校
2685	宮窪海洋少年団	愛媛県越智郡 宮窪国民学校
2686	大井村海洋少年団	愛媛県越智郡 大井村国民学校
2687	岡山海洋少年団	愛媛県越智郡 岡山国民学校
2688	有津海洋少年団	愛媛県越智郡 有津国民学校
2689	盛海洋少年団	愛媛県越智郡 盛国民学校
2690	泊海洋少年団	愛媛県越智郡 泊国民学校
2691	龜山海洋少年団	愛媛県越智郡 龜山国民学校
2692	菊間第一海洋少年団	愛媛県越智郡 菊間第一国民学校
2693	友浦海洋少年団	愛媛県越智郡 友浦国民学校
2694	菊間第二海洋少年団	愛媛県越智郡 菊間第二国民学校
2695	九和村海洋少年団	愛媛県越智郡 九和村国民学校
2696	宗方海洋少年団	愛媛県越智郡 宗方国民学校
2697	龍岡海洋少年団	愛媛県越智郡 龍岡国民学校
2698	六削海洋少年団	愛媛県越智郡 六削国民学校
2699	魚島村海洋少年団	愛媛県越智郡 魚島村国民学校
2700	口總海洋少年団	愛媛県越智郡 口總国民学校
2701	北浦海洋少年団	愛媛県越智郡 北浦国民学校
2702	伊方海洋少年団	愛媛県越智郡 伊方国民学校
2703	生名村海洋少年団	愛媛県越智郡 生名村国民学校
2704	波方海洋少年団	愛媛県越智郡 波方国民学校
2705	宮浦海洋少年団	愛媛県越智郡 宮浦国民学校
2706	鏡村海洋少年団	愛媛県越智郡 鏡村国民学校
2707	津倉村海洋少年団	愛媛県越智郡 津倉村国民学校
2708	岡村海洋少年団	愛媛県越智郡 岡村国民学校
2709	（飛び番号）	
2710	鈍川海洋少年団	愛媛県越智郡 鈍川国民学校
2711	大下海洋少年団	愛媛県越智郡 大下国民学校
2712	大山村第二 海洋少年団	愛媛県越智郡 大山村第二国民学校
2713	津島海洋少年団	愛媛県越智郡 津島国民学校
2714	金田海洋少年団	愛媛県宇摩郡 金田国民学校
2715	小高原海洋少年団	愛知県碧海郡 小高原国民学校
2716	萩原海洋少年団	愛知県中島郡 萩原国民学校

登録番号	団　名	所　在　地
2717	今伊勢東海洋少年団	愛知県中島郡 今伊勢東国民学校
2718	大垣市鹿城 海洋少年団	岐阜県大垣市 大垣国民学校
2719	小名濱町第一 海洋少年団	福島県石城郡 小名濱町第一国民学校
2720	大野海洋少年団	愛知県知多郡 大野国民学校
2721	山吉田村第一 海洋少年団	愛知県八名郡 山吉田村第一国民学校
2722	河和町北部 海洋少年団	愛知県知田郡 北部国民学校
2723	岩田海洋少年団	愛知県豊橋市 岩田国民学校
2724	東田海洋少年団	愛知県豊橋市 東田国民学校
2725	八町海洋少年団	愛知県豊橋市 八町国民学校
2726	松葉海洋少年団	愛知県豊橋市 松葉国民学校
2727	花田海洋少年団	愛知県豊橋市 花田国民学校
2728	狭間海洋少年団	愛知県豊橋市 狭間国民学校
2729	松山海洋少年団	愛知県豊橋市 松山国民学校
2730	羽根井海洋少年団	愛知県豊橋市 羽根井国民学校
2731	下地海洋少年団	愛知県豊橋市 下地国民学校
2732	大村海洋少年団	(空欄)
2733	津田海洋少年団	愛知県豊橋市 津田国民学校
2734	牟呂海洋少年団	愛知県豊橋市 牟呂国民学校
2735	吉田方海洋少年団	愛知県豊橋市 吉田方国民学校
2736	高師海洋少年団	愛知県豊橋市 高師国民学校
2737	福岡海洋少年団	愛知県豊橋市 福岡国民学校
2738	磯邊海洋少年団	愛知県豊橋市 磯邊国民学校
2739	大崎海洋少年団	愛知県豊橋市 大崎国民学校

登録番号	団　名	所　在　地
2740	野依海洋少年団	愛知県豊橋市 野依国民学校
2741	植田海洋少年団	愛知県豊橋市 植田国民学校
2742	牛川海洋少年団	愛知県豊橋市 牛川国民学校
2743	下條海洋少年団	愛知県豊橋市 下條国民学校
2744	豊橋海洋少年団	愛知県豊橋市 豊橋国民学校
2745	多米海洋少年団	愛知県豊橋市 多米国民学校
2746	柿生海洋少年団	神奈川県川崎市 柿生国民学校
2747	生田海洋少年団	神奈川県川崎市 生田国民学校
2748	菅海洋少年団	神奈川県川崎市 菅国民学校
2749	登戸海洋少年団	神奈川県川崎市 登戸国民学校
2750	稲田海洋少年団	神奈川県川崎市 稲田国民学校
2751	高津海洋少年団	神奈川県川崎市 高津国民学校
2752	向丘海洋少年団	神奈川県川崎市 向丘国民学校
2753	橘海洋少年団	神奈川県川崎市 橘国民学校
2754	宮崎海洋少年団	神奈川県川崎市 宮崎国民学校
2755	中原海洋少年団	神奈川県川崎市 中原国民学校
2756	住吉海洋少年団	(空欄)
2757	玉川海洋少年団	神奈川県川崎市 玉川国民学校
2758	日吉海洋少年団	神奈川県川崎市 日吉国民学校
2759	御幸海洋少年団	神奈川県川崎市 御幸国民学校
2760	大師海洋少年団	神奈川県川崎市 大師国民学校
2761	小田海洋少年団	神奈川県川崎市 小田国民学校
2762	堀内海洋少年団	神奈川県川崎市 堀内国民学校

登録番号	団　　名	所　在　地
2763	東渡田海洋少年団	神奈川県川崎市 東渡田国民学校
2764	旭町海洋少年団	神奈川県川崎市 旭町国民学校
2765	幸町海洋少年団	神奈川県川崎市 幸町国民学校
2766	宮前海洋少年団	神奈川県川崎市 宮前国民学校
2767	川崎海洋少年団	神奈川県川崎市 川崎国民学校
2768	川中島海洋少年団	神奈川県川崎市 川中島国民学校
2769	大島海洋少年団	神奈川県川崎市 大島国民学校
2770	田島海洋少年団	神奈川県川崎市 田島国民学校
2771	渡田海洋少年団	神奈川県川崎市 渡田国民学校
2772	櫻本海洋少年団	神奈川県川崎市 櫻本国民学校
2773	大戸海洋少年団	神奈川県川崎市 大戸国民学校
2774	南河原海洋少年団	神奈川県川崎市 南河原国民学校
2775	富士見海洋少年団	神奈川県川崎市 富士見国民学校
2776	新町海洋少年団	神奈川県川崎市 新町国民学校
2777	向海洋少年団	神奈川県川崎市 向国民学校
2778	前沼海洋少年団	神奈川県川崎市 前沼国民学校
2779	平間海洋少年団	神奈川県川崎市 平間国民学校
2780	湯澤村海洋少年団	新潟県南魚沼郡 湯澤村国民学校
2781	鯨波海洋少年団	新潟県柏崎市 鯨波国民学校
2782	批杷島海洋少年団	新潟県柏崎市 批把島国民学校
2783	比角海洋少年団	新潟県柏崎市 比角国民学校
2784	柏崎海洋少年団	新潟県柏崎市 柏崎国民学校

終章

第2次世界大戦前と戦時下における海洋少年団の組織と活動

本書は第2次世界大戦前から戦時下における海洋少年団の組織と活動の実態を明らかにして，そこに海軍や文部省などの国家機関がどのように関与していたのかを検討することを主題としている。このような問題関心に基づく本書は，序章で5つの課題を設定した。本書を総括するに当たって，設定されたこれらの課題に対する本書の成果を改めて述べることにしたい。その後，社会教育史研究として，子どもの組織を研究する際の枠組みと，今後の研究課題を提示する。

第1節　本書の総括

本書における第1の課題は，第2次世界大戦前の日本に海洋少年団が設立された背景と設立の過程を明らかにすることであった。

日本の海洋少年団に先行する英国のシースカウトは，ボーイスカウトの海洋における活動に特化した組織であり，ボーイスカウトもシースカウトも「善良な市民」の育成のための手段であった。第1次世界大戦中こそ，銃後活動を行っていたが，それがボーイスカウトやシースカウトの目的ではなく，あくまで「善良な市民」としての行動であると，ボーイスカウトの関係者は考えていた。

日本でも海岸におけるキャンプが明治の末期から大正初期にかけて行われていた。そこにベーデン-パウエルによる『スカウティング・フォア・ボーイズ』の翻訳がなされることによって，ボーイスカウトの活動，そしてシースカウトの活動が日本に伝わって，海洋少年団として開始された。日本の海洋少年団は，東京海洋少年団のように海軍軍人が創設する場合もあったが，篤志家による創設も相次いだ。

全国の海洋少年団の中で中心的な役割を果たした東京海洋少年団は，小山武と原道太の，2人の退役海軍軍人が中心となって創設された。小山も原も，青少年の育成に携わりたいという考えをもっており，そこに英国のシースカウトという方法論を知り，海洋少年団を立ち上げることになる。海軍における経験を持つ2人であったために，海や船の知識と技術を子どもたちに伝えることを通して，英国流に言うと「善良な市民」の育成に携わろうとしたのである。

海洋少年団は大正末期以降，全国各地で結成されるが，その数は陸の少年団を含めて少年団日本連盟に登録されている少年団の，およそ3%前後であった。海洋少年団の団長に小学校関係者や海軍関係者，あるいは自治体の長が就任している場合もあるが，多くはその他の職業を持つものであり，地域の篤志家が活動を支えていたと考えられる。

第2の課題は，海洋少年団の活動理念や方針，具体的な活動内容と，海洋少年団員が身につけるべきとされた海や船に関する知識や技能，そして海洋少年団員に期待された将来の職業について，海洋少年団員や指導者の言説に着目して明らかにすることであった。

海洋少年団の方法論は，英国のボーイスカウトやシースカウトの方法論に倣うところが多かった。異年齢少人数集団としての「班」制度，進級・章制度である。進級制度，「宣誓」，「おきて」のいずれを取っても，英国のそれを概ねそのまま日本に輸入していた。日本に特異な点として「国体」についての知識が求められているが，少年団日本連盟の中で「国体」に関する議論はほとんどなされておらず，学校教育の域を超えるものではなかったと考えられる。

海洋少年団の団員に求められていたのは，海や船に関する知識と技術であり，それぞれの団員の「自発性」や「個性」を尊重し，伸ばしていくことを目指していた。そのために，海洋少年団員に求められる知識と技術の項目が，細かく設定されていた。海洋少年団では「個性教育」による，海軍軍人に限らない「海国公民」の育成が目指されていた。ただし，都市と漁村の海洋少年団では自ずとその活動内容に違いが生じていた。

比較的金銭的に余裕のある家庭の子どもたちが参加していたと考えられる都市の海洋少年団では，揃いの制服を着用し，商船学校など設備の揃った場所を活用することができていた。漁村の海洋少年団では，制服を採用しないばかりか，その活動資金を自前で賄っている所もあった。地域の子ども集団に海洋少年団という枠組みを与え，将来の漁村を支える人材育成が目指されるケースもあった。

全国の海洋少年団が集う海洋合同訓練は，海洋指導者実修所と同時に開催されることもあったが，軍艦を会場として，単独で行われることもあった。第３章では海軍兵学校や軍艦上における海洋合同訓練に着目したが，そのいずれにおいても海洋少年団が海軍に場所の利用を依頼し，海軍も海洋少年団の活動内容に口出しをすることなく，支援していたことが明らかになった。そして海軍兵学校を会場とした理由は，海や船に関する知識と技術を効率的に修得できるからであった。軍艦を利用したのは，軍艦こそが子どもたちのあこがれの的だったためであろう。

第２次世界大戦前から戦中にかけての，海洋少年団の最大ともいえる行事が，1934（昭和９）年に実施された南洋遠航（東南アジア一周航海）であった。この航海に際して海軍は，航海には海軍として物質的な支援を行わないと表明し，海洋少年団に対する文部省の補助金の少なさを「気の毒な状況」と見ていた。海軍として海洋少年団の活動を積極的に支えるつもりがなかったのである。

南洋遠航では東南アジアの欧米の植民地，そしてシャム（現タイ王国）を訪問し，それぞれの宗主国や現地の子どもからなる少年団と交流した。前年に国際連盟から脱退して国際的に孤立し始めた日本という，一般的な理解とは対照的である。

第３の課題は，海洋少年団における指導者養成過程への参加者や，指導者として求められた素質や知識，少年に対する態度といった訓練の内容を明らかにすることであった。

海洋少年団の指導者養成を受けた者には小学校などの教員の割合が多く，少年団日本連盟海洋健児部は，少年団の知識がほとんどない教員の参加にとまどっていた。教員に加えて，商業など一般の職業に就いている者も，海洋少年団の指導者になっていた。指導者の養成に当たっては海洋少年団の指導者としての最小限の知識と技術は求められていたものの，船員や海軍軍人など，海や船の専門家である必要は必ずしもなかった。

海洋少年団の指導者には，例えば船舶の運用，気象，潮流，潮の干満，海図，ロープ結び，天文などの知識と技術，そして国防や産業，水産といった「常識」が求められていた。もちろん，水泳ができる必要もあった。海洋少年団員の「進級」に必要な知識と技術を指導することを求めていたからである。

実際に海洋少年団員を指導するに当たっては，海洋少年団の指導者として堅苦しい指導をするのではなく，海洋少年団員の長所を伸ばし，短所を克服させることが目指されていた。子どもたちの特徴を把握し，「型」にとらわれない教育活動を展開することを求めていた。

海洋少年団の指導者養成は，神戸高等商船学校，海軍兵学校，少年団の練習船，鳥羽商船学校，そして中学校や商業学校，水産学校などで開催していた。それぞれの施設と，そこに勤め，学ぶ関係者の助けを借りて，海洋少年団の指導者として必要な知識と技術を身につけ，少年団日本連盟海洋健児部の指導者から海洋少年団員に接する際の心構えを学んでいた。

第4の課題は，海洋少年団と海軍や文部省，天皇など外部の組織や機関との関わりを明らかにすることであった。

大正期から第2次世界大戦前，海軍は海洋少年団からの依頼に応じる形で，その活動に協力していた。軍艦に便乗したいという海洋少年団の希望に応じて便乗させ，あるいはカッターなど海洋少年団の活動に必要な備品の払い下げの希望が海軍に出されれば，それに応じるというものであった。現役の海軍軍人が海洋少年団の活動に直接関与することはほとんどなく，海軍兵学校や軍艦上における海洋少年団の教育活動に協力するという，受け身的で消極的な関わり方だったのである。少年団の練習船による海軍の観艦式への参加も，この延長線上で考えることができよう。

少年団日本連盟海洋健児部の指導者は，海洋少年団では軍事訓練を行わないと言明していた。第1次世界大戦下の英国におけるボーイスカウトやシースカウトが銃後活動を行っていたことをふまえ，海洋少年団も有事の際には軍に協力するものの，それはあくまで「公衆のため」に奉仕する少年団としてのあり方だというのである。

海洋少年団員の将来の職業について，海軍だけが想定されていたのではなかった。むしろ，貿易業，水産業，農業移民，鉱山業，航海業，運輸業など海や船に関する職業の1つとして海軍軍人が考えられていた。

第2次世界大戦前，文部省は1932（昭和7）年に校外生活指導に関する訓令を出し，学校少年団を推進するようになるが，それに対して少年団日本連盟は対応を練ることになる。しかし，海洋少年団としてのこの訓令を問題視する動きはほとんど見られなかった。この頃の文部省は，海洋少年団に特に着目することはなかったと考えられる。

少年団日本連盟の練習船忍路丸は北海道帝国大学の練習船であり，この練習船が少年団の活動以外にも学校教育や社会教育として活用されていた。学習院，日本女子商業学校，中学校，商船学校，女子青年団，青年訓練所といった組織や機関が，練習船を利用していた。

1930（昭和5）年，昭和天皇が少年団日本連盟の練習船に便乗した。海洋少年団員は，練習船に便乗した天皇の目の前で海洋少年団歌を歌うことになった。その時の団員の緊張は，想像に余りある。昭和天皇の便乗には，皇太子時代の欧州歴訪時に英国のボーイスカウトを見学し，ベーデン-パウエルにも面会していたことが伏線としてあった。天皇が少年団の練習船に便乗することで，陸も含めた少年団が天皇の認知する団体となり，宮家や，海軍や文部省など国家機関からの援助を得やすくなったと考えられる。

1935（昭和10）年頃，少年団日本連盟の練習船は活動に必要な運転資金を確保することが困難となった。シースカウトの創設を検討していたシャムへ譲渡する案も出たが，シャム側の金銭的な問題から白紙となった。その後，練習船は売却されて輸送船となった。

第5の課題は，第2次世界大戦下の海洋少年団の組織と活動の実態を明らかにすることであった。

1938（昭和13）年に全国の海洋少年団は陸と海の少年団の全国組織から独立して，大日本海洋少年団を設立した。この時以降，海軍が積極的に海洋少年団の活動に介入を始めることになる。その背景には，南洋遠航の成功と，少年団日本連盟の総長への斎藤実と竹下勇という2人の海軍大将の就任があったと考えられる。

1941（昭和16）年，文部省主導による男女青少年団体の統合問題が生じる頃，文部省も海洋少年団に介入を始める。大日本海洋少年団の総長を務めた竹下勇は，少年団の活動を役人の手に渡すことに抵抗していたため，海洋少年団は大日本青少年団の統合に参加することはなかった。全ての海洋少年団が学校教育に組み込まれ，国民学校初等科5年以上の子どもから選抜された子どもだけが入団できるようになった。少数精鋭主義だった海軍に倣って，海洋少年団員になることができた子どもたちはエリート意識を持つことになったようである。

海洋少年団の訓練項目も，学年の進行と並行するように設定され，その中で海軍や軍艦に関することが多く盛り込まれるようになる。これは第2次世界大戦前の海洋少年団の訓練項目とは対照的である。海洋少年団は，学校教育におけるエリート集団の形成を目的として，内陸部にも数多く結成されていった。

1945（昭和20）年，戦時教育令の公布と学徒隊の編成により，海洋少年団の活動が困難になり，第2次世界大戦から戦時下における海洋少年団の活動は幕を下ろすことになる。

戦前の海洋少年団では，英国のボーイスカウトやシースカウトに倣い，国家に有用な人材の育成を目指していた。地域の子どもたちを全員組織していた一部の団を除いて，その活動に参加するかしないかは，子どもや大人に任されていた。子どもたちの海に対するあこがれを，船に乗り，海に向かうことで実現し，子どもの「自発性」や「個性」を尊重する活動を展開していたのである。

第２次世界大戦下の海洋少年団は，名称や少人数集団，海や船に関する知識や技術によって進級する制度を戦前から受け継ぎながらも，学校を単位とする，海軍の影響を強く受ける組織となり，活動内容も軍事的な色彩が濃くなった。戦争を前提とし，子どもたちを戦争に駆りだす準備を行う教育活動を展開したのである。海軍も文部省も，海洋少年団の組織と活動に介入を行い，子どもたちを戦時体制へ組み込んでいく。

戦前と戦時下とでは，子どもたちに対する海洋思想の普及という点で，共通していたと考えられよう。海洋少年団の活動で子どもたちが海や船に関する知識と技術を学ぶことは，子どもたちの海へのあこがれを実現させることであり，海外へ進出するという考えを含めて，海洋思想の普及そのものであった。海へのあこがれは海外へのあこがれとなり，子どもたちが海や船に関する知識や技術を学ぶことは，将来の職業としての海軍の他に，漁業，船員，商業などとして海外への経済進出に繋がるのである。

第２節　今後の研究

1. 子どもを対象とした社会教育史の研究視角

本書では海洋少年団という社会教育活動に参加した子ども，子どもへの直接的な指導者，全国組織の指導者，そして外部機関という複数の視点をもって検討を行った。

社会教育活動の歴史を研究するには，どのような組織が，どのような目的を持って，何を行い，その結果どうなったかという問題関心に取り組むことが必要であると考える。その際，全国組織の指導者の考え，実際の指導者の意図，その指導を受けた子どもたちの実際の行動，さらにはそこに関わる外部機関の意図を，十分に検討しなければならない。一部の関係者の意見をもって，組織全体の考え方だと判断することはできないからである。

本書の序章で検討した宮原誠一による「社会教育の発達形態」論における軍国主義，国家主義，権威主義，個人主義，自由主義などのイデオロギーに着目することも，有効な研究視角であろう。タイのボーイスカウトの歴史を検討する際には，アンダーソンの提示する「公定ナショナリズム」という概念が有効であった。ただし，イデオロギーの定義づけや概念の適用には，余程慎重にならなければならない。海洋少年団の子どもたちを軍艦に便乗させたという歴史的事実をもって，即座に軍国主義的であると評価することは，短絡的であろう。

本書のように，このようなイデオロギーから距離を置きつつ，社会教育の活動に参加した子どもたちや指導者の意見や考え方に着目し，それを同時代的な視点で理解しようとすることは有効な研究視角であると考える。その際，国家機関がどのような姿勢を示していたのかを考えることが重要である。組織や活動を明らかにすることは表面上の理解であって，その組織や活動を支えた国家機関の意図を検討して初めて，子どもの社会教育の実態を把握することができると考える。それは本書で明らかにしたように，第２次世界大戦下における海軍や文部省による，海洋少年団に対する積極的な関与を把握するときに不可欠である。

2. 今後の研究課題

本書以降の展望について，海洋少年団を含めた日本の学校外における子どもの組織に関することと，世界に目を転じて学校外における子どもの組織に関することの，２つに分けて述べることにしたい。

まず，海洋少年団を含めた日本の学校外における子どもの組織に関する研究であるが，少年団日本連盟傘下の，陸と海の少年団については田中治彦らによる先行研究や，本書によって明らかになりつつある。その一方で，少年団日本連盟に加盟することのなかった，例えば騎馬少年団や航空少年団などの子ども組織，そして少年団日本連盟と並んで大規模な全国組織を持っていた青少年赤十字の組織と活動を検討しなければならない。本書で扱った海洋少年団，あるいは少年団日本連盟の組織全体と言っても，日本の学校外における子ども集団という観点からは部分的であり，少年団日本連盟傘下の少年団をもって学校外における子ども集団の全体を示しているのではないからである。

本書によって，戦前の海洋少年団の多くは，学校とは一線を画した地域における活動を展開していたが，1940 年代に入って学校教育に組み込まれたことを示した。しかし，海洋少年団が学校教育に組み込まれる，あるいは学校を基盤として海洋少年団が設立される，個別具体的なプロセスを解明する必要がある。関係する学校の文書から解明できるのではないかと考えている。

次に，学校外における子ども集団という視点を，世界各国や地域に広げた研究も行う必要を感じている。本書は，英国に始まるボーイスカウトやシースカウトが，世界各国や地域へどのように定着したのかを検討する１つの事例である。

現在，ボーイスカウトが存在しない国は，アンドラ，キューバ，中国，北朝鮮，ラオス，ミャンマーの６ヶ国だけである。これ以外の国や地域には全て，ボーイスカウトが全国組織として，あるいは個人として存在している[1)]。それぞれの国や地域にどのような経緯で英国から伝播したのか，政治的な背景をふまえて検討することも，今後の課題である[2)]。

日本やタイは近代において植民地支配を経験することはなかったが，それ以外のアジアでは，宗主国の子どもたちと，現地の子どもたちがそれぞれボーイスカウトを組織していたようである。支配する側と支配される側の立場で，ボーイスカウトの方法論が利用されていた。学校教育という枠の外で，為政者が恣意的に子どもたちを組織化するには，異年齢少人数集団による組織と，軍隊にも似た進級制度を持つボーイスカウトの方法論は有効であると考えられてきたのである。

旧ソ連を中心に組織されたピオニールは，その創始者であるクループスカヤ自身が，アイデアをボーイスカウトから得たと述べている[3)]。学校外において子どもたちを組織し把握する手段として，ボーイスカウトの方法論は共産主義国でも有効であった。現在でも中国や北朝鮮で，赤いスカーフを首に巻く子どもたちの映像を見ることがあるが，このスカーフという道具も，ボーイスカウトに由来するものと考えられる。英国のボーイスカウトが旧ソ連のピオニールを経て，中国や北朝鮮に伝播したのではないだろうか。

為政者が学校外における子どもたちをどのように把握しようとし，管理しようとしたのか，各国や地域の政治的な背景をふまえて検討することが今後の課題である。この時，英国に始まるボーイスカウトの方法論が，どのように取捨選択されていったのか，あるいは全く別の次元から子どもの組織化が進んでいったのかを検討することになる。

これら一連の研究において，本書は，日本にボーイスカウトが定着した事例として比較検討する材料となるのである。

3. 海洋思想史，海洋思想教育史研究の必要性

本書に依拠した研究視角と研究課題の提示は上記の通りである。本書では海洋少年団の具体的な組織と活動に着目しているため，序章でも指摘しているとおり，近代日本の海洋思想あるいは海洋思想教育の歴史についての検討は本書の課題として設定していなかった。

幕末の子どもが海を眺めること，明治期の子どもが海を眺めること，大正期の子どもが海を眺めること，そして昭和初期の子どもが海を眺めることの意味は，それぞれ異なっていたはずである。第１次世界大戦下の英国の子どもが海を眺めることと，植民地支配を受けていたアジアやアフリカの子どもが海を眺めることも，同じではなかったであろう。子どもたちは自らの所属する社会を背景に，海を見たい，隣の島に渡りたい，海の向こうに行きたい，そして，海の向こうで一旗揚げたいなど，海に対してさまざまなあこがれやロマンを抱くものである。

近代日本は海外に進出することによって発展を遂げた。島国の日本が，同じ島国であり世界に進出する英国に倣い，子どもたちに海洋思想を教育することで，子どもたちの目を海外に向けさせ，海外に進出させようとしていた。そこに，海洋少年団は軍事的な要請という狭い意味ではなく，それをも含めた広い意味での海外進出に一役買っていた。海外を目指さないと資源の獲得が難しく，それゆえ発展が限られてしまう日本が，支配地域の拡大という野望を持ち，時には武力によって，時には経済力によって進出していたのである。

本書に続いて，本書を土台として，近代日本における海洋思想と海洋思想教育について，帝国主義や植民地主義に関連づけながら議論しなければならないと考えている。

注

1）'Census / Facts & Figures / About Scouting / Home - World Organization of the Scout Movement' (http://www.scout.org/en/about_scouting/facts_figures/census). accessed on 20. Feb. 2008.　ボーイスカウトの全国組織がある国や地域と，ない国や地域がある。前者の場合はその全国組織が，後者の場合は個人が，ボーイスカウトの世界的な組織である世界スカウト機構に登録することになる。

2）戦前の文章としては，以下のものがある。No Name. The Boy Scout Boom in the Orient, *The Literary Digest*, Funk & Wagnalls Company, London, 28 August 1926, p.17.
　戦後，アメリカを対象とした文献は数多いが，それ以外の国に関しては，第1章で紹介したもの以外にもハンガリーを対象としたもの（Hirsch, Eric, 1997, Voices from the Black Box : Folk Song, Boy Scouts and the Construction of Folk Nationalist Hegemony in Hungary, 1930-1944, *Antipode*, vol. 29(2), 1997, pp. 197-215.）など，極めて限られている。

3）クループスカヤ，伊集院俊隆・関啓子訳『青少年の教育』新読書社，1991年。

参考・引用文献一覧

《日本語文献》

相原永一『海洋少年隊記録』，1944年。

飯盛汪太郎『少年団日本連盟練習船義勇和爾丸と海洋少年団小史』DON海事研究所，1985年。

石井米雄・吉川利治『日・タイ交流六〇〇年史』講談社，1987年。

市原正恵「もうひとりの明治社会主義者　深尾韶の生涯」『思想の科学』第75号，1977年5月，83-97頁。

伊藤昭臣「海の少年団史」日本海洋少年団連盟『三十年のあゆみ』，1981年，241-250頁。

伊東浩三『僕等は海洋少年団』出版社と出版年不詳。

今泉章利「海洋少年団練習船『義勇和爾丸』に就いて」『船の科学』第44巻第7号～第11号，1991年7月～11月。

今西嘉蔵『英国少年義勇団の組織とその教育』同文館，1915年。

上平泰博・田中治彦・中島純『少年団の歴史』萌文社，1996年。

植松尊慶『写真海洋少年団』東亜書林，1942年。

榎本恒太郎『少年兵団』内外出版協会，1910年。

圓入智仁「タイにおけるボーイスカウト運動の成立と展開―ラーマ6世王期(1910-1925年)―」『アジア・アフリカ言語文化研究』No. 66，東京外国語大学アジア・アフリカ言語文化研究所，2003年，53-73頁。

―――「ボーイスカウト活動は軍事教練か？」『アジア教育研究報告』第5号，2004年，3-14頁。

―――「戦前の少年団における社会教育と学校教育の関係論」『社会教育思想研究』第4号，九州大学大学院人間環境学府発達・社会システム専攻教育学コース社会教育思想論研究室，2008年，1-12頁。

大串隆吉『青年団と国際交流の歴史』有信堂，1999年。

大沼直輔『少年団とその錬成』三省堂，1944年。

海軍省教育局『海洋少年団指導参考書』，1944年。

学習院輔仁会編纂『乃木院長記念録』三光堂，1914年。

君島和彦「浴恩館と青年団講習所」小金井市誌編さん委員会『「小金井市誌編纂資料」第三十編』小金井市教育委員会，1992年，1-10頁。

熊谷辰治郎・松永健哉『少年団精講』第一出版協会，1942年。

気仙沼海洋少年団『結団十周年記念誌』，1986年。

国立教育研究所『日本近代教育百年史　7　社会教育(1)』教育研究振興会，1974年。
小林英夫『帝国日本と総力戦体制　戦前・戦後の連続とアジア』有志舎，2004年。
小町国市『無名の初代チーフスカウト―下田豊松物語―』，1997年。
澤田節蔵・二荒芳徳『皇太子殿下御外遊記』大阪毎日新聞社，1924年。
澤田壽夫『澤田節蔵回想録――外交官の生涯―』有斐閣，1985年。
清水元「大正初期における『南進論』の一考察」『アジア研究』第30巻第1号，アジア政経学会，1983年，1-53頁。
少年団日本連盟『少年団日本連盟加盟団名簿』，1925年。
―――『昭和三年版　少年団日本連盟加盟団名簿』，1928年。
―――『昭和五年版　少年団日本連盟加盟団名簿』，1930年。
―――『昭和七年版　少年団日本連盟事業概要』，1932年。
―――『昭和七年版　少年団日本連盟加盟団名簿』，1932年。
―――『我等の提唱する少年訓練法』，1933年。
―――『昭和九年版　少年団日本連盟加盟団名簿』，1934年。
―――『第六十五帝国議会に現れたる少年団問題』，1934年。
鈴木貴『少年（志願）兵徴募体制の確立過程と志願動機』上越教育大学修士論文，2001年。
鈴木孝・菊入三樹夫「中等教育における特別活動の方法に関する一考察―Wandervogel と Boy Scouts の比較から―」『東京家政大学研究紀要』第30集(1)，1990年，41-47頁。
青少年団経営研究会『青少年団必携』盛運堂，1943年。
大日本海洋少年団『海洋少年団参考資料第二号　海洋知識（海洋)』，1939年。
―――『指導参考書』，1942年。
大日本少年団連盟『昭和十二年版　大日本少年団連盟加盟団名簿』，1937年。
大日本青少年団本部『大日本青少年団組織経営ニ関スル資料』，1942年。
武田雅哉『よいこの文化大革命』廣済堂出版，2003年。
田中治彦『学校外教育論』学陽書房，1988年。
―――「ベーデン・パウエルと武士道―ボーイスカウトの構想における日本の影響について―」『研究集録』第87号，岡山大学教育学部，1991年，29-40頁。
―――「1900年代の英国社会とボーイスカウト運動の発足に関する研究」『研究集録』第89号，岡山大学教育学部，1992年，197-209頁。
―――「ボーイスカウトとウッドクラフト運動―第一次大戦後の英国スカウト運動の分裂に関する研究―」『日本社会教育学会紀要』No. 28，1992年，48-57頁。
―――『ボーイスカウト』中央公論社，1995年。
―――『少年団運動の成立と展開』九州大学出版会，1999年。
中央青少年団体連絡協議会『青少年団体史』，1969年。

坪内廣清『国民学校の子どもたち』彩流社，2003 年。
寺崎昌男・戦時下教育研究会編『総力戦体制と教育』東京大学出版会，1987 年。
東京少年団『少年団指針』大日本義勇青年社，1916 年。
東京連合少年団『東京連合少年団一覧　大正十五年六月』，1916 年。
――――『昭和十年度事業報告書』，1936 年。
外山三郎『日本海軍史』教育社，1980 年。
中谷三男『海洋教育史（改訂版）』成山堂書店，2004 年。
中山弘之「1920 年代前半期文部省における少年団論に関する一考察」『日本社会教育学会紀要』No. 35，1999 年，87-96 頁。
成田久四郎『社会教育者事典』日本図書センター，1983 年。
西野順治郎『新版増補　日・タイ四百年史』時事通信社，1984 年。
日本海洋少年団連盟『三十年のあゆみ』，1981 年。
日本青年館『大日本青少年団史』，1970 年。
日本ボーイスカウト石川県連盟『石川県ボーイスカウト運動史』，1986 年。
日本ボーイスカウト岩手連盟『岩手のボーイスカウトの歩み』，発行年不明。
日本ボーイスカウト大阪連盟『大阪ボーイスカウト発展史』，1985 年。
日本ボーイスカウト神奈川連盟『神奈川のボーイスカウト発展史』，1985 年。
日本ボーイスカウト東京連盟『日本ボーイスカウト東京連盟運動史』，1988 年。
日本ボーイスカウト兵庫連盟『ボーイスカウト兵庫連盟結成 50 周年記念　兵庫連盟運動史』，2003 年。
沼津市明治史料館『図説　岳陽少年団』，1999 年。
波多野勝・黒沢文貴・斎藤聖二・櫻井良樹編『海軍の外交官竹下勇日記』芙蓉書房出版，1998 年。
波多野澄雄「第 5 章　日本海軍と南進政策の展開」杉山伸也，イアン・ブラウン編『戦間期東南アジアの経済摩擦』同文館，1990 年，141-169 頁。
林雅行『かりだされる子どもたち』柘植書房，1984 年。
原武史『可視化された帝国　近代日本の行幸啓』みすず書房，2001 年。
原田敬一『国民軍の神話　兵士になるということ』吉川弘文館，2001 年。
原道太『少年団日本聯盟パンフレット第九輯　海洋健児訓練の要綱』少年団日本連盟，1927 年。
――――『海洋少年読本』泰文社，1935 年。
――――『昭和九年　海洋少年団南洋遠航記』全日本海洋少年団南洋遠航派遣団，1935 年。
――――『義勇和爾丸の一生と海洋少年団の発達』大日本少年団連盟，1939 年。
――――『海の子魂』誠美書閣，1943 年。
日暮豊年『大日本海洋少年団紀要』大日本海洋少年団，1942 年。
深尾韶『少年軍団教範』中央報徳会，1915 年。

布施第七少年団・野村政夫『大日本海洋少年団』日進社，1944年。
ボーイスカウト日本連盟『日本ボーイスカウト運動史』，1973年。
保坂亀三郎『英米の少年斥候』大阪屋号書店，1922年。
前田哲男『日本の軍隊　皇軍編』現代書館，1994年。
増山均『子ども組織の教育学』青木書店，1986年。
――――『子ども研究と社会教育』青木書店，1989年。
松永健哉『校外教育十講』第一書房，1937年。
宮原誠一「社会教育本質論」『教育と社会』1949年10月号，12月号，全日本社会教育連合会（『宮原誠一教育論集』第2巻所収，国土社，1977年）。
村山有「ボーイスカウト運動の父　日本を最初に登録した人　下田豊松氏の功績」『太平洋市民』春季号，1966年。
――――『終戦のころ』時事通信社，1968年。
――――『三島総長と二十年』（草稿）。
文部省社会教育局『昭和十四年三月　男女青少年団体概況』，1939年3月。
――――『昭和十五年五月　男女青少年団体概況』，1940年5月。
文部省普通学務局『時局に関する教育資料特別輯第一　列強の少年義勇団』，1916年。
――――『少年団体の概況』，1922年。
矢口徹也『女子補導団―日本のガールスカウト前史―』成文堂，2008年。
矢野暢「大正期『南進論』の特質」『東南アジア研究』第16巻第1号，京都大学東南アジア研究センター，1978年，5-31頁。
吉田俊雄『日本海軍のこころ』文藝春秋，2000年。
吉田昇編『講座現代社会教育Ⅶ　学校外教育』亜紀書房，1979年。
吉田喜久編『帝国少年団協会史』，1942年。
渡邊洋子『近代日本女子社会教育成立史』明石書店，1997年。

《英語文献》

Anderson, Benedict, *Imagined Communities* (Revised Edition), Verso, London, 1991.〔ベネディクト・アンダーソン著，白石さや・白石隆訳『増補 想像の共同体』NTT出版，1997年。〕
Baden-Powell, *Aids to Scouting for N. C. Os and Men*, London, 1899.
――――, *Scouting for Boys* (first edition), London, 1908.
Brunton, Lauder, *The Boy Scouts Movement*, The Lancet, vol. 183, issue 4733, 16 May 1914, pp. 1427-1428.
Gillis, John R., Contrasting Styles of English and German Youth, 1900-33, *History of Education Quarterly*, vol. XIII, no. 2, 1973, pp. 249-260.
Grinnell-Milne, Duncan, *Baden-Powell at Mafeking*, The Bodley Head, London, 1957.

Hirsch, Eric, Voices from the Black Box : Folk Song, Boy Scouts and the Construction of Folk Nationalist Hegemony in Hungary, 1930-1944, *Antipode*, vol. 29(2), 1997, pp. 197-215.

Jeal, Tim, *The Boy-Man*, William Morrow, New York, 1990.

MacDonald, Robert H., *Sons of the Empire*, University of Toronto Press, Toronto, 1993.

Parsons, Timothy H., *Race, Resistance, And The Boy Scout Movement In British Colonial Africa*, Ohio University Press, Ohio, 2004.

Pickford, Alfred D., The Boy Scout Movement — What it is and, Especially, What it is not, *United Empire*, vol. XIV, 1923, pp. 36-44.

Price, W. Cecil, The Boy Scout Movement, *The Living Age*, seventh series, vol. LII, 1911, pp. 458-465.（*The Nineteenth Century and After* 誌からの再掲。）

———, The Development of the Boy Scout Movement, *The Fortnightly Review*, No. DLXXI, 1 July 1914, pp. 123-134. (Price, W. Cecil, The Development of the Boy Scout Movement, *The Living Age*, seventh series, vol. CCLXXXII, 1914, pp. 520-529.)

Proctor, Tammy M., "A Separate Path" : Scouting and Guiding in Interwar South Africa, *Comparative Studies in Society and History*, Vol. 42, no. 3, 2000, pp. 605-631.

Pryke, Sam, The popularity of nationalism in the early British Boy Scout movement, *Social History*, Vol. 23, No. 3, October 1998, pp. 309-324.

Reynolds, E. E., *The Scout Movement*, Oxford University Press, London, 1950.〔E. E. レイノルズ，財団法人ボーイスカウト日本連盟訳『スカウト運動』1974 年。〕

Rosenthal, Michael, Knights and Retainers : The Earliest Version of Baden-Powell's Boy Scout Scheme, *Journal of Contemporary History*, Vol. 15, 1980, pp. 603-617.

———, *The Character Factory*, Pantheon Books, New York, 1984.

Springhall, J. O., The Boy Scouts, Class and Militarism in Relation to British Youth Movements 1908-1930, *International Review of Social History*, vol. XVI, 1971, pp. 125-158.

Voeltz, Richard A., The British Boy Scout migration plan 1922-1932, *The Social Science Journal*, Vol. 40, 2003, pp. 143-151.

Wade, E. K., *Twenty-one Years of Scouting*, C. Arthur Peason Ltd., London, 1929.

Warren, Allen, Sir Robert Baden-Powell, the Scout movement and citizen training in Great Britain, 1900-1920, *English Historical Review*, vol. 101, 1986, pp. 376-398.

Watt, C. A., The promise of 'character' and the spectre of sedition : The Boy Scout movement and colonial consternation in India, 1908-1921, *Journal of South Asian Studies*, 22(2), 1999, pp. 37-62.

Wilkinson, Paul, English youth movements, 1908-30, *The Journal of Contemporary*

History, Vol. 4, number 2, April 1969, pp. 3–23.
Young, Earnest, The Boy Scout Movement, *The Living Age*, eighth series, vol. III, 1916, pp. 94–104.（*The Quarterly Review* 誌からの再掲。）

No Name, The Boy Scouts, *The Lancet*, vol. 175, issue 4511, 12 February 1910, p. 445.
No Name, The Boy Scout Boom in the Orient, *The Literary Digest*, Funk & Wagnalls Company, London, 28 August 1926, p. 17.

《外国語文献の日本語訳》

アーネスト・ゲルナー，加藤節監訳『民族とナショナリズム』岩波書店，2000 年。
A. J. P. テイラー，都築忠七訳『イギリス現代史』みすず書房，1987 年。
B. サイモン，成田克矢訳『イギリス教育史　II』亜紀書房，1980 年。
B. サイモン，岩本俊郎訳『イギリス教育史　III』亜紀書房，1984 年。
ラズロ・ナジ，ボーイスカウト日本連盟訳『2 億 5 千万人のスカウト』ボーイスカウト日本連盟，1989 年。
ロード・ベーデン-パウエル・オブ・ギルウェル，財団法人ボーイスカウト日本連盟訳『スカウティング・フォア・ボーイズ』ボーイスカウト日本連盟，1980 年。
クループスカヤ，伊集院俊隆・関啓子訳『青少年の教育』新読書社，1991 年。
宗慶齢・胡耀邦，斎藤秋男・小林文男編訳『中国の集団主義』明治図書出版，1965 年。

《定期刊行誌》

『海国少年』東光館，1897–1898？年。
『海国少年』海国少年社，1919–1922 年。
『海洋少年』海と空社，1939–1944？年。
『社会と教化』社会教育研究会，1921–1944 年（1924 年『社会教育』に改題）。
『少年団研究』少年団日本連盟，1924–1941 年（復刻版全 17 巻・別巻，大空社，1997 年）。
『満州グラフ』南満州鉄道株式会社，1933–1944？年の一部。
『万朝報』朝報社，1892–1940 年の一部。
『市政週報』東京都，1939–1944 年（1943 年『都政週報』に改題）の一部。
『読売新聞』読売新聞社。
『東京朝日新聞』東京朝日新聞社。

《団体・学校の機関誌》
『ボーイ・スカウト』(神戸ボーイスカウト会報), 神戸ボーイスカウト事務所。
『南国健児』樺山少年団後援会。
『北海道少年団連盟団報』北海道少年団連盟。
『かいこく』呉海国少年団。
『海の健児』大日本東京海洋少年団。
『団報』大日本海洋少年団。
『ジャンボリー』東京連合少年団。
『商船学校校友会誌』商船学校校友会。

《史料館所蔵史料》
外務省外交史料館史料(アジア歴史資料センター検索を含む)。
国立公文書館史料(アジア歴史資料センター検索を含む)。
国立国会図書館憲政資料室史料。特に斎藤実関係文書, 竹下勇関係文書。
東京都立公文書館史料。
防衛省防衛研究所史料(アジア歴史資料センター検索を含む)。

《インターネット》
'Census/Facts & Figures/About Scouting/Home-World Organization of the Scout Movement' (http: //www. scout. org/en/about_scouting/facts_figures/census). accessed on 20. Feb. 2008.

巻末年表

時　　期	海洋少年団に関する事項	主な出来事
明治30（1897）年　7月	ベーデン-パウエル，ブラウンシー島でボーイスカウトの実験キャンプを実施	
明治41（1908）年　1月	ベーデン-パウエル，*Scouting For Boys*（初版）を著す	
明治42（1909）年	ベーデン-パウエル，キャンプで水上基地を練習船マーキュリーに置き，事実上シースカウトを始める	10月　伊藤博文暗殺
明治43（1910）年　3月	榎本恒太郎が『少年兵団』を著す	8月　韓国併合
明治44（1911）年　8月	乃木希典が神奈川県片瀬の海岸で臨海キャンプ	10月　清，辛亥革命により滅亡
明治45（1912）年	英国連盟がシースカウトを規約に明文化	7月　明治天皇崩御
大正 2（1913）年　8月	小柴博の「少年臨海団」が千葉県勝山海岸でキャンプ	
大正 4（1915）年　1月	深尾韶『少年軍団教範』で「水上隊の設定」を提案	1月　対華二十一箇条の要求
7月	今西嘉蔵が『英国少年義勇団の組織と其教育』を著す	
大正 5（1916）年　1月	東京少年団が『少年団指針』で臨海水泳団を紹介	
10月	文部省普通学務局が『列強の少年義勇団』に「海の義勇団児」を照会	
大正 6（1917）年	海国少年社が『海国少年』を発刊	11月　ソビエト政府樹立
大正 8（1919）年　5月	海国少年団（東京）結団，「海国少年社」社長河合秋平団長，東京高等商船学校が主な活動地	6月　ヴェルサイユ条約
秋	海国少年団が軍艦生駒艦内一泊旅行	
大正 9（1920）年　4月	海国少年団が軍艦津軽便乗伊勢参拝旅行	1月　国際連盟発足
大正10（1921）年　3月	海国少年団が軍艦生駒便乗静岡県清水港往復旅行	11月　皇太子裕仁親王，摂政に就任
5月	竹下勇と小山武が皇太子裕仁親王の訪英に随行	12月　日英米仏四ヶ国条約成立
大正11（1922）年　4月	保坂亀三郎が『英米の少年斥候』でシースカウトを「海上斥候」と紹介	2月　ワシントン海軍軍縮条約締結

時　　期		海洋少年団に関する事項	主な出来事
大正 12（1923）年	7月	北海道の日本健児団が主催し，海拓デーを実施	9月　関東大震災
	12月	神戸シースカウト発会式	
大正 13（1924）年	1月	泉海洋少年団（長崎県佐世保市）連盟承認	
	3月	原道太海軍大佐が退役	
	8月	小山武，「東京聯合少年団」約 150 名を横須賀から軍艦「阿蘇」に便乗	
		北海道少年団連盟が主催して少年団海拓デーを実施	
	9月	大日本東京海洋少年団が団児募集，12歳以上の少年，1年団費6円	
		海拓健児団（北海道）結団	
		海国少年団（呉）結団	
	12月	大日本東京海洋少年団結団	
大正 14（1925）年	3月	少年団日本連盟，理事会にて海洋部創設を決議	4月　治安維持法公布 6月　普通選挙法成立
	4月	小山武が少年団日本連盟理事に，原道太が少年団海洋部長，東京海洋少年団長に就任	
	6月	大日本神戸海洋少年団結団	
	8月	相川新海洋少年団（石川県）結団	
		第2回少年団日本連盟天幕生活，東京海洋少年団も参加	
	9月	旭町少年団（後の旭海洋少年団，長崎市）連盟承認	
大正 15（1926）年	1月	大日本崎浜海洋少年団（岩手県）結団	12月　大正天皇崩御
	3月	農林省技官・水産局白鳳丸船長武富榮一が忍路丸民間払い下げを原道太に伝える	
	4月	原道太，海洋少年団の班名に星座名称を採用	
	5月	神戸シースカウト連盟脱退	
	7月	東京海洋少年団が東京湾一周，高等商船学校関係者同乗	
		第3回全国野営，東京・神戸・名古屋海洋少年団参加	
昭和　2（1927）年	4月	北海道帝国大学水産専門部練習帆船忍路丸が少年団日本連盟に貸与される	3月　金融恐慌勃発
	7月	横須賀海洋少年団結団	
		東京海洋少年団・東京丸ノ内青年訓練所合同海上訓練	

	8月	原道太が『少年団日本連盟パンフレット第九輯　海洋健児訓練の要綱』を出版 第1回海洋合同訓練（広島県江田島）			
	10月	少年団日本連盟，忍路丸回航のため，海洋部長原と部員田村他を北海道に派遣 後藤新平総長出席のもと忍路丸到着歓迎会 横浜港外での海軍大観鑑式に正式招待される			
	11月	原道太ら東京海洋少年団役員，東京丸の内青年訓練所員のみの単独訓練を施行			
昭和 3（1928）年	3月	少年団日本連盟本部規則改定，海洋健児部が日本連盟に加盟する海に関わる少年団体を統括			
	4月	高等商船学校航海科学生が航海実習のために忍路丸に乗り込む 忍路丸を和爾丸と変更する提案，原道太が海洋健児部の大体方針を提示			
	6月	学習院生徒200名忍路丸乗船，東京湾巡航			
	7月	少年団日本連盟新加盟規則施行 崎浜海洋少年団が軍艦五十鈴に便乗 忍路丸の夏期訓練，東京海洋少年団員，陸の健児，東京高等商船学校学生			
	8月	第2回海洋合同訓練・第1回指導者実修所（兵庫県武庫郡本庄村神戸高等商船学校） 海洋健児・丸之内青年訓練所生徒職員，遭難事件			
	10月	尾久海洋少年団（東京府）結団			
	12月	崎浜海洋少年団が乾鮑を秩父高松宮両殿下に献上 忍路丸，御大禮特別観艦式に招待される 3部門制について連盟評議員会議，連盟総会			
昭和 4（1929）年	4月	東京海洋少年団が横須賀港で軍艦五十鈴に乗る	10月	ニューヨーク株式市場大暴落，世界恐慌の始まり	
	6月	日本女子商業学校生徒210名が忍路丸に乗船，東京湾巡航			

時　　期	海洋少年団に関する事項	主な出来事
8月	第2回海洋指導者実修所・第3回海洋合同訓練（江田島海軍兵学校・厳島）	
	日本女子商業学校生徒200名が忍路丸に乗船，東京湾巡航	
	忍路丸正式に北大から少年団へ1,200円で払い下げ決定	
	忍路丸を正式に授受	
12月	東京海洋少年団隊長班長次長，東京湾汽船会社の菊丸に乗り業務従事	
昭和 5（1930）年　4月	義勇財団海防義会臨時評議会で忍路丸改造に対し1万3,000円の寄付が認められる	4月　ロンドン海軍軍縮条約締結
4月	忍路丸を改造，船籍港を小樽から東京に移すに当たり，「義勇和爾丸」と改名	
5月	二荒理事長に宮内書記官木下道雄より天皇お召船の打診	
	宮内大臣から少年団日本連盟に通達	
6月	天皇陛下の天城山海路行幸に当たり，義勇和爾丸に便乗	
7月	葉山沖の和爾丸に対し天皇よりお菓子が与えられる	
	第4回海洋合同訓練（義勇和爾丸にて東京湾近辺）	
8月	第3回海洋指導者実修所（東京～静岡）	
	四谷区教育会男子小学生300名が和爾丸に乗船し横須賀へ回航　軍港見学	
10月	大阪築港海洋少年団結団	
昭和 6（1931）年　4月	義勇和爾丸，シャム皇帝皇后両陛下を海上奉送	6月　満州事変勃発
6月	千葉海軍同志会が和爾丸に便乗し軍艦軍港の見学	
8月	第4回海洋指導者実修所・第5回海洋合同訓練（鳥羽商船学校）	
9月	二荒が竹下に顧問を依嘱	
12月	第5回冬季海洋合同訓練（軍艦長門）	
昭和 7（1932）年　5月	竹下勇が少年団日本連盟相談役に就任	1月　上海事変勃発
6月	千葉海軍同志会が和爾丸に便乗し横須賀軍港見学	3月　満州国建国 5月　五・一五事件
7月	第5回海洋指導者実修所（福井県小浜湾）	9月　日満議定書調印

	8月	文部省主催の漁村青年訓練所指導者講習会が和爾丸を使用		
	12月	児童生徒ニ対スル校外生活指導ニ関スル件（文部省訓令22）		
昭和 8（1933）年	3月	大日本三河島海洋少年団　連盟承認　東京市荒川区	1月	ドイツでナチスが政権を獲得
	7月	第6回海洋指導者実修所（神奈川県三浦半島沖）	3月	国際連盟脱退に関する大詔渙発
	8月	海洋地方講習（岩手）		
	12月	皇太子殿下ご誕生奉祝事業として，義勇和爾丸による南洋遠洋航海を計画 第6回冬季海洋合同訓練（軍艦比叡）		
昭和 9（1934）年	6月	和爾丸改造終了 南洋遠航派遣団員募集	12月	ワシントン条約破棄をアメリカに通告
	7月	小山武，東京中央放送局より「海洋健児南洋遠航の壮図に就て」講演 南洋遠航派遣団，東京芝浦出帆		
	11月	南洋遠航派遣団，東京芝浦入港　112日，12,125浬		
昭和10（1935）年	3月	海洋講習所（長崎市水産試験所）	2月	美濃部達吉の「天皇機関説」問題化
	5月	原道太ら，南洋遠航派遣団について海軍省より表彰される		
	6月	大日本少年団連盟に改称，斎藤実が総長に就任 新宮海洋少年団結団（和歌山県）		
	7月	少年団日本連盟は大日本少年団連盟に組織変更 東京海洋少年団が創立10周年で団員家族を招待し和爾丸で東京航海 第7回海洋指導者実修所（佐渡）		
	8月	全日本少年大野営に大日本横須賀海洋少年団・呉海国少年団参加 東京湾内にて海洋部の合同訓練 第8回海洋指導者実修所（釜石）		
	10月	原道太らが海軍省から軍事功労賞を授与される		
	12月	大日本少年団連盟が初又胤雄船長を表彰		
昭和11（1936）年	4月	両津海洋少年団（新潟県）連盟承認	1月	ロンドン軍縮会議脱退
	5月	海洋健児部を海洋部に再び改称	2月	二・二六事件
	7月	和爾丸を清水の金指造船所にて修理・検査	11月	日独防共協定締結
	8月	第9回海洋指導者実修所（鳥取県米子市）		

時　　期	海洋少年団に関する事項	主な出来事
10月	広島海洋少年団結団（未加盟）	
11月	鎮海海洋少年団（朝鮮）結団	
12月	頂茄定海洋少年団（台湾）結団	
昭和12（1937）年　2月	竹下勇が大日本少年団連盟第三代総長就任	7月　盧溝橋事件 11月　日独伊三国防共協定締結，大本営設置 12月　日本軍，南京占領
8月	海洋講習会（新潟県直江津） 海洋講習会（石川県七尾猿島） 第10回指導者実修所（長崎市外県立水産学校）	
12月	旭海洋少年団（長崎市）が復活	
昭和13（1938）年　3月	財団法人大日本少年団連盟理事会，海洋部の独立を認める 夜半，暴風雨避難のため的矢港に向かっていた義勇和爾丸座礁し大破	3月　国家総動員法公布
4月	地元青年団，消防団の努力で離礁 少年団未加盟の海洋少年団を含め，全国の海洋少年団が合流し大日本海洋少年団設立	
5月	大日本少年団連盟は義勇和爾丸を廃船し，市川造船に売却決定	
昭和15（1940）年　8月	大日本海洋少年団初の全国大会が鹿児島県の霧島で開催	9月　日独伊三国同盟締結 10月　大政翼賛会発会式
9月	文部省と青少年5団体代表による会議，青少年統合組織を企図	
12月	統合問題に関する文部省と青少年団体との最終「申合」により，海洋少年団は解散を免れる	
昭和16（1941）年　1月	大日本青少年団結団，顧問の1人に竹下勇	12月　真珠湾攻撃
昭和17（1942）年　1月	大日本学徒海洋教練振興会設立	12月　大本営，ガダルカナル島撤退を決定
昭和20（1945）年　6月	大日本東京海洋少年団と大日本海洋少年団連盟解散（大日本青少年団解散と同日）	8月　ポツダム宣言の受諾を決定

第1のあとがき（2001年1月）

私は小学校3年の春から，ボーイスカウトの活動に参加している。大学生となった今でも夏には全国規模のキャンプに参加しているほか，福岡のボーイスカウト隊で副長を務めている。今までの活動で英国，韓国，タイ，シンガポールのそれぞれのボーイスカウトと交流をする機会があった。その中でも高校在学中に1年間留学したタイでは，学校における教科の1つとしてボーイスカウトが位置づけられており，日本の在り方との違いに驚いた。

私のボーイスカウトに対する問題関心は，ボーイスカウトをはじめとする青少年団体の戦前の活動の歴史を具体的に明らかにしたいということであった。高校を卒業する頃に，ボーイスカウトは他の団体とは違って創始者の名前を加盟員全員が必ず知っている点で特異な団体であることを聞いた私は，なぜ創始者がこの団体で現在においても強い影響を及ぼしているのかとの疑問を抱いた。高校卒業後1年間通っていた関西学院大学入学直後に，当時岡山大学におられた田中治彦先生が書かれた『ボーイスカウト』（中公新書，1995年）に出会い，日本の少年団＝ボーイスカウトを大学で研究したいと思うようになった。田中先生にお手紙を差し上げたところ，『少年団の歴史』（萌文社，1996年）を紹介して頂いた。これは明治から昭和戦後期に至る少年団運動の成立から展開する過程を通史として初めて位置づけた本格的な研究であり，少年団を研究したいという私の意欲は一気に高められた。1996年の夏頃に『少年団の歴史』を読み終えていた私は，タイで体験してきた学校におけるボーイスカウトと，戦前日本における学校少年団が，共に学校を単位として組織されていることに興味を持った。そのことに関しても田中先生から何度かお手紙でアドバイスを頂いた。関西学院大学で教育心理学を専攻していた私は，ボーイスカウトを研究するために，九州大学教育学部に再入学したのである。

3年生の12月に初めて，卒業論文と向き合うことになった。少年団の研究が田中先生によって進められていたため，誰も取り組んでいないと勝手に想像していた戦前の日本におけるガールスカウトである日本女子補導団についての研究を志した。すぐに，早稲田大学の矢口徹也先生が研究を進めておられることを田中先生から教えて頂いた。私は田中先生の少年団研究や矢口先生の女子補導団研究とは違う視点による，独自性を持つ研究課題を見出せずにいた。指導教官である松田武雄先生の御指導により，まず戦前の社会教育に関する雑誌『社会と教化』と『社会教育』における，少年団に関する記事に目を通した。その後，戦前の少年団日本連盟が発行していた機関誌『少年団研究』を読み進めた。これらの雑誌を読み進める中で設定した問いは，「戦前の少年団は青少年本位の教育か，それとも軍事教育か」というものであった。英国のボーイスカウトの影響を受けていた陸の少年団は子ども本位の活動であろうが，『少年団研究』に最も多く投稿している軍人が海洋少年団の原道太であったため，海洋少年団の活動は海軍軍人による軍事訓練を行っていたという構図を想定した。そこで卒業論文として，この問題設定について戦前における海洋少年団を詳細に検討することによって明らかにしようと決めたのである。

しかしながら，研究を進めていく中で海洋少年団は軍事訓練を行っていたというイメージは誤りではないかと考えるようになった。いろいろな史料や聞き取りなどが教えてくれたのは，海洋少年団を通して少年たちを情熱的に指導していた退役海軍々人の姿であり，夢と希望を持って船に乗り込んでいた少年たちの姿であった。第２次世界大戦中は海洋少年団も軍事教育に巻き込まれていたが，大日本海洋少年団総長であった竹下勇の心の中には，常に英国の本来的な意味でのボーイスカウトの精神が生き続けていたのである。

では，海洋少年団の指導者や少年団員はどのような人たちだったのだろうか，彼らを取り巻く社会状況はいかなるものだったのだろうか，海洋少年団における教育理念や教育方法だけでなく，関係者の背景や活動に参加した意図をも考察していかなければならないことに気付いた。特に海軍から見た海洋少年団を検討するために，社会教育という分野からはみ出して海軍史にも勉強の範囲を広げる必要があった。これは私の視野を広げる点で有意義な経験となった。

私は九州大学を卒業後，京都大学大学院アジア・アフリカ地域研究研究科東南アジア地域研究専攻に進学することが決まっている。高校で留学したタイにおけるボーイスカウトの起源を含めて，タイが独立を保ちつつ近代化の道を歩む過程における教育制度の変遷について研究するつもりである。だが外国研究をする上では日本の研究という視点も必要であると考えており，進学後も引き続き海洋少年団など子どもの団体の歴史について研究をしていくつもりである。

思い起こせば，この研究を進める間に本当に多くの方々にお世話になった。この卒業論文をまとめるに当たって，常に親身に指導してきて下さった松田武雄先生に真っ先にお礼を申し上げたい。そして少年団の研究を進める上で貴重なアドバイスを頂いた南里悦史先生，立教大学の田中治彦先生，早稲田大学の矢口徹也先生には心よりお礼を申し上げたい。もちろんこのほかにも数多くの先生方のおかげで研究をまとめることができた。

また突然の訪問にもかかわらず戦前の海洋少年団のことをお話しして下さり，さらには貴重な文献をお貸し下さった今泉章利氏，戦前の海洋少年団の文献蒐集にアドバイスを下さり，また文献をお貸し下さった上平泰博氏，資料蒐集に際してお世話になったボーイスカウト日本連盟史料センターの青木圭子氏やボーイスカウト東京連盟の小町国市氏，ボーイスカウト大阪連盟の貝出有三郎氏，日本海洋少年団連盟の小林氏，東京商船大学の図書館司書の方々には深く感謝している。日本海洋少年団連盟に加盟している海洋少年団の指導者である岡本政之氏，増田隆久氏，外崎氏からは戦前の海洋少年団について貴重なご意見を頂いた。

研究が行き詰まっているときに様々な形で助けて頂いた社会教育研究室の院生の方々，そして教育学部の友人にもお礼を申し上げたい。ボーイスカウト福岡第23団の指導者の方々は，忙しいと言い訳をする私をいつも温かい目で見守ってくれた。

最後になるが高校に4年間，大学学部に5年間通い，さらに大学院に5年間通うことを許してくれた両親と，それを支えてくれる姉と兄には心から感謝の気持ちを伝えたい。

第2のあとがき（2011年4月）

本書は，2008年に九州大学に提出した博士論文「戦前における海洋少年団の組織と活動に関する研究」に加筆，修正を加えたものである。

「第1のあとがき」を書いた卒業論文「戦前における海洋少年団の歴史的研究」を九州大学教育学部に提出してから，本書の出版まで10年が経っている。この間，私は海洋少年団に関する研究として，以下の単著論文を発表した。

「戦前における海洋少年団運動の形成に関する研究」『社会教育思想研究』第1号，九州大学大学院人間環境学府発達・社会システム専攻教育学コース社会教育思想論研究室，2001年9月，41-82頁。

「戦前における海洋少年団の理念—退役海軍軍人・原道太の言説に注目して—」『日本社会教育学会紀要』No.38，日本社会教育学会，2002年6月，47-56頁。

「少年団日本連盟の練習船と少年たち—第二次世界大戦前夜における海洋教育—」『野外教育研究』第7巻第1号（通算第13号），日本野外教育学会，2003年12月，49-59頁。

「戦前の海洋少年団の指導者養成—誰がどの様な訓練を受けたのか—」『飛梅論集』第5号，九州大学大学院人間環境学府発達・社会システム専攻教育学コース，2005年3月，41-54頁。

「戦時下における大日本海洋少年団の組織—文部省と海軍からの統制に着目して—」『日本教育政策学会年報』第12号，日本教育政策学会，2005年6月，122-136頁。

本書は，海洋少年団に関するこれらの論文をほとんど原形を留めないくらいに解体し，科学研究費補助金（若手研究(B)）「第二次世界大戦前における日本とタイの子どもの交流に関する研究」（課題番号21730659）による研究成果を踏まえて編集，加筆，修正したものである。

九州大学教育学部を卒業後，私は京都大学大学院アジア・アフリカ地域研究研究科で大学院生活を始めた。ここで私は，アジアにおいて第２次世界大戦中にも独立を維持した立憲君主国であるタイに着目し，当地におけるボーイスカウトの成立と展開に関する研究に取り組んだ。この大学院は地域研究を看板に掲げており，理系から文系まで，様々な問題関心から東南・南アジアやアフリカを研究しておられる先生方のご指導を受けることができた。私はいずれも東南アジアを研究対象としておられる，玉田芳史先生に主査をお願いし，加藤剛先生と杉島敬志先生に副査をお願いして，指導をして頂いた。玉田先生には今でも時々お会いして，研究に対する叱咤激励を頂いている。

教育学部で学んだ私は，大学院進学後に政治学，社会学，人類学など自分にとって東南アジアやタイという地域を学ぶための手段となる学問を，一から学んだ。この学びを通して，自らの研究姿勢の基礎を身につけたように思っている。それは教育学以外の学問におけるものの見方，感じ方，捉え方であり，「面白い研究とは，どの領域の研究者にとっても面白い」ということであり，興味を持った研究対象について，あらゆる研究手法を駆使して解明するということである。

この大学院では，東南・南アジアやアフリカを研究する，すばらしい同期や先輩，後輩に出会うことができた。政治学や人類学など，現在ではこれらの地域に関する専門家として活躍している知り合いがいることは，私のちょっとした誇りである。大学院の学友とは今でも時々会う機会があり，東南アジアの今を聞くことができる。研究の議論をすることもできる。とても大切な存在である。

本来は５年一貫制の大学院だが，私は２年間だけ在籍し，修士（地域研究）を取得して中退した。大学院生活を送る間に，就職せねばならないという焦りが生じ，地方公務員となる道を選んだのである。大阪市役所の児童相談所に配属となり，虐待，非行，家庭内暴力，ひきこもりなど，様々な境遇の子どもと家庭の支援を行った。ここで私は，子どもや家庭の現実を，児童福祉の最前線である児童相談所の職員が，社会にアピールしなければならないと考え始めた。児童福祉を研究対象とすることへの興味がふくらんだことと，海洋少年団の研究をもっと進めたいという気持ちが重なり，九州大学教育学部での指導教員であった松田武雄先生に相談して，九州大学大学院人間環境学府博士後期課程への編入学試験を受験した。

こうして私は再び九州大学に戻り，卒業論文以来，継続して続けてきた海洋少年団の研究を博士論文としてまとめ始めた。同時に，児童福祉を研究対象としていくつかの論文を発表した。

博士論文を執筆するに当たっては，松田武雄先生に主査をお願いし，副査として南里悦史先生と新谷恭明先生のご指導を頂いた。南里先生が東京農工大学に転任なさってからは，野々村淑子先生に副査をお願いした。博士論文の構想発表会を開いて頂いてから，博士論文を提出するまで，相当な時間がかかってしまい，指導して頂いた先生方には大変なご迷惑をかけてしまった。心からお詫びを申し上げたい。

九州大学の大学院でも，素晴らしい先輩や同期，後輩に囲まれ，自らの研究や論文に対してアドバイスを頂くことができた。また，大学院で心理学の研究を行っている教育学部以来の同期にも恵まれ，充実した大学院生活を送ることができた。幸運にも，私は博士課程在籍中に現任校である中村学園大学短期大学部に職を得ることができた。その結果2年間は，大学院博士課程と短大の教員という二足のわらじを履くことになった。大学院の在籍期間を満期で終えて1年が経った2008年，ようやく博士論文を九州大学に提出したのである。

その後，2009年度から第2次世界大戦前の日本とタイの子どもの交流に関する研究を行うための科学研究費補助金（若手研究(B)）を得ることができた。これにより，海洋少年団の南洋遠航（東南アジア一周航海）や，海軍と海洋少年団に関する新たな史料を入手した。この成果を本書に反映させるため，出版が遅くなってしまった。

この間，私は本当に多くの方のご指導を仰ぐことができた。とても幸せ者であると思っている。本書を出版するに当たり，まず松田武雄先生に御礼を申し上げたい。九州大学教育学部で松田先生の研究室の扉をノックして以来，現在に至るまで，10年以上にわたって，ずっとご指導を頂いている。

また，南里悦史先生，新谷恭明先生，野々村淑子先生には，博士論文への，時には厳しい，時にはやさしいアドバイスを頂いた。心から御礼を申し上げたい。先生方の粘り強いご指導に私がどれだけ応えることができているのか，とても心配であるが，この本の出版をもって，お礼に代えさせて頂きたい。また，九州大学の教育学の先生方にも，相談に乗って頂いた。心から感謝を申し上げたい。

上智大学の田中治彦先生，早稲田大学の矢口徹也先生には，学会などでお会いするたびに，海洋少年団に関する情報と研究への示唆を頂いた。先生方のアドバイスによって，少年団や日本女子補導団の歴史を学ぶことができ，本書にとって大きな羅針盤となった。

本書の主人公の１人である原道太のご親戚である今泉章利氏には，素顔の原のお話を伺った。お忙しい中に聞かせていただいたお話は，雑誌の記事や書籍，また写真を通してではない原の素顔を感じる機会となり，本書を執筆するに当たって，とても参考になった。感謝を申し上げたい。今後とも，海洋少年団に関する情報を交換させて頂きたいと願っている。

日本海洋少年団連盟の野一色修平氏には，本書の出版に際して貴重なご意見や励ましのお言葉を頂いた。現在の海洋少年団と関わりをもつ機会がなかった私にとって，望外の喜びであった。

ボーイスカウト日本連盟の青木圭子氏や吉村敏氏には，海洋少年団を含めた戦前の少年団に関する史料の探索の際，お世話になった。感謝を申し上げたい。青木氏とは，資料センター内の資料の整理を約束しておきながら，私が多忙を理由にして未だ実行することができていない。できるだけ速やかに資料整理に取り組み，今後の少年団に関する研究に資したいという気持ちは忘れたことはない。

私は京都大学大学院に進学してからも，ボーイスカウト大阪連盟高槻第４団に所属し続けていた。しかし，実際にはほとんど活動に参加できていないため，後ろめたい気持ちがあった。それでも，小学３年生からずっと所属して愛着のある団だけに，なかなか退団する踏ん切りがつかなかったが，私が再び九州で生活し始めたのをきっかけに退団した。その約１年後，父や父方の親戚にゆかりのある大阪連盟茨木第１団に入団することになり，現在に至っている。本書の出版を，私の研究の土台を形成してくださった高槻第4団の方々と，なかなか活動に参加できないが，団の一員として役に立ちたいと願っている茨木第1団の方々に対する，心からのお礼とさせていただきたい。

九州大学や京都大学では，本当に素晴らしい同期，先輩や後輩に恵まれた。互いに切磋琢磨し，時に議論し，時に酒を酌み交わした日々は，私の研究を進める気持ちを大いに高めてくれた。これからも，良き仲間として，また良きライバルとして，共に研究を進めていくことができれば，これほど幸せなことはないと思っている。

本書の出版に当たっては，九州大学出版会の奥野有希さんに大変お世話になった。私のわがままによく応じてくれたと感謝している。また，出版の許可を頂いた匿名の査読者の方々にも感謝したい。有意義なアドバイスと共に，身に余る励ましのお言葉を頂いた。

日本海洋少年団連盟事務局長の堀川信夫氏とボーイスカウト日本連盟事務局長の吉田俊仁氏には，お忙しい中，本書の推薦文を執筆していただいた。心から御礼を申し上げたい。本書が両団体の活動に少しでも貢献できれば，幸いである。

最後に，私の研究生活を長い間支えてくれた家族に，心から感謝をしたい。いつも温かい目で見守ってきてくれた父と母がいたからこそ，現在の私があるのであり，本書の出版があることを，一瞬たりとも忘れたことはない。また，姉と兄には折に触れて研究への励ましを頂いた。本書の出版が，家族のこれまでの期待に応えるものであることを願うばかりである。

結婚から5年が経ち，2人の娘にも恵まれた。この間，共働きの生活を支えてくれている義父と義母にも，感謝を申し上げたい。そして，仕事と家事と育児を両立させている妻の牧子と，4歳になってますます好奇心旺盛な愛菜，2歳になって行動が活発になった瑞菜に，本書を捧げたい。写真が少なく，字が多いからといって，ぽいっとしないでね。せめて，本棚に並べてね。

索　引

事項索引

さ行

た行

な行

は行

人名索引

か行

さ行

た行

な行

は行

ま行

や行

軍艦名索引

〈著者紹介〉
圓入智仁（えんにゅう・ともひと）
1977年，大阪府に生まれる。九州大学教育学部卒業，京都大学大学院アジア・アフリカ地域研究研究科博士課程中退。大阪市役所職員（福祉職），九州大学大学院人間環境学府発達・社会システム専攻博士後期課程，中村学園大学短期大学部幼児保育科講師を経て，現在，中村学園大学短期大学部幼児保育学科准教授。修士（地域研究），博士（教育学）。
共著書に『一時保護所の子どもと支援』（明石書店，2009年），『タイ事典』（めこん，2009年）などがある。

海洋少年団《かいようしょうねんだん》の組織《そしき》と活動《かつどう》
——戦前の社会教育実践史——

2011年5月20日　初版発行

著　者　圓　入　智　仁
発行者　五十川　直　行
発行所　（財）九州大学出版会
〒812-0053　福岡市東区箱崎7-1-146
九州大学構内
電話　092-641-0515（直通）
振替　01710-6-3677
印刷・製本／大同印刷㈱

ISBN 978-4-7985-0049-2